Doreen Virtue

Das Praxisbuch für Indigo-Eltern

KOHA-Verlag

Titel der Originalausgabe:
»The care and Feeding of Indigo Children«,
first printing 2001
Hay House, Carlsbad CA
Aus dem Englischen von Silvia Autenrieth
Die Deutsche Bibliothek – CIP-Einheitsaufnahme
Deutsche Ausgabe: © KOHA-Verlag GmbH Burgrain

– 2. Auflage: März 2003
Lektorat: Wolfgang Gillessen, Franz Simon
Umschlag: Chiaradina email: chiaradina@vienna.at
Layout: Satjana's
Gesamtherstellung: Karin Schnellbach
Druck: Wiener Verlag
ISBN 3-929512-18-1

Doreen Virtue

Das Praxisbuch für Indigo-Eltern

Meinen Indigo-Kindern
Chuck, Grant, Nicole und Catherine
gewidmet.

Danke für eure himmlische Liebe und euer Licht!

KOHA-Verlag

Inhalt

Vorwort

von Jan Tober

Im Frühjahr 1999 gaben mein Co-Autor Lee Carroll und ich ein Buch mit dem Titel *Die Indigo-Kinder* heraus. Es befasste sich mit der Annahme, dass derzeit offenbar ein neuer Typ von Kindern auf dem Planeten geboren wird – wir nannten sie »Indigo-Kinder«.
Im Laufe der letzten zehn Jahre sind Lee und ich als Autoren und Vortragsredner rund um die Welt gereist, um über die Entwicklung der eigenen inneren Kraft und die Macht der Liebe zu sprechen. In den letzten Jahren richtete sich der Fokus unseres Publikums – vor allem bei den Eltern, Aufsichtspersonen, dem Beratungspersonal, den Lehrerinnen und Lehrern, Großeltern und allen, die unmittelbar mit Kindern in Berührung kommen – immer wieder auf dieselbe Frage. Nämlich: »Wie können wir den Kindern helfen?« Die Fragesteller äußerten sich besorgt über die allerorts exponentielle Zunahme der Verschreibung von Ritalin und Ähnlichem für Kinder und Jugendliche. In einigen US-Bundesstaaten begann man offenbar sogar schon, Vorschulkinder und Sprösslinge im Kleinkindalter mit Ritalin zu behandeln. Der drastische Anstieg im Einsatz solcher Mittel schockierte viele und weckt zunehmend Bedenken.
Das Fazit unseres Buches lautete, dass die Kinder von heute anders sind anders als jede Generation, die wir bislang zu Gesicht bekommen haben – uns mehr fordern, eher auf Konfrontation gehen, intelligenter, intuitiver, spiritueller und in einigen Fällen sogar gewaltbereiter sind (wie im Fall der Schulhofschießereien der jüngeren Zeit, bei denen Jugendliche andere Jugendliche töteten). Und das erfordert eine neue und andere Art der elterlichen und schulischen Betreuung, einen Abschied von früher beschrittenen Wegen.
Dr. Doreen Virtue ist eine der wichtigen Personen, die Beiträge zu unserem 1999 erschienenen Buch verfassten, in dem wir den Begriff »Indigo-Kinder« erstmals einer weltweiten Leserschaft vorstellten. Als Psychologin mit spirituellem Hintergrund sowie durch ihre Vorträge trägt diese Frau in nicht unerheblichem Maße zu jenem notwendigen Paradigmenwechsel bei, den die Gesellschaft anerkennen und praktisch umsetzen muss.

Mit dem Etikett »ADS« (Aufmerksamkeits-Defizit-Störung) und »ADHS« (Aufmerksamkeits-Defizit-Störung in Verbindung mit Hyperaktivität) geht man heutzutage sehr freigebig um, und mittlerweile dürften diese Begriffe allseits bekannt sein. Dazu kommt, dass die althergebrachten Erziehungsmethoden und Unterrichtsformen mittlerweile als altmodisch und veraltet, in manchen Fällen sogar archaisch anmuten. Unter all den Lösungen, die in den zahlreich erschienenen Büchern zum Thema ADS, ADHS sowie deren medikamentöser Behandlung vorgestellt werden, finden Eltern noch keine abschließende Antwort, schon gar nicht auf ganzheitlicher Ebene. Genau dieses Thema greift Doreen Virtues Buch auf. Es gibt positive Anregungen und präsentiert Alternativen. Der neuartige Ansatz der engagierten Psychologin bringt frischen Wind in die Sache, indem er versucht, aus dem Gleichgewicht Geratenes wieder ins Gleichgewicht zu bringen, und das im Licht der neuen Merkmale, die bei unseren Kindern und Jugendlichen, die wir als »Indigo-Kinder« bezeichnen, anzutreffen sind.
Wer sind diese Indigo-Kinder, die nun massenhaft geboren werden? Und wie haben wir von diesem Phänomen erfahren? Mitte der siebziger Jahre lernte ich eine Lehrerin und Beraterin namens Nancy Ann Tappe kennen, eine Frau mit profunden Einsichten. Sie befasste sich im Rahmen ihrer therapeutischen Arbeit mit den Farben der menschlichen Aura und damit, was sie bedeuten mochten. 1982 schrieb sie hierzu ein Buch, *Understanding Your Life Through Color.*
Nancy Ann Tappe unterschied zwischen verschiedenen Menschentypen, kategorisiert nach charakteristischen Eigenschaften und Verhaltensmustern, die mit den Farben der elektromagnetischen Felder um alles Lebendige – beim Menschen »Aura« genannt – zu korrelieren scheinen. Mit Hilfe dieser neuartigen Aurafarbenmethode erstellte die Psychologin basierend auf ausgedehnten Untersuchungen scheinbar verblüffend genaue und aufschlussreiche psychologische Profile – ein vollkommen neuer Ausgangspunkt für die Kategorisierung menschlichen Verhaltens. Eines der ihr aufgefallenen Merkmale war ein intensives Blau, das sie bei rund achtzig Prozent der nach 1980 geborenen Kinder beobachtete. Sie bezeichnete die neue Aurafarbe als »Indigo«, von daher also der Name unseres Buches und der »neuen Kinder«, mit denen wir uns seitdem befassen.
Nicht alle Indigos weisen ADS/ADHS auf, und nicht alle Kinder, bei denen Symptome dieser Art diagnostiziert werden, sind automatisch

Indigos. Das charakteristische Verhalten der Indigos jedoch scheint sich oft mit dem bei Kindern zu decken, die diese Störungen tatsächlich aufweisen. In unserem Buch definieren Lee und ich die Indigo-Kinder wie folgt:

Ein Indigo-Kind ist ein Kind, das psychologische Merkmale an den Tag legt, die neu und ungewöhnlich sind, und ein Verhaltensmuster aufweist, das im Allgemeinen von früheren Zeitpunkten nicht belegt ist. Dieses Muster ist von gemeinsamen einzigartigen Faktoren gekennzeichnet, die es für diejenigen, die mit den Kindern zu tun haben (insbesondere die Eltern) angeraten scheinen lassen, ihren Umgang mit den Kindern und deren Erziehung zu ändern, um ein Gleichgewicht herzustellen. Diese neuen Muster zu ignorieren, bedeutet nämlich möglicherweise, dass im Geist dieses kostbaren neuen Lebens Ungleichgewicht und Frustration entstehen.[1]

Ferner listen wir dort einige der geläufigsten Verhaltensmuster von Indigos auf:

1. Sie kommen mit dem Gefühl auf die Welt, königliche Hoheiten zu sein (und verhalten sich oft dementsprechend).
2. Sie haben das Gefühl, dass sie es »verdienen, auf der Welt zu sein« und sind überrascht, wenn andere diese Ansicht nicht teilen.
3. Selbstwertgefühl ist für sie kein großes Thema. Sie sagen ihren Eltern oft schon sehr deutlich, »wer sie sind«.
4. Sie haben Probleme mit absoluter Autorität (Autorität ohne Erklärung oder Wahlmöglichkeit).
5. Sie tun bestimmte Dinge partout nicht, so zum Beispiel fällt es ihnen schwer, Schlange zu stehen.
6. Sie werden frustriert, wenn Systeme ritualorientiert sind und kein kreatives Denken erfordern.
7. Sie sehen oft bessere Möglichkeiten, wie man etwas angehen könnte, ob zu Hause oder in der Schule, und so werden sie oft als Kinder gesehen, die gegen bestehende Systeme rebellieren (mit keinem System konform gehen).
8. Sie wirken unsozial, es sei denn, sie bewegen sich unter ihresgleichen. Sind keine anderen in ihrem Umfeld, deren Bewusstsein

1) Lee Carroll und Jan Tober, Die Indigo-Kinder, München, KOHA-Verlag 2000, S. 16.

ähnlich strukturiert ist, so verkriechen sie sich oft in sich selbst und haben das Gefühl, von niemandem verstanden zu werden. Schule ist für sie sozial gesehen oft außerordentlich schwierig.

9. Sie sprechen nicht auf »Disziplin aus Schuldgefühlen« an (»Na warte, bis dein Vater nach Hause kommt und herausbekommt, was du angestellt hast«).
10. Sie sind nicht zurückhaltend, wenn es darum geht, deutlich zu machen, was sie brauchen. [2]

Öffnen Sie bei der Lektüre des Buches dieser liebevollen und engagierten Frau Herz und Verstand für neue Möglichkeiten im Umgang mit unseren Kindern. Mit Dr. Virtues Buch schließt sich eine Lücke zwischen linearem Denken einerseits und kursierenden kreativen Ansätzen andererseits. Ihre Belege sind beeindruckend, ihre Intuition zeigt so manches in einem neuen Licht. Ich jedenfalls finde ihren Beitrag zur aktuellen Diskussion spannend und bin hoch erfreut über ihn.

Die Kinder sind unsere Zukunft. Wie wäre es, die derzeitige Wirklichkeit ganz neu einzuordnen, und zwar dieses Mal ausgehend vom Raum unseres Herzens, um so die potenzielle Zukunft zu verändern und ein Dasein führen zu können, in dem alles mehr im Gleichgewicht ist. Werden wir zur Regenbogenbrücke, die die ausgetretenen Pfade mit den völlig neuen verbindet – für unsere Kinder, uns selbst und unseren Planeten.

Danke, Doreen, für dieses Buch!

Jan Tober, Co-Autorin von *Die Indigo-Kinder*

2) Ebenda, S. 16f.

Danksagungen

Ein dickes Dankeschön an Lee Carroll, Jan Tober,

Nancy Ann Tappe, Charles Schenk, Nicole Farmer,

Steven Farmer, Grant Schenk, Michele Avanti, Alec Bridges,

Jill Kramer, Reid Tracy, Louise L. Hay, Ron Tillinghast

sowie an alle Indigo-Kinder und ihre Eltern,

deren Geschichten und Interviewbeiträge

zu diesem Buch beigetragen haben.

Kleine Lichtarbeiter

Indigo-Kinder sind schon ein ganz besonderer Menschenschlag, der da auf unseren Planeten gekommen ist, um uns mit seinen Gaben zu beschenken. Sie sind hier, um unsere politische Landschaft und unsere Bildungssysteme, unsere Ernährung, familiären Strukturen und so manches mehr zu verändern. Und sie sind auch hier, um uns allen dabei zu helfen, das Potenzial zu realisieren, das in uns steckt, indem wir natürlicher werden und unsere Intuition stärken.
Wie die frühen Siedler, die nach Nordamerika oder Australien kamen, sind die Indigos eigenständig, dickköpfig und erfinderisch. Sie haben eine Aufgabe vor sich, und dabei lassen sie nicht zu, dass sich ihnen jemand in den Weg stellt. Frühere Generationen erhielten auf der intuitiven Ebene die Botschaft: »Ändere etwas an der Regierung, die Welt braucht Heilung.« Anfangs unternahmen sie Schritte in diese Richtung, um sich später von Apathie und familiären Verpflichtungen entmutigen und ablenken zu lassen. Die Indigo-Kinder werden das nicht noch einmal zulassen – es sei denn, wir machen sie mit Medikamenten gefügig.
Und dennoch gibt es Menschen, die etwas haben gegen die Veränderung, die diese Kinder repräsentieren. Wenn es nach ihnen ginge, dürfte das Schulsystem gerne so bleiben, wie es derzeit ist, und sie würden es gerne sehen, wenn die Indigo-Kinder sich einfach anpassten. Da man Indigo-Kinder zu nichts zwingen kann und da sie Zwang als eine Form von unehrlicher Manipulation sehen, greift man zu der heimtückischen Methode, die Indigo-Kinder unter Medikamente zu setzen, damit sie »sich eingliedern«.
Indigo-Kindern wird oft das Etikett »ADS« oder ADHS« angeheftet, das heißt, man unterstellt ihnen eine Aufmerksamkeitsdefizitstörung, gegebenenfalls in Verbindung mit Hyperaktivität. Doch diese Kinder sind nicht gestört – gestört ist vielmehr die Welt, in die sie hineinzupassen versuchen! Sie ist voll von Unnatürlichem und Unehrlichkeit. Und, um mit Dawn zu sprechen, einer Indigo-Jugendlichen, die wir in diesem Buch immer wieder zitieren werden: »O ja, wir haben eine Aufmerksamkeitsdefizitstörung, das ist richtig.

Wir leiden unter einem Mangel an Aufmerksamkeit von unseren Eltern sowie von anderen Erwachsenen, deren Hilfe und Anleitung wir brauchen.«
In unserer modernen Welt, wo man sein Dasein mit aufbereiteten Nahrungsmitteln und verschmutzter Luft fristet, lügt man allseits sich selbst und anderen etwas vor. Jeden Tag gehen die Menschen Jobs nach, die sie hassen und spalten ihre in tieferen Schichten anzutreffende Unzufriedenheit von sich ab. Diese Kinder jedoch sind nicht mit der Fähigkeit ausgestattet, sich von derartigen Dingen abzutrennen und sich selbst etwas vorzumachen. Sie verfügen über unglaubliche telepathische Fähigkeiten und sind moralisch zu integer, um sich selbst zu betrügen. In gewisser Hinsicht sind die Indigo-Kinder ein gesundes Rollenvorbild für uns alle.

Vielleicht steht ADHD (engl. für ADHS) ja in Wirklichkeit für:

Aufmerksamkeits-
Draht zu einer
Höheren
Dimension.

Liest man den Begriff »ADD« (engl. für ADS) als das englische Wort »add«[3], so wird einem deutlich, dass wir es mit einem Synonym für »plus« und »positiv« zu tun haben. In der Tat weisen Indigo-Kinder eine Menge positiver Merkmale auf, und sie können ein großer Gewinn für ihre Familie und Umgebung sein.
Indigo-Kinder haben eine schwere Mission zu erfüllen, zu der unter anderem eine Umstrukturierung unserer Regierungs-, Bildungs- und Sozialsysteme gehören wird. Es ist beinahe so, als befänden sie sich in einem Trainingslager, um dort für die Kampfhandlungen ausgebildet zu werden. Indigo-Kinder scheinen ein hohes Maß an Stimulation und Spannung in ihrem Leben zu brauchen. Man bekommt den Eindruck, dass ihr Gehirn so »geschaltet« sei, dass es hohen Belastungen Stand hält, und wenn ihr Umfeld nicht genug Reize bietet, machen Indigo-Kinder sich eben selbst auf die Suche nach Stimulation oder sorgen selbst dafür.

3) Addieren, etwas hinzufügen (Anm. d. Übers.).

Hochbegabte und ADHS-Kinder haben vieles gemein, etwa einen hohen IQ, Kreativität und einen Hang zum Risiko. Experten gehen sogar so weit zu sagen, der einzige Unterschied zwischen einem hochbegabten Kind und einem ADHS-Kind sei der, dass Hochbegabte die Projekte zu Ende bringen, die sie angefangen haben, während ADHS-Kinder Projekte vorzeitig abbrechen. Vielleicht brauchen ADHS-Kinder von daher eher eine Hand, die ihnen hilft, ihr Organisationstalent besser auszubilden... und nicht Ritalin.
Indigo-Kinder sind junge Exzentriker, die ihre eigenen Regeln aufstellen und so leben, wie es ihrem Herzen und Verstand passt. Selbst diese Eigenschaft jedoch hat durchaus auch positive Auswirkungen. Dr. David Weeks vom Royal Edinburgh Hospital in Schottland führte Befragungen mit eintausendeinhundert »Exzentriker(inne)n« durch und fand dabei heraus, dass sie sich in drei primären Charaktereigenschaften glichen. Sie alle hatten: (1) Willenskraft; (2) eine tüchtige Portion Humor; (3) kreative Phantasie. Darüberhinaus scheinen sie seltener gesundheitliche Probleme als die sonstige Bevölkerung zu haben und länger zu leben. Außerdem fand Dr. Weeks heraus: »Exzentriker sind tendenziell eher fröhliche, idealistische Naturen und haben zahllose Projekte im Kopf, mit denen sie die Welt verbessern oder retten wollen.« Es ist also in vieler Hinsicht ein Plus, exzentrisch zu sein.
Dr. Weeks kam zu dem Schluss, dass »der Hauptmotor der Exzentriker die Neugier ist, was oft dazu führt, dass sie die kleinen Irritationen und Stressfaktoren des Alltags, die den Rest der Bevölkerung plagen, gar nicht wahrnehmen.« Indigo-Kinder und Exzentriker sind viel zu sehr damit beschäftigt, sich aktiv zu erträumen, wie sie die Welt retten können, als dass sie sich damit abgeben würden, ihr Bett zu machen!
Es gibt da die Geschichte von dem Mädchen, das eines Tages vor einem riesigen Haufen Pferdeäpfel stand. Die Kleine nahm eine Schaufel und begann mit Inbrunst, den Dung abzutragen. Ihre Mutter beobachtete sie dabei und sagte: »Du meine Güte! Was machst du denn da?«
»Wo so viele Pferdeäpfel sind, muss irgendwo ein Pony sein!«, antwortete das kleine Mädchen. »Ich weiß, irgendwo da drinnen ist es.«
Ähnlich geht es uns oft mit den Indigo-Kindern. Wir müssen genauso vorgehen, und ihr Verhalten neu einordnen, um wie in der Geschichte nach dem Pony zu graben. So oft hat man diese Kinder bestraft, ausgeschimpft und sich über sie lustig gemacht – wenn nicht zu Hause,

dann waren da Lehrer und Gleichaltrige, die dies taten. Nach und nach beginnen sie sich dafür zu schämen, dass sie sind, wie sie sind. Diese Scham trübt den Glanz, der über ihren goldenen Gaben liegt. Wie ein Hund, der schon zu oft Prügel bezogen hat, lassen auch Indigo-Kinder oft den Kopf hängen und »klemmen den Schwanz zwischen die Beine«. Vieles an ihrem auffälligen Verhalten rührt vom Trauma der Scham und daher, dass man ihnen emotional übel mitgespielt hat, nicht von ihrer »ADS«.

Indigo-Kinder wissen, dass sie anders sind als die breite Masse. Viele von ihnen haben mir schon gesagt: »Ich fühle mich, als hätte mich ein Bus auf diesem Planeten abgesetzt, und ich frage mich, ob er mich wohl bald wieder aufsammelt und nach Hause zurückbringt.« Zum Glück leben heute genug Indigos, so dass sie sich in der Schule zusammentun können. Vergleichbar mit den Cliquen, an die viele von uns sich noch erinnern (»Die wilde Dreizehn«, »Die Zorros« und so weiter), hat sich eine neue Gruppe gebildet: die der Indigo-Kinder.

Diese soziale Bezugsgruppe kann als Puffer fungieren und es den Kindern leichter machen, den Schmerz zu ertragen, der damit einhergeht, wegen seiner Andersartigkeit geneckt oder Vorwürfe gemacht zu bekommen. Ohne diese soziale Unterstützung aus dem Freundes- oder Familienkreis können sensible Indigo-Kinder zu der Auffassung gelangen, irgendetwas würde mit ihnen nicht stimmen. Es kann dazu führen, dass sie sich entsprechend abreagieren oder hochgradig introvertiert werden.

»Ich glaube nicht, dass ADS aufsässig macht«, sagt Jeffrey Freed, M.A.T., Verfasser von *Zappelphilipp und Störenfriede lernen anders*. »Ich glaube vielmehr, die Faktoren, die hierzu beitragen, sind die angehefteten falschen Etiketten und die Bloßstellung, die mit so etwas einhergeht. Die Mehrheit dieser rebellischen Außenseiter hätte ein glückliches, produktives Leben führen können, wäre da nicht ihr »Verbrechen« gewesen, einen anderen Lernstil zu haben.«

Indigos fühlen sich schon alt, wenn sie auf die Welt kommen. In einiger Hinsicht wissen sie viel mehr als die Erwachsenen, doch weil Zeit und Geld im Bildungswesen knapp sind, haben sie nur begrenzt die Chance, ihre Begabungen zum Ausdruck zu bringen. Den ganzen Tag sind sie mit Schule und Hausaufgaben beschäftigt – und der Gipfel ist: Sie bekommen dafür keinen Pfennig! Wie wäre Ihnen zumute, wenn Sie den ganzen Tag irgendwo hin müssten, mit Leuten zusammen zu sein hätten, die sie hänseln oder schneiden; wo man Ihnen permanent sagt, dass mit Ihnen etwas nicht stimme – und sie bekämen dafür nicht einmal Geld? Sicher, man würde Ihnen sagen, dass diese Arbeit »irgendwann« einmal in eine bezahlte Tätigkeit münden würde, aber sie könnten nie so ganz sicher sein, wie es letztlich dazu kommen würde.

Ein neunzehnjähriges Indigomädchen schilderte mir seine Erfahrungen in der Schule und im Leben wie folgt:

Ich heiße Alicia, und das bedeutet »aufrichtig«. Ich tue meinem Namen alle Ehre. Ich kann Lügen und Unaufrichtigkeit nicht ausstehen. Wenn ich in der Schule bin, kann ich nicht zuhören. Ich weiß, dass es keinen Sinn hat, wenn ich das lerne, was man mir da beizubringen versucht, weil ich es in der Zukunft nie brauchen werde.

Ich weiß, dass ich aus einem bestimmten Grund auf dieser Erde bin. Ich weiß es ganz sicher, aber ich weiß nicht, aus welchem. Ich weiß, dass ich dazu da bin, anderen zu helfen, aber ich weiß nicht, wem oder wie. Ich weiß, dass es noch etwas Größeres gibt, und das hat mit meiner Seele zu tun, nicht damit, was ich in der Schule lerne.

Mir passiert es so leicht, dass ich mich in der Welt verliere, aber da ist immer etwas, was mich sofort zurückbringt, und ich weiß, es sind die Engel. Ich weiß, dass sie auf mich aufpassen, denn sie zeigen es mir tausend Mal am Tag. Ich habe Engel gesehen und gespürt, und ich weiß es, wenn sie da sind. Ich will meinen Freundinnen und Freunden und meiner Familie von solchen Sachen erzählen, aber sie verstehen es nicht.

Indigos sind hochgradig kreative Kinder, und ihr Denken passt nicht in die gängigen Schubladen. Diese Denkweise hat auf der Welt schon viele große Erfindungen hervorgebracht, wahre Durchbrüche. Und doch kann es passieren, dass der brillante Geist der Indigos, sofern er nicht verstanden und in angemessene Bahnen gelenkt wird, mit der Diagnose »ADS« oder »ADHS« bedacht wird. Viele Wissenschaftler glauben, dass man Einstein, Edison, da Vinci und anderen großen Denkern bestimmt auch dieses Etikett angehängt hätte, wären sie heute noch am Leben. Vor dem Hintergrund unseres heutigen Wissens über sie hätten wir natürlich nicht gewollt, dass diesen brillanten Wissenschaftlern und Philosophen bei ihrer sinnvollen Arbeit Steine in den Weg gelegt würden.

Und dass etwas sinnvoll sein muss, ist der Schlüssel, den es zu beachten gilt, wenn Sie mit Ihrem Indigo-Kind arbeiten wollen. Meine Arbeit als spirituelle Beraterin hat mich zu der Überzeugung gebracht, dass man jede psychische Erkrankung letztlich auf ein und denselben Punkt zurückführen kann: die entsprechende Person arbeitet nicht an dem, was dem göttlichen Sinn ihres Daseins entspricht. Man kann nicht, bloß weil Ihr Kind, nun ja, noch ein Kind ist, sagen, dass es keine existentiellen Ängste kennt. Heute fangen Kinder schon in sehr jungen Jahren an, den Sinn des Lebens zu hinterfragen. Aber vielleicht war das ja auch schon bei Ihnen selbst der Fall.

Indigos lernen und handeln zwar anders, aber das heißt nicht, dass sie weniger intelligent sind. Dr. Jane Healy, Autorin von *Endangered Minds*, kommt zu der Feststellung, dass die IQ-Werte unter den heutigen Schulkindern im Vergleich zu vorherigen Schülergenerationen recht hoch sind. Diese Indigo-Kinder sind ganz und gar nicht begriffsstutzig! Ihr Gesamt-IQ spiegelt lediglich eine Verschiebung, und zwar von daher, dass auf dem Gebiet der außersprachlichen Intelligenz höhere Punktzahlen erreicht werden und die Kurve im Bereich der sprachlichen Fähigkeiten eine Delle aufweist. Doch da der IQ-Wert insgesamt sich ja aus den verbalen und nonverbalen Fähigkeiten – zusammen genommen – herleitet, sind die Gesamtpunktzahlen heute höher als je zuvor.

Dennoch mag sich die Intelligenz der Indigo-Kinder nicht in ihrem Zeugnis niederschlagen. Vielmehr glänzen sie stattdessen mit ihren Punktzahlen bei Videospielen. Oder durch prachtvolle selbstgebastelte Perlenhalsketten. Oder dadurch, dass sie Wort für Wort die Texte ihrer Lieblingssongs auswendig können. In diesem Buch werden wir auf Möglichkeiten eingehen, diese Intelligenz auf andere Lebensbereiche zu übertragen, etwa auf die Schule und familiäre Beziehungen.

Indigo-Kinder sind eine Gruppe von Individuen, die seit Ende der siebziger Jahre auf diesem Planeten eintreffen. Einige von ihnen kamen als »Expeditionsvorhut« schon früher. Die frühesten Indigo-Kinder trafen in kleinen Gruppen Ende der fünfziger und sechziger Jahre ein, um den Planeten als Vorbereitung für die größere Gruppe, die später folgen würde, zu erkunden.

Wenn Sie von diesen Indigo-Kindern hören, kann es sein, dass Sie ihre Eigenschaften auch gut auf sich selbst übertragen können. Vielleicht fragen Sie sich sogar: Könnte es sein, dass auch ich ein Indigo-Kind bin, obwohl ich doch nun wirklich schon erwachsen bin? Wenn Ihnen bei der Lektüre dieses Buches solche Gedanken kommen, so liegt das daran, dass Sie eine Verbundenheit mit jenem Teil des Indigo-Szenariums spüren, der sich mit Ihrem eigenen Daseinszweck überschneidet. Sie sind eine Lichtarbeiterin oder ein Lichtarbeiter – ganz wie die Indigo-Kinder.

Woher die Indigo-Kinder ihren Namen haben

Der Name »Indigo«-Kinder bezieht sich auf die Farbe »Indigoblau«, ein kräftiges Blau ähnlich dem des Lapislazuli oder dem Blau von Denim-Jeans. Der Begriff leitet sich von den Farben der Chakras, den Farben der einzelnen Energien her. Jede Generation scheint ein bestimmtes Gruppenbewusstsein aufzuweisen – einen gruppenbezogenen Daseinszweck, wenn man so will. Bei jeder Generation können wir ihre Erwachsenenjahre einem bestimmten Thema und dem ihm entsprechenden Chakra mitsamt der dazu gehörigen Farbe zuordnen.

So zum Beispiel drehte sich für die Generation nach der Wirtschaftskrise und der Nachkriegsära in den vierziger und fünfziger Jahren alles um Sicherheit. Man heiratete damals jung und behielt seinen Job ein Leben lang. Ob man in seiner Ehe oder im Beruf glücklich war, galt verglichen mit der Sicherheit, die der jeweilige Status bot, als zweitrangig. Diese Sichtweise ist mit dem »Wurzelchakra« verwandt, einem Energiezentrum an der Basis der Wirbelsäule.

Jedes Chakra dreht sich in einem anderen Tempo, je nachdem, was ihm zugeordnet ist. Die Chakras, die materiellen Dingen zugeordnet sind, drehen sich langsamer als die eher auf spirituelle Belange ausgerichteten. Wie Sie vielleicht wissen, nimmt man bei Licht, das sich langsam bewegt, »warme Farben« wie etwa Rot, Orange und Gelb wahr. Je schneller die Lichtwellen, desto kühler ihre Farben. Violett ist die Farbe, die bei der höchsten Geschwindigkeit auftritt. Man bringt sie ferner mit der »spirituellsten« Frequenz in Verbindung.

Die Generation, die in den Fünfzigerjahren erwachsen wurde und mit dem Wurzelchakra in Verbindung steht, könnte man auch als »die Kinder des roten Strahls« bezeichnen. Das liegt daran, dass sich das Wurzelchakra so langsam dreht, dass es die Farbe mit der niedrigsten Frequenz im sichtbaren Spektrum aufweist: rot.

In den Sechziger- und Siebzigerjahren ging es der Jugend weniger um Sicherheit, sondern man interessierte sich eher dafür, die körperlichen Vergnügungen zu erkunden, die mit Drogen, Sex und Rock-and-Roll verbunden waren. Erlebnisse dieser Art korrelieren mit dem zweiten Chakra, auch »Sakral«-Chakra genannt. Da sich dieses Chakra ein wenig schneller dreht als das Wurzelchakra, erscheint es orange. Man könnte die Jugend der Sechziger und Siebziger von daher als »Kinder des zweiten – oder orangen – Strahls« bezeichnen.

Die nächste Generation, die der Achtzigerjahre, kreiste in ihrem Denken um die Erlangung von persönlichem Eigentum und Macht. Die Frauen begannen einen maskulin anmutenden Business-Dress mit Schulterpolstern zu tragen. Junge Menschen machten bergeweise Schulden und erwarben Immobilien und Autos, um ihre Nachbarn zu beeindrucken. Dieses Verhalten zeigt eine Verbindung zum dritten, dem »Solarplexus«-Chakra, das sich in Gelb dreht.

Die frühen Neunzigerjahre erlebten den Anfang einer spirituellen Revolution, im Zuge derer viele Menschen Kirchen und Tempelgemeinschaften beitraten und Bücher über Spiritualität außerhalb der Religionen lasen. Der Papst hielt eine öffentliche Ansprache, in der er sich für das Fehlverhalten der katholischen Kirche in der Vergangenheit entschuldigte. Es kam zu einer Abnahme von Gewaltverbrechen in Amerika. Hingen dieses spirituelle Interesse und diese Reue mit dem bevorstehenden neuen Jahrtausend zusammen, für das einige die »Wiederkehr Christi« prophezeiten?

Ob das spirituelle Erwachen auf Angst oder auf Liebe zurückging: Offenbar zeigte es bleibende Wirkung. Dieses neuerliche Interesse an Spiritualität war eine Herzensangelegenheit, also mit dem Herzchakra zusammenhängend, dessen Drehgeschwindigkeit die Farbe smaragdgrün in Erscheinung treten lässt.

Die ausgehenden Neunzigerjahre läuteten eine Zeit ein, in der viele Unabhängigkeit anstrebten. Ob sie in die Börse einstiegen, sich selbständig machten oder komplett aus der Tretmühle ausstiegen – Individualismus war angesagt. Der Personalabbau in den Unternehmen bedeutete das Ende der lebenslang sicheren Jobs. Vielmehr hieß es jetzt »jeder (und jede) für sich«. Zusätzlich hierzu verliehen viele dem Wunsch Ausdruck, Integrität in ihrem Leben herzustellen. Das bedeutete den Ausstieg aus Situationen (Jobs, Ehen und so weiter), die sich ungesund anfühlten. Oft starteten die Menschen basierend auf Dingen, die sie leidenschaftlich interessierten, eigene unternehmerische Aktivitäten. Diese Veränderungen stehen mit dem Kehlchakra in Verbindung, bei dem es um Themen wie »Wahrheit und Integrität« in der

Kommunikation geht. Dieses Chakra dreht sich in einem hellen Himmelblau.
Die spirituelle Revolution der Neunziger war das Sprungbrett für ein wiederaufkeimendes Interesse an übersinnlichen Phänomenen, das das neue Jahrtausend einläutete. Zum ersten Mal standen auf den Titelseiten gängiger Zeitungen Artikel über Medien wie James Van Praagh, John Edward, Sylvia Browne und Yours Truly. Filme wie *Der sechste Sinn* und Fernsehsendungen wie *Touched by an Angel* befassten sich offen mit Engeln, erdgebundenen Geistern und einem Leben nach dem Tod. Dieses Interesse an Überirdischem wird vom sechsten Chakra gesteuert, auch »Drittes Auge« genannt. Es dreht sich in drei verschiedenen Farben: weiß, violett und vor allem indigoblau.
Kinder, die Mitte der Siebzigerjahre bis heute geboren wurden, werden deshalb oft Indigo-Kinder genannt, weil sie buchstäblich »Kinder vom indigofarbenen Strahl« sind. Sie haben hochgradige paranormale Begabungen und halten ihre diesbezüglichen Visionen und ihr Wissen für selbstverständlich. Ihre spirituelle Ader bewirkt oft, dass sie so sehr »in Kontakt« sind, dass sie häufig auch in anderen Lebensbereichen große Begabungen aufweisen (auch wenn sie selbst sie für einen Fluch halten mögen).
So zum Beispiel sind viele Indigo-Kinder künstlerisch begabt. Ihre Neigungen gehen eher in Richtung Kunstschaffen als in Richtung der von der linken Gehirnhälfte gesteuerten theoretischen Betrachtung der Künste. Also kann es vorkommen, dass Indigo-Kinder in Musik eine Fünf haben, da sie sich nicht die einzelnen Tonleitern merken können, zu Hause jedoch komponieren sie mit Hilfe ihrer inneren Sinne die schönsten Musikstücke. Analog hierzu kann es sein, dass das Indigo-Kind auf dem Heftrand herumkritzelt, statt dem Unterricht zu folgen. Bei näherer Betrachtung jedoch entpuppen sich die Kritzeleien womöglich als komplexe und detailreiche Kunstwerke.
Viele Indigo-Kinder haben auch in emotionalen Dingen ihre Stärken. Oft fungieren sie für andere Kinder als »Straßenpsychologen«, die ihnen verständnisvoll ihr Ohr leihen und kluge Ratschläge geben. Das offene Herz und die Unvoreingenommenheit der Indigo-Kinder führen oft dazu, dass Menschen ihnen ihr Herz ausschütten. Ihr Indigo-Kind mag also mit einem bunten Sammelsurium von Freunden nach Hause kommen, die in Wirklichkeit die »Klienten« Ihres kleinen »Psychologen« oder Ihrer kleinen »Psychologin« sind.

»Über«-sensibel?
Indigo-Kinder sind in vielerlei Hinsicht außerordentlich sensibel. Auch wenn man sie als »zu sensibel« verhöhnt haben mag – ihre Empfänglichkeit ist ein spirituelles Geschenk, das einem sensibel reagierenden Detektor gleich kommt. Rufen Sie sich doch einmal kurz in Erinnerung, wie sensibel, allem ausgesetzt oder wach für alles Sie sich nach einem tiefgreifenden Erlebnis wie etwa einer Ganzkörpermassage oder einem Kurs zur Entwicklung ihrer übersinnlichen Antennen fühlen.
Hatten Sie danach nicht das Gefühl, die Gedanken und Gefühle anderer überscharf wahrzunehmen? Oder dass sie sich abschirmen müssten vor heftigen Eindrücken wie etwa großen Menschenmengen oder aufgebrachten Personen? Nun, genau das erleben die Indigo-Kinder immer. Sie sind sich der Gedanken und Gefühle anderer hochgradig bewusst, und ihre Sensibilität betrifft in der Hauptsache zwei Bereiche:

1. **Wahrheit und Integrität.** Als wären ihnen die Lektionen der Generation, die vor ihnen kam, in Fleisch und Blut übergegangen, sind Indigo-Kinder außerordentlich sensibel für Lügen oder jeglichen Mangel an Integrität bei anderen. Sie haben einen, wie der Buchautor Sam Keen sagt, »spirituellen Sch...-Melder« im Bauch. Man kann ein Indigo-Kind nicht ungestraft belügen. Das Kind wird einen bei der Lüge ertappen und sich dann entsprechend abreagieren, sei es durch Aggressionen oder Rückzug.
Diese Sensibilität hängt mit der bemerkenswerten Hellsichtigkeit der Indigo-Kinder zusammen und spielt eine enorme Rolle im Hinblick auf ihren Daseinszweck, wie Sie bald lesen werden. Und Teil unseres Daseinszwecks als Eltern und Lehrer von Indigo-Kindern ist es, dafür zu sorgen, dass diese »kleinen Lichtarbeiter« sich ihre reichen spirituellen Gaben bewahren und sich auf den Zweck ihres Daseins hin ausrichten.

2. **Umweltgifte.** Indigo-Kinder sind »natürliche Kinder in einer unnatürlichen Welt«. Viele von ihnen durchleben gerade ihr erstes Leben auf dem Planeten Erde, und ihr Immunsystem (körperlich und emotional verstanden) ist nicht in der Lage, die auf der Erde vorhandenen Schadstoffe in der Nahrung, dem Wasser, Toilettenartikeln, Reinigungsmitteln, künstlicher Beleuchtung und Bezie-

hungen zu assimilieren. Wissenschaftler konnten enorme Zusammenhänge zwischen ADHS und Umweltgiften feststellen.

Zum Inhalt dieses Buches

Dies hier ist mehr als einfach ein weiteres Handbuch in Sachen »Natürliche Heilung für ADS-Kinder«. Ich habe Dutzende davon gelesen und finde, dass sich darin eine tüchtige Portion relevantes und wissenschaftlich solides Material findet. Und dennoch stelle ich mir jedes Mal, wenn ich ein Selbsthilfebuch zu ADS lese, die gleiche Frage: »Wenn das die Antwort ist, warum wird dann weiterhin in phänomenalen Mengen Ritalin verschrieben?« Schließlich wird in den Vereinigten Staaten mehr Ritalin verabreicht als in jedem anderen Land, und im australischen Bundesstaat New South Wales ist mittlerweile jeder sechsunddreißigste Junge auf Ritalin. Mir ist aufgefallen, dass viele Selbsthilfebücher zu ADS Hunderte von wunderbaren Anregungen zu einer Veränderung der Ernährungsgewohnheiten und Modelle für Änderungen des Verhaltens enthalten. Wäre ich jedoch Mutter oder Vater eines hyperaktiven Indigo-Kindes, würde ich mich reichlich überfordert fühlen. Wenn mir ein Arzt sagen würde: »Sie brauchen nur diese vierhundertfünfunddreißig Tipps hier zu beherzigen, und schon wird sich die Hyperaktivität Ihres Kindes reduzieren«, wäre das für mich Anlass genug, aufzuhören, bevor ich auch nur so recht begonnen hätte.

Während meiner Recherchen zu diesem Buch und meiner Arbeit an ihm erinnerten mich meine Geistführer und Engel immer wieder daran, es ganz simpel zu halten. Sie sagten, ich solle ein Buch über die Kernthemen rund um Indigos, ADS und ADHS schreiben – und einfache und in die Praxis umsetzbare Lösungen vorstellen.

Auf meinen Reisen um die ganze Welt kam bei Gesprächen mit Indigo-Kindern und ihren Eltern immer wieder die Frage nach praktischen Lösungen. So zum Beispiel ist allgemein bekannt, dass die Ernährung Einfluss auf Hyperaktivität hat, aber viele Eltern berichteten mir, dass es für sie nahezu unmöglich sei, die Essgewohnheiten ihres Kindes zu verändern. »Wie soll ich es anstellen, mein Kind anders zu ernähren, wenn seine Freunde, die Werbespots im Fernsehen und die Fastfood-Ketten an der Schule und an jeder Ecke die Kinder permanent in Versuchung führen?«, fragten mich die Eltern frustriert. Sie wollen Antworten, die sie umgehend auf das Leben ihrer Kinder anwenden

könnten und die im Alltag dann auch tatsächlich funktionieren würden.
Vielleicht geht es mir ja ganz genauso wie Ihnen, und ich bin ein praktisch und pragmatisch denkender Mensch, der immer auf der Suche nach etwas ist, das tatsächlich funktioniert. Als Tochter einer praktizierenden Christian-Science-Anhängerin[4] wurde ich in meiner gesamten Kindheit immer wieder Zeugin wundersamer Heilungen emotionaler und physischer Probleme. Mom wandte das Prinzip der spirituellen Heilung oft auch auf meinen Bruder und mich an, ich erlebte es also aus nächster Nähe. Das war in den Sechzigerjahren, bevor »alternative Heilmethoden« populär wurden. Ich weiß noch, wie man mich in der Schule immer hänselte, wenn ich auf die ungewöhnlichen Glaubensvorstellungen und Praktiken in unserer Familie zu sprechen kam.
Mit Anfang zwanzig bekam ich meine beiden Söhne, Chuck und Grant. Chuck (mein älterer Sohn, heute dreiundzwanzig Jahre alt) war schon vom ersten Mal an, in dem er sich im meinem Bauch bewegte, ein sehr lebhafter Junge. Er zischte los wie eine Rakete, schon bei seiner Geburt. Ständig war er damit beschäftigt, alles in seiner Umgebung anzufassen und zu erforschen. Schon als Dreikäsehoch war er extrem hilfsbereit. So zum Beispiel war er knapp drei Jahre alt, als ich einmal Orangen auspressen wollte, aber nicht mit dem Zusammenbau unserer altmodischen und komplizierten Saftmaschine zurechtkam. Der Verzweiflung nahe, fragte ich Chuck, ob er mir da helfen könne. Und er kam schnurstracks zu dem Gerät herüber und baute es zusammen!
Schon als er noch klein war, unterhielt sich Chuck auch über esoterische Themen mit mir. Er erzählte mir von seinen Theorien über Gott und die Größe des Universums. Er kam immer völlig aus heiterem Himmel auf solche Gespräche, mitten in etwas ganz Alltäglichem. Ich würde mir so sehr wünschen, ich hätte seine tiefgründigen Worte damals auf Band aufgenommen!
Grant (heute einundzwanzig) ist ebenfalls sehr spirituell eingestellt und hilfsbereit, aber dabei stiller. Er hält sich mehr im Hintergrund und

4) Eine kurze Darstellung der »Christian Science« oder »Christlichen Wissenschaft« findet sich unter
www.gemeindedienst.de/weltanschauung/texte/christian_science.htm.

ist in sich gekehrter als Chuck. Grant und Chuck können stellvertretend für zwei Haupttypen von Indigo-Kindern stehen: den aggressiven Krieger und den stillen Künstler.
Als die Jungen noch klein waren, ging ich noch einmal aufs College, um meine Abschlüsse in Psychologie zu machen. Tagsüber arbeitete ich als Sekretärin, und in der langen Mittagspause sowie abends besuchte ich meine Seminare. Es wurde auf diese Weise ein langes Studium, aber irgendwann hatte ich mein Grund-, Haupt- und Doktorandenstudium in Beratender Psychologie abgeschlossen.
Mein erster Job in diesem Beruf war eine Stelle in einer Suchtklinik. Ich arbeitete mit Drogenabhängigen und Alkoholikern. Später spezialisierte ich mich auf die Behandlung von Menschen mit Essstörungen und eröffnete meine eigene Klinik. In dieser Zeit verfasste ich Lebenshilfebücher zu meinen klinischen Erfahrungen. Meine weiter zurückliegenden Erfahrungen mit den spirituellen Heilkünsten vergaß ich zwar nie, hatte jedoch Angst, offen darüber zu sprechen.
Meine Geistführer und Engel jedoch drängten mich unterdessen, öffentlich darzustellen, was ich über spirituelle Heilung wusste. Sie erinnerten mich, dass mein Daseinszweck darin bestand, Lehrerin in Sachen Geist-Körper-Seele zu sein. Jede Person, so sagten sie, habe einen bestimmten Daseinszweck – eine Mission, mit der sie anderen helfe – und wenn wir in unserem Wirken diesem Daseinszweck nicht treu blieben, würden Glück und Gesundheit uns verwehrt bleiben.
Ich aber erinnerte mich nur noch zu gut an die Hänseleien und den Spott in meiner Kindheit, wenn ich offen von den spirituellen Heilungspraktiken in unserer Familie erzählte. Nein, einfach nur, um über meine spirituellen Überzeugungen reden zu können, würde ich nicht meinen fachlichen Ruf und mein Einkommen aufs Spiel setzen oder ein verwundetes Ego riskieren. Also stellte ich mich taub für das, was meine Engel mir eingaben.
Ich musste erst haarscharf dem Tod entrinnen, bevor sich das änderte. Ich hatte mich so sehr daran gewöhnt, nicht auf meine Engel zu hören (die über unsere Intuition oder unser inneres Wissen mit uns sprechen), dass es mich fast das Leben kostete! Es geschah am 15. Juli 1995. Ich war im Begriff, zu einer Autofahrt nach Anaheim, Kalifornien, aufzubrechen. Eine Verabredung. Der Ort lag etwa eine Stunde entfernt von meinem eigenen Wohnsitz an der Küste von Orange County. Einer meiner Engel sagte mir mit großer Klarheit, ich solle das

Verdeck meines Coupés schließen, sonst würde der Wagen gestohlen. Wie ich es mir in meinem damaligen Leben so angewöhnt hatte, schlug ich den Rat meines Engels in den Wind. Eine Stunde später wurde ich von zwei bewaffneten Männern überfallen, die das Auto stehlen wollten.
Zum Glück war mein Engel noch immer an meiner Seite. Er sagte mir, ich solle Widerstand leisten und aus Leibeskräften schreien. Zum ersten Mal seit Jahrzehnten folgte ich der Eingebung und kam aus dieser Sache heraus, ohne mein Auto, mein Portemonnaie oder mein Leben zu verlieren. Lediglich ein nicht ganz unerhebliches Trauma blieb nach dem Zwischenfall zurück, weshalb ich Zuflucht zu meinem Wissen in spiritueller Heilung nahm. Die Resultate waren wie ein Wunder, und ich schaffte es, von all meinen posttraumatischen Ängsten frei zu werden.
Dieser Zwischenfall veränderte mein Leben für immer, persönlich wie auch beruflich. Ich widmete mich wieder meinen spirituellen Interessen und trat in Sachen Spiritualität aus dem »stillen Kämmerlein« heraus. Ich gab die herkömmliche Psychotherapie auf und begann mit der »Engeltherapie«. Obwohl mein eigener Hintergrund die christliche Metaphysik ist, fing ich an glaubensübergreifend mit Menschen jeder religiösen und nichtreligiösen Überzeugung zu arbeiten. Ich konnte feststellen, dass alle, mit denen ich arbeitete, bemerkenswert gut auf meine »Engeltherapie« ansprachen. Ich begann auch andere Therapeut(inn)en und Therapeuten in Engeltherapie zu unterweisen, und auch sie konnten über wundersame Ergebnisse mit sich selbst und ihren Klienten berichten.
Mir sind schon viele Menschen begegnet, die Engeltherapie einsetzten, um sich selbst und ihren Klienten Heilung bei tödlichen, chronischen, akuten und kurzfristigen körperlichen und psychischen Krisen zu spenden. Ich persönlich bin durch die Engeltherapie komplett von meiner Sucht nach Zucker und Schokolade geheilt worden. In diesem Buch werden wir die Engeltherapie auf die ADS- und ADHS-Symptome anwenden, die sich oft an Indigo-Kindern zeigen. Wie Sie feststellen werden, zeigt die Engeltherapie bei diesen Kindern eine phantastische Wirkung.
Neulich kam in einem meiner Workshops eine Frau namens Josie mit Tränen in den Augen und ausgestreckten Armen auf mich zu, um mich zu umarmen. Sie platzte damit heraus, dass sie nach der Lektüre

meiner Bücher über die Arbeit mit Engeln eine göttliche Intervention im Hinblick auf ihren dreizehnjährigen Sohn Chris erlebt habe.

»Bevor ich mit den Engeln zu arbeiten begann, hatten wir völlig die Kontrolle über Chris verloren«, erzählte mir Josie. »Er kam nie rechtzeitig nach Hause, und er nahm Drogen. Mit der Schule war es eine Katastrophe. Dann brachte meine Tante ein Buch von Ihnen mit nach Hause, und dort las ich dann, wie ich vorgehen könne, um mit Chris' Engeln zu sprechen. Ich glaubte damals wahrhaftig nicht an Engel. Für mich waren sie so etwas wie der Nikolaus: ein Ammenmärchen. Aber ich wollte meinem Sohn so verzweifelt helfen, also probierte ich es.

Ich unterhielt mich im Geist mit Chris' Schutzengeln, obwohl ich nicht ganz sicher war, ob ich es wirklich richtig machte. Ich war mir nicht einmal sicher, ob er überhaupt Engel hatte, so wie er sich aufführte – ein richtiger Teufel! Und doch: Fast sofort zeigten sich Erfolge. Daraufhin fuhr ich fort damit und unterhielt mich weiter jeden Abend mit diesen Engeln.«

Ich fragte Josie, wie es Chris denn heute gehe.

»Super!« rief sie strahlend. »Er ist glücklich, nimmt keine Drogen mehr und ist gut in der Schule.«

Im Laufe der Jahre konnte ich immer wieder feststellen, dass die effektivsten und bodenständigsten Heilmethoden ein spirituelles Fundament aufweisen. Wenn Sie sich also sagen: »Nur ein Wunder könnte meinem Kind noch helfen«, haben Sie völlig Recht damit.

An die Indigo-Kinder selbst, die dieses Buch lesen: Ihr werdet kaum glauben, wie sehr es mich freut, dass ihr es lest! Offenbar liegt euch etwas an euch selbst und eurem Daseinszweck. Ich werde euch die gleichen Methoden beibringen, die ich auch schon bei meinen Klienten und im Rahmen von Workshops bei Leuten aus dem Publikum angewendet habe, um ihnen zu helfen, den Zweck ihres Daseins zu entdecken. Wenn ihr erst einmal euren Daseinszweck entdeckt und an ihm zu arbeiten beginnt, verschwindet vieles von eurer inneren Leere und eurem Schmerz. Außerdem werde ich euch ein paar spirituelle Heilmethoden vermitteln, die euch helfen, frei zu werden von der negativen Energie, die ihr vielleicht von anderen abbekommt. Diese Übungen können euch helfen, mehr Energie zu haben und größeren geistigen Frieden. Außerdem schlaft ihr besser und könnt euch leichter konzentrieren.

Indigo-Kinder sind hier, um das neue Zeitalter des Friedens einzuläuten. Es ist unsere spirituelle Pflicht, ihnen auf jede uns mögliche Weise zu helfen!

Bin ich oder ist mein Kind ein Indigo?

Indigo-Kinder weisen in der Regel folgende Eigenschaften auf:

1. Willensstark
2. 1978 oder später geboren
3. Dickköpfig
4. Kreativ, künstlerische Neigungen (Musik, Basteln von Schmuck, Gedichte etc.)
5. Suchtgefährdet
6. »Alte Seelen«, als wären sie dreizehnjährige, die auf die dreiundvierzig zugehen
7. Intuitiv oder übersinnlich begabt, möglicherweise haben sie irgendwann in ihrer Vorgeschichte schon einmal Engel oder Verstorbene gesehen
8. Hang zur Absonderung von anderen, sei es durch aggressives Sichabreagieren oder durch Zerbrechlichkeit und Introvertiertheit
9. Eigenständig und stolz, selbst wenn sie ständig Geld von einem haben wollen
10. Haben ein tiefes Verlangen, der Welt in großem Maßstab zu helfen
11. Schwanken zwischen geringem Selbstwertgefühl und Großspurigkeit
12. Langweilen sich leicht
13. Sind vielleicht als von ADS- oder ADHS betroffen diagnostiziert worden
14. Neigen zu Schlaflosigkeit, unruhigem Schlaf, Alpträumen oder Einschlafstörungen bzw. Angst vor dem Einschlafen
15. Suchen wahre, tiefe und dauerhafte Freundschaften
16. Knüpfen leicht enge Bande zu Pflanzen oder Tieren

Wenn ich diese Eigenschaften von Indigo-Kindern in meinen Workshops aufliste, »verstehen« die meisten Eltern und Kinder schnell und können mit großer Sicherheit sagen, ob sie oder ihre Kinder Indigos sind. Aber dennoch erhalte ich auch öfter Fragen von Menschen, die es absolut wissen wollen. Die Antwort lautet, dass die Indigos so unterschiedlich sein können, wie es unterschiedliche Blautöne gibt. Wir

brauchen Vielfalt unter den Indigos, die im neuen Zeitalter des Friedens unterschiedliche Rollen übernehmen werden. Einige werden Führungskräfte sein, andere Forscher, Heiler, Unterstützer oder Lehrer[5].
Trotz alledem: Wenn im Hinblick auf Ihre Kinder vierzehn oder mehr der obigen Merkmale zu bejahen wären, sind diese aller Wahrscheinlichkeit nach Indigos. Besteht eine besondere Verbindung zu elf bis dreizehn der obigen Merkmale, sind sie wahrscheinlich »Indigo-Lehrlinge« – Menschen, die an sich gerade erst die Wesenszüge der »kleinen Lichtarbeiter« entwickeln. Diese Beschreibungen könnten auch für Indigo-Kinder gelten, die man künstlich von ihren spirituellen Gaben abgeschnitten hat, und zwar durch autoritären Druck oder/und Ritalin.
Wenn Sie sich als Erwachsene oder Erwachsener in den obigen Merkmalen wiederfinden, kann es gut sein, dass sie zu den ersten Vorläufern der Indigo-Kinder gehörten. Ein paar Indigos kamen lange vor 1978 auf die Erde, um Informationen zu sammeln und das Fundament für das Eintreffen der Indigo-Kinder anzulegen. Am wahrscheinlichsten jedoch ist, wenn sie sich als Erwachsene mit den Eigenschaften der Indigo-Kinder identifizieren können, dass sie das sind, was wir als »Lichtarbeiter(in)« bezeichnen. In diesem Fall könnte mein Buch »The Lightworker's Way« (Hay House 1997) Ihnen einiges zu Ihrem persönlichen Weg erhellen.
In den nächsten Kapiteln gehen wir darauf ein, warum die Indigo-Kinder diese einzigartigen Merkmale aufweisen, wozu sie auf der Welt sind, und wie Erwachsene ihnen im Alltag helfen können.

5) Im Englischen geschlechtsneutral verstanden (Anm. d. Übers.).

ZWEI

ADS, ADHS und Ritalin

Heftet man Indigo-Kindern das Etikett »Aufmerksamkeitsdefizitsyndrom (ADS)« oder »Aufmerksamkeitsdefizitsyndrom in Verbindung mit Hyperaktivität (ADHS)« an, so gibt man ihnen damit zu verstehen, dass sie Recht haben mit ihrem inneren Erleben, »anders« zu sein. Doch statt glücklich zu sein über ihre Einzigartigkeit, was ihren Daseinszweck und ihre spirituellen Gaben angeht, schämen sich Indigo-Kinder für ihr Anderssein.

Man schätzt, dass mittlerweile mehr als sechs Millionen amerikanische Kinder psychotrope Medikamente gegen ADHS, Depressionen und sonstige psychische Erkrankungen einnehmen. Wie schon an früherer Stelle erwähnt, nimmt in Australien jeder sechunddreißigste Junge aus New South Wales Ritalin, das Kindern am häufigsten verschriebene Medikament. Weitere oft verschriebene Medikamente wären Dexedrin, Cylert, Tofranil, Norpamin, Prozac und Paxil.

Mit Medikamenten behandelt zu werden, bringt Indigo-Kinder gleich im doppelten Sinne in eine Zwickmühle. Einerseits bietet es ihnen die Chance, endlich »angepasst« zu sein an die anderen Kinder. Endlich können ihre Eltern und Lehrer zufrieden mit ihnen sein. Vielleicht beschert es ihnen sogar ein »Highsein«, das ihnen hilft, dem Schmerz des Andersseins oder der inneren Lehre, zu entrinnen, die sie überkommt, wenn sie nicht weiter an dem arbeiten, wozu sie gekommen sind. Doch der Preis dafür ist hoch: ihre spirituellen Gaben werden in eine chemische Zwangsjacke gesteckt.

Indigo-Kinder, die Ritalin oder andere auf die Psyche einwirkende Arzneimittel einnehmen. verlieren bald den Kontakt mit ihrer Intuition, ihren übersinnlichen Fähigkeiten und ihrer Kriegerpersönlichkeit. Diese Kinder mit ihren spirituellen Fähigkeiten wurden eigens auf die Erde geschickt, um auf unserem Planeten aufzuräumen, was unsere Umwelt und Gesellschaft angeht. Verwandeln wir Indigo-Kinder durch verschreibungspflichtige Medikamente in apathische Konformisten, vergessen sie ihren Daseinszweck. Damit haben wir eine weitere Generation, in der die Gesellschaft, und die Umwelt, noch kränker und verschmutzter wird.

Ja, Ritalin wirkt, wenn es darum geht, das Verhalten eines zügellosen

Kindes zeitweilig zu bändigen, doch muss das Kind die Medikamente danach weiter einnehmen, wenn die Wirkung anhalten soll. Es gibt viele andere Maßnahmen bei vorübergehend auffälligemVerhalten bei Kindern mit der Diagnose ADS oder ADHS. Diese Lösungen sind natürlich, und die meisten von ihnen bekommen wir entweder kostenlos oder zu geringen Kosten. Sie werden Ihren Kinder helfen, besser zu schlafen, sich zu konzentrieren und mit anderen zurechtzukommen. Und, was am wichtigsten ist: diese natürlichen Verfahren werden Ihre Indigo-Kinder beim Verfolgen ihres Daseinszwecks und der Nutzung ihrer spirituellen Begabungen fördern, statt sie zu behindern.
Ich habe mich in diesem Buch nach Kräften bemüht, Ihnen ein paar grundlegende, einfach umzusetzende praktische Lösungen an die Hand zu geben. Ich weiß, wenn ich Ihnen eine ellenlange Liste von Anregungen à la »Tun Sie dies, tun Sie jenes« an die Hand gegeben hätte, wären Sie hoffnungslos überfordert. Schließlich zeigen Untersuchungen, dass ADS und ADHS eine familiäre Komponente aufweisen. Kinder, denen man dieses Etikett angeheftet hat, haben mit einiger Wahrscheinlichkeit Eltern, die ADS- oder ADHS-typische Verhaltensweisen an den Tag legen, etwa eine Neigung zum Chaos, Zappelphilippverhalten oder Impulsivität.
In Wirklichkeit heißt das für uns, dass die meisten Indigo-Kinder von Lichtarbeiterinnen und Lichtarbeitern großgezogen werden und mit diesen auf dieser dichten Erdenebene die Wesenszüge einer »mangelnden Erdung« oder »Chaosneigung« gemein haben. Also passiert es nur allzu leicht, dass die Lichtarbeiter-Eltern sich von komplizierten Anregungen zur natürlichen Heilung von ADHS- oder ADS-Verhaltensweisen überfordert fühlen. Aber ich kann wirklich sagen: Wenn Sie nur die Hälfte der Vorschläge in diesem Buch anwenden, werden Sie und Ihr Indigo Erfolge sehen.

Als ob das alles nicht schon schlimm genug wäre...

Nicht genug damit, dass Indigo-Kinder ihre spirituellen Gaben und ihren Daseinszweck aus dem Blick verlieren: Zu allem Überfluss steigt bei Indigos, die verschreibungspflichtige Medikamente einnehmen, auch noch die Wahrscheinlichkeit, dass sie daneben zu illegalen Drogen greifen. Es mag daran liegen, dass Menschen, die Ängste oder Depression durchmachen, bestrebt sind, diese loszuwerden. Oder vielleicht liegt es auch daran, dass wir unseren Kindern beibringen, einfach »ja zu

sagen« zu Drogen, wenn wir sie täglich ins Sprechzimmer der Schulkrankenschwester schicken, damit sie dort ihre Tagesdosis Ritalin bekommen.
Ritalin wird auf der Straße und auf dem Schulhof als Wohlfühldroge verkauft. Da das Medikament ein ähnliches Hoch bewirkt wie Kokain oder Speed, sollte das nicht überraschen. Man hat Ritalin auch mit aggressivem Verhalten in Verbindung gebracht, so der US- Prüfungsausschuss für Narkotika. Einige Fachleute glauben, dass sich in den Schießereien an der Columbine High School und an anderen Schulen die Einnahme von Ritalin und anderen psychotropen Substanzen niederschlug.

Mary Ann Block, Autorin von *No More Ritalin*, schreibt:
Ich glaube, Kinder wollen lernen, und die meisten sind auch in der Lage, zu lernen. Ein Großteil der Kinder, die in meinem Sprechzimmer auftauchen, sind hoch intelligent. Dennoch haben sie oft Lernschwierigkeiten. Wir als Erwachsene und Pädagog(inn)en sind dafür verantwortlich, jedem Kind dabei zu helfen, auf die beste ihm mögliche Weise zu lernen, ohne ihm anregende Mittel und sonstige Medikamente zu verabreichen.
Wenn ein Kind sich nicht vor ein Klavier setzen und sich vollkommen autodidaktisch beibringen kann, wie man darauf spielt, bezeichnen wir es ja auch nicht als lernbehindert und verschreiben ihm Medikamente. Wir bringen dem Kind das Klavierspielen bei, indem wir ihm Unterricht geben, Zeit zum Üben und etliche Jahre, um sein Können zu perfektionieren. Aber wenn das gleiche Kind nicht sofort Lesen, Schreiben oder Rechnen kann, bezeichnen wir es als lernbehindert.

Bonnie Cramond, Ph. D., eine Wissenschaftlerin, die sich mit den Ähnlichkeiten zwischen Kreativität und ADHS befasst hat, schreibt:
Bei Michael Kearney, dem jüngsten Collegeabsolventen der Welt, wurde im Kleinkindalter ADHS diagnostiziert, und man verschrieb ihm Ritalin. Seine Eltern lehnten jedoch eine medikamentöse Behandlung ab und beschlossen stattdessen, seine Genialität mit pädagogischen Mitteln zu nähren.
Er wurde mit drei Jahren eingeschult, kam mit sechs ins Junior College und legte mit zehn sein Examen an der University of South Alabama ab. Sein Vater, Kevin Kearney, lehnte die Idee ab, dass Michaels Unaufmerksamkeit tatsächlich mangelnde Aufmerksamkeit sei. Tatsache ist, dass Kinder wie Michael sogar einen Aufmerksamkeitsüberschuss aufweisen. Er ist so viel

schneller als wir. Er braucht zwei Sekunden, um herauszufinden, was wir gleich sagen werden. Er hat mit ein paar Antworten herumgespielt, und jetzt steht er da und wartet darauf, dass wir fertig werden. Es wirkt so, als würde er nicht aufpassen, und Lehrer treibt es zur Verzweiflung.

Indigo-Kinder protestieren gegen Drogen

In diesem Buch werden Sie nicht nur lesen, was Experten und die Engel über Indigo-Kinder und ihre ADHS-Symptome sagen, sondern Sie werden auch lesen, was die Indigo-Kinder selbst denken und fühlen. Bei meiner Durchsicht der aktuellen Bücher rund um das Thema »natürliche Heilungswege für ADHS« fand ich nirgendwo Befragungen der Kinder selbst. Da waren immer nur die »Experten«, die uns sagten, wie sich die Kinder fühlten.

Also bat ich ein Indigo-Kind, meine Stieftochter Nicole, darum, Interviews mit Indigo-Kindern durchzuführen. Ich wusste, dass die Kinder beziehungsweise Teens sich einer Jugendlichen gegenüber leichter öffnen würden als gegenüber Erwachsenen. Offenbar hatte ich den richtigen Riecher. Es folgen Mitschriften dieser Interviews mit den Indigo-Kindern. Sie werden unschwer erkennen, dass die Kinder ihre tiefsten Gefühle offenbaren.

Hier zum Beispiel das, was mehrere Indigo-Kinder zu Ritalin und anderen auf die Psyche einwirkenden Medikamenten zu sagen hatten:

Alec: *Alle sollten lernen, mit ihren Problemen ohne Medikamente klarzukommen, oder sie treten auf die eine oder andere Weise dann später doch wieder auf. Sobald sie aufhören, das Medikament einzunehmen, wissen sie nicht, wie sie mit dem unterdrückten Problem fertig werden sollen. Ich kenne einen Typen, der als Kind Ritalin einnahm, und heute ist er heroinsüchtig.*

Leute mit ADS haben durchaus gute Ideen, und vielleicht sind sie nicht in der richtigen Umgebung. Oder sie müssen meditieren, um ihre Konzentration zu stärken. Die meisten, die ADS haben, sind Multitalente. Alle Welt meint, man solle sich besser an eine Sache halten, aber manche können an einer Menge Projekte arbeiten und dennoch etwas auf die Beine stellen.

Hunter: *Ich habe Leute gekannt, die Ritalin einnahmen und davon umgänglicher wurden, aber gleichzeitig bestand für sie damit eine Chance, dass sie in andere, stärkere Drogen einsteigen würden. Ich glaube, wenn jedes Kind* *jemanden hätte, der ihm sagt, dass mit ihm alles okay ist und das, was es tut, vollkommen normal und natürlich, würde es schon auf seine eigene Weise durch das Ganze hindurchkommen. Das wäre viel einfacher als zu sagen, dass es dafür eine Arznei gibt.*

Dawn: *Ich finde Ritalin lächerlich. Da versuchen Erwachsene, ihre Kinder in Schubladen zu packen, damit sie selbst ein Gefühl der Sicherheit haben können. Ich habe das schon oft erlebt. Nur damit sie die Verantwortung jemand anderem zuschieben können. »Na ja, er oder sie hat ADS, und deshalb ist er/sie so.« Dann hat man eine Entschuldigung. Oft wird es zu Unrecht verschrieben, und es hat wirklich schon eine Menge Kinder vermurkst. Oft liegt die Aufmerksamkeitsdefizitstörung bei den Eltern. Dem Kind keine Aufmerksamkeit zu widmen – ich denke, daher kommt das Sich-Abreagieren und laute Auftreten oft.*
Ich habe miterlebt, wie Ritalin bei Kindern Depressionen auslösen kann und sie so verändert, dass sie gar nicht mehr sie selbst sind. Es hat bei denen, die Ritalin nehmen, schon Tausende von Selbstmordfällen gegeben. Ich sehe es absolut nicht als etwas Positives. Ich habe schon gehört, wie Leute sagten, ihrem Kind hätte es wirklich geholfen und ihrem Kind ginge es so viel besser, aber wie kann es dem Kind besser gehen, wenn man es auf ein Medikament setzt, das dafür sorgt, dass es so ist, wie die Eltern es haben wollen? Das ist absolut nicht gesund.
Ich denke, Eltern lassen ihren Kindern Ritalin verschreiben, weil sie nicht wissen, wie sie das Problem mit ihnen in den Griff bekommen sollen, oder sie wollen nicht die Energie hineinstecken, die sie dazu bräuchten, also machen sie es sich leicht. Ich glaube, diese Welt ist ganz schön darauf programmiert zu meinen, Pillen, die einem verschrieben werden, seien ein Weg, etwas in Ordnung zu bringen.

Elizabeth: *Bevor ein Freund von mir Ritalin zu nehmen begann, hatte er viel mehr Leben und Energie, er sprühte. Als er auf Ritalin war, döste er immer halb vor sich hin. Seine Launen waren weg, aber man muss sagen, dass er einfach keine gute Laune hatte. Er war ganz schaumgebremst; seine Gefühle waren gebremst. Wenn man sich mit ihm unterhielt, war er nicht so ganz da. Als er nicht auf Ritalin war, interessierte er sich sehr für alles. Ich finde, er war so viel mehr er selbst, viel glücklicher und viel schöner ohne Ritalin.*

Adam: *Als Drittklässler kannte ich ein Kind, das ADS oder ADHS hatte,* *und der Junge war auf Ritalin. Er hatte keine Stimmungsschwankungen mehr, wenn er das nahm. Aber er hörte einfach nur noch zu und sagte nicht wirklich etwas. Ich finde nicht, dass Ritalin verschrieben werden sollte, weil man davon abdriftet und nichts mehr tun will. Ich denke, Drogen sind eine nur kurzzeitig wirkende Antwort auf ein Langzeitproblem.*

David: *Ich habe noch nie Ritalin eingenommen, wohl aber Zoloft und Paxil. Zoloft habe ich wieder abgesetzt, weil ich dadurch zu viel schlief und in der Schule gar nichts mehr mitbekam. Und Paxil setzte ich wegen nächtlicher Schweißausbrüche ab. Das Zeug ist übel. Paxil soll bewirken, dass du weniger Hemmungen hast und mit weniger Angst und Panikattacken nach außen gehen und ein Teil der Gesellschaft sein kannst. Was es bei mir bewirkte war, dass ich meine mentalen Probleme loswurde. Dafür bekam ich andere Probleme an den Hals, die noch mehr Angst in mir auslösten. Ich denke, der einzige Grund, warum Eltern ihre Kinder auf Ritalin setzen ist, dass sie sich nicht mit ihnen befassen wollen. Es ist, wie wenn dir ein Pferd immer wieder durchgeht. Wenn du wirklich willst, dass es ein gutes Pferd wird, musst du mit ihm trainieren. Du musst für es sorgen, deine ganze Energie hineinstecken, und dann wirst du ein Pferd haben, von dem du etwas zurückbekommst. Wenn du ihm einfach nur Beruhigungsmittel verabreichst, gerät es, sobald es aufwacht, nur noch immer mehr außer Kontrolle. Ich kenne so viele Kinder, die von anderen Drogen abhängig wurden, als man sie auf Ritalin setzte. Wenn Eltern ihren Kindern Ritalin geben, entscheiden sie sich einfach für den leichten Weg, aus der Sache herauszukommen. Es gibt dafür keine Entschuldigung. Wenn das Kind hyperaktiv ist, muss man etwas finden, was es tun kann, etwas Künstlerisches oder so, und danach wird es wahrscheinlich ruhiger sein.*

Chris: *Ich denke, in unserer »pharmazeutischen« Gesellschaft nehmen wir Arzneimittel für Dinge wie Haarausfall und Impotenz, statt Arzneien gegen ernsthafte Krankheiten wie zum Beispiel Malaria. Wir versuchen einfach zu viel, reine Oberflächenkosmetik zu betreiben. Genauso ist es auch mit den Naturheilmitteln. Wenn man ein Wehwehchen hat, nimmt man eine natürliche Pille dagegen ein – aber es ist und bleibt eben eine Pille. Ich glaube nicht, dass man damit das Problem löst. Statt das tieferliegende Problem zu beheben, übertünchen wir es nur. Es ist wie Pfefferminz für frischen Atem. Ich denke, das ist bei unserer Gesellschaft das große Problem. Statt die Ursache zu beseitigen, versuchen wir sie einfach nur zu kaschieren.*

Ryan: *Ich hasse Ritalin. Durch Ritalin war ich irgendwann soweit, dass ich mit dem Gedanken spielte, wie es wohl wäre, auf Speed zu sein. Bis dahin nahm ich Prozac und andere Medikamente in dieser Art, aber sie wirkten nicht. Ich hatte keine Energie, und rückblickend denke ich, dass ich ja vielleicht deshalb keine Energie hatte, weil man mir diese ganzen Medikamente gab, die ich gar nicht brauche.*
Als man mir Prozac verschrieb, war ich zuvor bei diesem Arzt in der Sprechstunde gewesen, den ich noch nie gesehen hatte, und nachdem er sich eine halbe Stunde mit mir beschäftigt hatte, setzte er mich auf Prozac. Damals fand ich das noch ziemlich cool. Irgendwie war das gerade der letzte Schrei, und ich hatte noch darüber recherchiert und von Leuten gelesen, die ihre Persönlichkeit nicht mögen, und dann nehmen sie dieses Zeug und werden das genaue Gegenteil von dem, was sie vorher waren. Ich fand das so cool, weil ich mich selbst nicht mehr wiedererkennen würde. Aber ich nahm es, und in Wirklichkeit fühlte ich mich daraufhin schlechter. Man sagte mir dann: »Du hast da eben diese Geschichte (Depressionen), aber mach dir keine Sorgen, du bist nicht anders als vorher.«
Gesagt zu bekommen, dass ich nicht anders geworden sei, aber dabei zu wissen, dass ich »diese Geschichte« hatte, gab mir eine Entschuldigung dafür, total vermurkst zu sein. Also war ich total vermurkst, und dann kam ich auf Ritalin. Ich unterzog mich dem ADS-Test, und hatte es nicht. Aber ich scheine etwas zerstreut. Ich bin nicht hyperaktiv, sondern zerstreut, also bekam ich es verschrieben, und als ich es am ersten Tag einnahm, dachte ich: Wow, bei dem Zeug hebste ja ab wie 'ne Rakete!
Ich wurde damals zu Hause unterrichtet, und ich machte die Hausaufgaben für die ganze Woche an einem Tag. Meine Eltern fanden das super. Aber dann geht das weg, und du fühlst dich sterbenselend, als wärst du kurz davor, dich umzubringen. Also begann ich zu viel davon zu nehmen, und das bringt dann wirklich die Körperchemie durcheinander. Ich las, dass ein Tier im Durchschnitt nach achthundert Millionen Herzschlägen stirbt. Ich sagte mir: Dieses Zeug bringt mein Herz dazu, dreimal so schnell zu schlagen, das kann ja wohl nicht gut sein für mich. Mehr Speed für meinen Puls. Ganz schön viel Speed, wie ich fand. Nach etwa einem Monat Ritalin war ich wirklich lethargisch, und es half mir auch nicht mehr bei den Hausaufgaben. Ich wurde ein ziemlicher Zombie. Keiner erkannte mich wieder. Ich hatte in der Schule Freunde, die nicht mehr mit mir redeten. Ich konnte es nicht einmal mehr ertragen, ich selbst zu sein. Als ich von Ritalin herunter war, begann ich Speed zu nehmen, weil ich dieses Gefühl mochte. Ich finde es Scheiße, dass

ich jemals Ritalin bekommen habe. Wozu? Ich war fünfzehn, und soll ich dir mal was sagen? Alle Kinder bekommen mit fünfzehn Schwierigkeiten. Ich denke, Ritalin ist eine entsetzliche Droge. Man wirft es den Kindern ein wie ein Antibiotikum gegen Grippe. Und jetzt erlebe ich, wie Kids das mit sechs oder sieben oder sogar noch früher verordnet bekommen.
Ich denke, die Erwachsenen geben Kindern Ritalin, weil es ein leichter Ausweg ist, eine Alternative dazu, seinen Kindern Eltern zu sein und sich mit dem eigentlichen Problem zu befassen. Ich denke, viele Eltern wissen gar nicht so recht, was Ritalin ist und was es bewirkt. Es ist eine Droge, man wird high davon, und dann kommt die Sucht. Wenn der Körper erst einmal süchtig nach etwas ist, öffnet das Süchten überhaupt Tür und Tor. Ist diese Tür zur Sucht erst einmal offen, ist es so schwer, das wieder loszuwerden. Es ist unmöglich; sie wird immer da sein.

Die Kunst- und Musiktherapeutin Gabrielle Zale, die durch ihre Kreativitätsprojekte Kinder mit ADHS-Symptomen erfolgreich geholfen hat, sagt: »Ich habe erlebt, wie diese Kinder massiv unter Medikamente gesetzt wurden, was genau das Gegenteil von dem ist, was sie brauchen. Ich habe auch erlebt, wie diese Kinder darum bettelten, keine Medikamente zu bekommen, und das System verabreichte sie ihnen dennoch.«
Dieses Buch ist nicht unbedingt gegen Ritalin, was es jedoch allen eindringlich ans Herz legt, sind Anregungen zu natürlichen, gesunden, lebensfördernden und kostengünstigen Alternativen, die Ihnen und Ihrem Kind helfen, geistigen Frieden zu entwickeln und wieder zu dem Gefühl zurückzufinden, eine Familie zu sein. Ich bete darum, dass Sie dieses Buch komplett durchlesen, Ihren Indigo-Kindern davon erzählen und einige oder alle der hier beschriebenen Methoden ausprobieren.

DREI

Die Aufgabe der Indigo-Kinder

Jedes Individuum hat einen bestimmten Daseinszweck. Gemeint ist die Mission, auf die Sie sich vor Ihrer Inkarnation eingelassen haben. Ihr Daseinszweck besteht aus zwei Teilen: einem persönlichen und einem globalen. Ihr persönlicher Daseinszweck umfasst eine bestimmte Eigenschaft, die sie in diesem Leben zu entwickeln versuchen, wie etwa Geduld oder Mitgefühl. Zu ihrem globalen Daseinszweck gehört die Entdeckung, Entwicklung und Nutzung Ihrer natürlichen Talente und Interessen, um anderen Menschen und dem Planeten zu helfen.

Einige Menschen haben einen Daseinszweck, von dem nur einige wenige berührt sind, während andere den spirituellen Vertrag abgeschlossen haben, tausenden von Menschen zu helfen. Ebenso wie bei einem Orchester ist jeder gleich wichtig. Ob Piccoloflöte oder erste Geige, beide sind zentral für die Orchestrierung der Musik.

Auf die gleiche Weise zählen Gott und die Welt auf Sie, dass Sie sich an Ihren Daseinszweck erinnern und an ihm arbeiten. Tief im Innern wissen Sie wahrscheinlich, dass Sie hier sind, um aus dieser Welt einen besseren Ort zu machen. Wenn Sie das Gefühl haben, dass Sie dies nicht tun, beginnt Ihr inneres Selbst Sie zu piesacken. Dieses Piesacken kann die Form von Ängsten annehmen oder ein Gefühl, dass die Zeit drängt. Ignorieren Sie diesen innerlichen Impuls, entsteht vielleicht ein Gefühl der Leere oder Deprimiertheit in Ihnen. Wenn Sie glauben, dass andere dem, wozu es Sie drängt, im Weg stehen, kann es passieren, dass Sie ihnen die Schuld geben, wütend werden oder sich geschröpft fühlen. Wenn Sie sich nicht dazu qualifiziert fühlen, die Welt zu retten, kann es zum Absturz in ein niedriges Selbstwertgefühl kommen.

Jeder Mensch hat neben einem globalen Daseinszweck eine persönliche Mission. Die globale Mission ist die, die sich über die persönliche wölbt, sozusagen der Überbau. Ihre persönliche Mission ist die spezifische Form, die Ihr Lebenszweck annimmt.

Indigo-Kinder teilen alle einen ähnlichen globalen Lebenszweck: dabei zu helfen, das neue Zeitalter des Friedens einzuläuten. Hunter Zinkle, ein einundzwanzigjähriges Indigo-Kind, formuliert es wie folgt: »Ich weiß, dass mein Daseinszweck darin besteht, einen Beitrag dazu zu leisten, dass das menschliche Dasein ein bisschen glatter läuft. Ich versuche, allen gegenüber, mit denen ich in Kontakt komme, mein Bestes zu tun und darauf hinzuarbeiten, dass ihnen das Leben etwas leichter vorkommt, etwas weniger verwickelt. Bei Freunden von mir habe ich oft das Gefühl, für sie die Blume des Lebens zu öffnen. Bei anderen von ihnen hat es ganz den Anschein, als sei ich ihr Führer, der sie lehrt zu leben.«

Hunter ist ein glückliches und gut eingegliedertes Indigo-Kind, da er seinen Daseinszweck kennt und aktiv an ihm arbeitet. Er weiß, dass man nicht solange zu warten braucht, bis man dafür Geld bekommt, dass man sich seinem Daseinszweck widmet.

Im nachfolgenden Abschnitt gehe ich auf die spirituellen und wissenschaftlichen Prinzipien ein, die hinter dem Daseinszweck stehen. Dann kommen wir auf Schritte zu sprechen, die Ihren Indigo-Kindern helfen werden, speziell für sich herauszufinden, worin ihre persönliche Mission besteht.

Wenn sie Ihren Kindern dabei helfen, zu begreifen, worin ihre Mission besteht, helfen Sie ihnen damit, die Leere zu füllen, die sie empfinden und die daher rührt, dass sie das Gefühl haben, sie würden keine Rolle spielen. Den meisten Indigos hat man schon reichlich oft zu verstehen gegeben, dass sie »komisch« seien, »sich nicht einfügten«, »gestört« oder »durchgeknallt« seien, »schlecht«, »faul«, sich »keine Mühe« gäben. Bis sie in die Pubertät kommen, hat ihr Selbstwertgefühl schon tüchtig Prügel bezogen. Und doch haben Indigos trotz dieser Form von Beschimpfung durch Lehrer, Eltern und/oder andere Kinder an der Schule innerlich den Antrieb, anderen zu helfen. Was sie brauchen, sind in der Regel ein paar Tipps, wie sie ihren Altruismus in sinnvolle Kanäle leiten können.

Die Wurzeln des Daseinszwecks von Indigo-Kindern

Die Rolle der Indigo-Kinder in der heutigen Welt hat Wurzeln, die in uralte Zeiten zurückreichen. Ihre Anfänge liegen in einem Land namens »Lemurien«, das einmal am Rande des Pazifiks existierte. Die Inseln Hawaiis sind Überreste von Lemurien, einst ein üppiges Tropenparadies. Die Lemurier aßen die exotischen Früchte, die von Natur aus auf den Inseln wuchsen. Nie brauchten Sie sich darüber zu sorgen, woher sie am nächsten Tag etwas zu essen bekommen würden.

Vielleicht gerade deshalb, weil die Menschen dort nicht mit anderen um ihre Nahrung zu konkurrieren brauchten, waren sie friedlich und liebevoll und kommunizierten auf telepathischem Wege miteinander. Ihre Intuition sagte den Lemuriern, dass ihr Land im Untergehen begriffen war. Still und friedlich begannen sie nach Westen zu wandern, zu den Regionen, die heute die Pazifikküste Nordamerikas ausmachen. Andere begaben sich in höher gelegene Gegenden, dorthin, wo heute die Inseln Hawaiis angesiedelt sind. Da die Lemurier ihrer inneren Eingebung folgten, entkamen sie einem massenhaften Sterben.

Die Lemurier setzten ihr friedvolles Dasein als Ureinwohner jener Regionen fort, die bei uns heute »Kanada«, »Vereinigte Staaten« und »Mexiko« heißen. Als die europäischen Siedler eintrafen, lehrten diese die nachfolgenden Generationen, die von den Lemuriern abstammten, einige neue und unnatürliche Fähigkeiten – unter anderem, sich auf das gesprochene oder schriftlich niedergelegte Wort zu verlassen statt auf nonverbale Kommunikation. Dazu brachten sie ihnen nach und nach bei, von Menschenhand beziehungsweise später industriell weiterverarbeitete Nahrungsmittel zu sich zu nehmen, Tiere auf eine inhumane Weise aufzuziehen und zu schlachten sowie ihre Spiritualität auf Dingen in der Außenwelt aufzubauen, etwa einem vom Menschen getrennten Gott, religiösen Vorschriften und alten Schriften. Als die Lemurier sich diese widernatürlichen Praktiken aneigneten, verloren sie viele ihrer spirituellen Fähigkeiten.

Die Welt basierte zunehmend auf Unnatürlichem. Bald begann die Wissenschaft die Spiritualität und mit ihr zusammenhängende Begabungen in Zweifel zu ziehen. »Alles, was man nicht anfassen, sehen oder messen kann, existiert nicht!«, verkündete die Wissenschaft. Aus der Spiritualität wurde eine ganze Industriebranche in Form organisierter Religionen. Einige von diesen verloren den Kontakt mit ihrem ursprünglichen spirituellen Fundament und richteten sich auf die Kontrolle der Massen aus. Eine der größten organisierten Religionen tötete Menschen sogar, wenn ihr Handeln nicht den kirchlichen Vorschriften entsprach.

Die Angst vor Tod oder Ächtung brachte viele dazu, sich religiösen Autoritäten zu beugen. Von jetzt an überließen sie es anderen, mit Gott zu sprechen und hielten sich auch gar nicht mehr für dazu fähig. Sie verließen sich, wenn es darum ging, göttliche Botschaften zu empfangen, auf hochrangige Würdenträger ihrer Kirche oder ihres Tempels. Die religiösen Führer sagten, dass Gott zornig und rachsüchtig sei, und das Volk müsse Seine Gesetze befolgen, wolle es nicht Bestrafung durch Ihn erleiden. Also fügten sich die Menschen natürlich. Von Zeit zu Zeit jedoch kam es zu einer spirituellen Renaissance. In den letzten Tagen des zwanzigsten Jahrhunderts öffneten sich viele Menschen für spirituelle und/oder religiöse Vorstellungen. Gelegentlich war der zündende Funke bei diesem Verhalten die Angst, dass das Jahr 2000 womöglich ein Zeitpunkt der spirituellen Abrechnung sein würde oder die prophezeite »Wiederkehr Christi«. Viele, die in dieser Zeit meine Workshops besuchten, sagten mir: »Ich glaube nicht wirklich, dass das Jahr 2000 die Apokalypse bringen wird, aber ich sorge trotzdem sicherheitshalber einmal dafür, dass in meinem spirituellen Leben alles in Ordnung ist – für alle Fälle.«

Zum Glück begannen sich in dieser Zeit viele Wissenschaftler mit Spiritualität und verwandten Themen zu befassen. Von jeder führenden Universität kamen Untersuchungen zur heilenden Kraft des Gebets, und die Studien zeigten tendenziell positive Zusammenhänge zwischen Gebet und Heilung.

Auch die Quantenphysik begann sich mit der Rolle des menschlichen Bewusstseins zu befassen und damit, wie es sich auf die Materie auswirkte. So zum Beispiel entdeckten diese Wissenschaftler, dass das, was eine Person denkt, während sie durch ein Elektronenmikroskop sieht, die Bewegung der Elektronen unter dem Mikroskop beeinflusst. Andere Wissenschaftler starteten Forschungsprojekte zu den übersinnlichen Fähigkeiten des Menschen. Fast alle haben eine Geschichte von einem unerklärlichen übersinnlichen Phänomen zu berichten, das ihnen irgendwann in ihrem Leben begegnete. Nun, ein Wissenschaftler namens Daryl Bem beschloss, dass alle Untersuchungen, die man bis dahin zur Telepathie angestellt hatte, verfälscht gewesen seien. So zum Beispiel seien die vorherigen Wissenschaftler voreingenommen gewesen; sie wollten beweisen, dass es übersinnliche Fähigkeiten gäbe, und diese Überzeugung habe das Ergebnis der Studien auf unfaire Weise beeinflusst. Bem, der an der New Yorker Cornell University in Ingenieurwesen dissertiert hatte, beschloss die Durchführung der am strengsten kontrollierten Studie zum Phänomen Telepathie, die man je unternommen hatte. Er wollte die These, es existierten übersinnliche Fähigkeiten, ein für alle Mal widerlegen.

Zwischen 1983 und 1989 nahm Bem also zweihundertvierzig nach dem Zufallsprinzip ausgewählte Cornell-Studenten und bat sie in zwei schalldichte, isolierte Räume. Die eine Probandengruppe wurde aufgefordert, sich beliebige Bilder anzusehen und diese mental zu den Studenten im anderen Raum zu projizieren. Die Mitglieder der anderen Gruppe wurden angewiesen, zu beschreiben, welche Bilder sie vor ihrem geistigen Auge »sahen«, und diese mentalen Bilder verglichen die Wissenschaftler dann mit denen, die die andere Gruppe »sendete«. Bem war fest davon überzeugt, dass diese Studie keinerlei Zusammenhang zwischen den Bildern nachweisen würde, die gesendet wurden und denen, die geistig »ankamen«.

Doch zu seiner Überraschung zeigten die Ergebnisse eine statistisch relevante Korrelation zwischen gesendeten und empfangenen Bildern! Also führte Bem das ganze Experiment noch einmal durch, dieses Mal mit anderen Studenten. Doch wieder zeigten die Ergebnisse, dass die mentalen Bilder, die bei den Studenten »ankamen«, sich mit denen deckten, die vom anderen Ende des Universitätsgeländes herübergesendet wurden. Bem führte das Experiment insgesamt elf Mal durch, bevor er eingestand, dass es signifikante Hinweise gab, dass Telepathie tatsächlich existierte.

Es gibt noch weitere wissenschaftliche Pioniere, die uns dabei helfen, Telepathie und andere spirituelle Begabungen als Bestandteil des »normalen menschlichen Verhaltensrepertoires« zu betrachten. Einer von ihnen ist Dr. Dean Radin, ein ehemaliger Mitarbeiter der University of Nevada, Las Vegas. Radin führte eine Reihe von Untersuchungen zu dem unsichtbaren Faden durch, der uns alle verbindet und uns erlaubt, telepathisch mit anderen zu kommunizieren.

Eine der faszinierendsten Studien Radins fand mit zwei männlichen Versuchspersonen statt, die einander nicht kannten. Einem der Männer (Mann A) wurde ein Blutdruckmessgerät angelegt. Der andere Mann (Mann B) befand sich außer Hörweite in einem separaten Raum. Mann B wurde angewiesen, etwas Liebevolles über Mann A zu denken. Genau in diesem Moment stellte man bei Mann A sofort einen Abfall des Blutdrucks fest. Dann wurde Mann B angewiesen, mit Wut an Mann A zu denken. Prompt stieg der Blutdruck von Mann A an, obwohl dieser keine Ahnung hatte, worum es bei dem Experiment ging. Sein Verstand hatte keine Ahnung, dass Mann B mit Liebe oder Wut an ihn dachte, aber sein Körper wusste es. Das gleiche Experiment

wurde in Japan nachgestellt (nur dieses Mal unter Messung der Pulsfrequenz statt des Blutdrucks) – mit den gleichen Ergebnissen.
Telepathie mag also eine Form von nonverbaler Kommunikation basierend auf den inneren Ohren des Körpers sein. Offenbar ist unser Körper empfänglich für Gedankenwellen, obwohl unser Bewusstsein sie oft ausblendet.

Telepathisch begabte Indigo-Kinder

Fast alle Eltern, Lehrer(innen) und im medizinischen Bereich Tätige, die ich dazu befragt habe, sagten, ihnen sei aufgefallen, dass die »Kinder von heute« unglaublich ausgeprägte »übersinnliche« Antennen hätten. Die Indigo-Kinder, mit denen ich selbst zu tun hatte, berichten von Engeln, Auren, Feen und lieben Verstorbenen, die sie gesehen hätten. Sie können aus dem Stand spüren, wie moralisch integer eine ihnen ansonsten fremde Person ist und spüren es, wenn man sie belügt. Außerdem stehen diese Kinder zu subtilen Eindrücken dieser Art, statt sie anzuzweifeln.
So zum Beispiel mag ich Indigo-Kinder fragen: »Woher weißt du, dass es die Engel wirklich gibt?«, und dann lachen sie und sagen: »Weil ich es weiß! Ich sehe sie doch!« Dann frage ich sie: »Was willst du Erwachsenen sagen, die nicht an Engel glauben?« Und als hätten sie sich abgesprochen, antworten die Indigos dann sinngemäß immer: »Dass sie aber an Engel glauben sollten, weil es sie nämlich wirklich gibt und weil ihnen das hilft, ein viel besseres Leben zu führen!« (Auf die besonderen spirituellen Gaben von Indigo-Kindern gehe ich später in diesem Buch noch ausführlicher ein.)
Ein Forscher namens William MacDonald von der University of Ohio fand heraus, dass Kinder verglichen mit anderen Altersgruppen die höchste Anzahl überprüfbarer übersinnlicher Erfahrungen aufwiesen. Ein Punkt dabei ist der, dass Kinder viel weniger Stress und Sorgen haben. Doch haben mir meine Erfahrungen zudem auch gezeigt, dass ein Schlüssel zu den übersinnlichen Fähigkeiten von Indigo-Kindern der ist, dass sie sich weigern, der Frage nachzugehen, ob ihre übersinnlichen Eindrücke real oder Phantasie sind. Die meisten Erwachsenen blockieren sich psychologisch betrachtet nur selbst, indem sie sich Gedanken machen wie: »Bilde ich mir das vielleicht nur ein? Ist das real?« Indigo-Kinder dagegen vertrauen auf ihre Intuition, ohne deren Gültigkeit in Frage zu stellen.

Indigo-Kinder und das neue Zeitalter des Friedens

Schon von Kindheit an schenkten mir die Engel Zukunftsvisionen. Viele Informationen, die ich über Indigo-Kinder erhalte, stammen aus der geistigen Welt und vermischen sich mit den Ergebnissen meiner Befragungen von Indigos sowie ihrer Eltern, Lehrer(inne)n und Ärzt(inn)en. Dazu kommen wissenschaftliche Untersuchungen, die viele der von mir erhaltenen spirituellen Botschaften untermauern.

Ich erwähne das deshalb, weil mir klar ist, dass Sie vielleicht auf der Suche nach praktischen Lösungen für Verhaltensprobleme bei Ihren Indigo-Kindern sind. Ich erhalte seit einiger Zeit über die Indigos und unsere nähere Zukunft folgende Informationen:

Die Engel sagen, dass die Quantenphysiker derzeit dabei sind, herauszufinden, dass wir Menschen uns viel zu sehr nach unseren Uhren und Kalendern ausrichten. Indem wir den Fokus auf die Zeit richten, sorgen wir dafür, dass wir in einer sehr verdichteten dritten Dimension gefangen bleiben. Wir Menschen sind durchaus in der Lage, an zwei Orten gleichzeitig zu sein, Dinge im Handumdrehen zu manifestieren und sogar zu levitieren. Indigo-Kinder und viele spirituell bewusste Erwachsene wissen tief in ihrem Innern um diese Wahrheit. Die Antwort lautet, dass wir aufhören sollten, der Zeit so viel Aufmerksamkeit zu widmen.

Viele Erwachsenen und Kinder mit einer spirituell orientierten Grundeinstellung hatten in den letzten Jahren den Impuls, keine Armbanduhr mehr zu tragen. Je mehr von uns das tun, desto mehr werden wir merken, wie an uns Menschen wieder »wundersame« Fähigkeiten zum Vorschein kommen.

Zahlreiche Indigo-Kinder berichten außerdem, das sie in der Lage seien, Zeit zu biegen oder zu krümmen. So zum Beispiel macht sich mein Indigo-Sohn Chuck das Phänomen der Zeitkrümmung immer dann zu Nutze, wenn er »spät dran« ist für eine Verabredung. Alles, was man dann tun müsse, sagt er, ist seine Gedanken auf sein Ziel zu richten und die Zeit, zu der man dort sein wolle. »Schau während der Fahrt nicht auf die Uhr oder auf irgendwelche Wahrzeichen unterwegs, die dir verraten, wo du bist«, rät Chuck, »sonst verlangsamt dich das, weil du in Raum und Zeit eingeschlossen wirst. Vergiss die Zeit einfach völlig, indem du ein interessantes Gespräch führst oder Radio hörst. Fahre nicht mit überhöhter Geschwindigkeit und starte nicht im Slalom wilde Überholmanöver. Das ist gar nicht nötig. Erhalte einfach die Überzeugung aufrecht, dass du rechtzeitig ankommen wirst, und dann wirst du irgendwie die Zeit so krümmen, dass du pünktlich da bist.«

In der nächsten Zukunft wird telepathische Kommunikation unsere Standardform der »Unterhaltung« miteinander sein. Indigo-Kinder, insbesondere die ganz kleinen, praktizieren sie bereits. Die Engel sagen, E-Mails seien die Vorläufer unserer telepathischen Gesellschaft, denn sie hätten uns den Mund wässrig gemacht, was sofortige Kommunikation anbelangt. Ist Ihnen schon einmal aufgefallen, wie frustriert Sie sind, wenn eine E-Mail mit fünf Sekunden Zeitverzögerung ankommt? Die Engel sagen, dass diese Frustration mit unserer Sehnsucht zusammenhinge, von Geist zu Geist zu kommunizieren, also Telepathie zu praktizieren. Wenn wir zu dem Entschluss kommen, dass diese E-Mails zu langsam sind, werden wir automatisch einen schnelleren Weg wählen: die Telepathie.

Wir werden unsere telepathischen Gaben weiterentwickeln, wenn wir beginnen, uns stärker auf das Gefühl in unserem Bauch und unsere Intuition zu verlassen. Indigo-Kinder sind hier, um uns den Weg zu zeigen, da sie bereits sehr sicher sind, was ihre Intuition anbelangt. Die Indigos verleugnen ihre Gefühle nicht, es sei denn, Eltern oder Lehrer zwingen sie dazu oder ihre Intuition wird in Ritalin oder anderen Medikamenten ertränkt.

Wenn die Mehrheit von uns zulässt, telepathische Gaben zu entwickeln, wird in unserer Gesellschaft ein großer Umschwung eintreten. Warum? Weil einen keiner belügen kann, wenn man telepathisch wahrnimmt. Denken Sie nur an all die Institutionen und Systeme, auf die es einen Einfluss haben wird, wenn man Lügen sofort enttarnt. Diese Systeme werden gezwungen sein, sich umzuorientieren und eine Basis der Integrität und Ehrlichkeit zu schaffen – oder sie zerbröckeln und werden durch andere ersetzt.

In den sechziger Jahren erhielten viele der ersten Indigos (landläufig »Hippies« genannt) den Auftrag, Integrität in unsere Regierungs- und sonstigen Systeme hineinzutragen. Aber sie ließen sich von diesem Ziel ablenken: Durch massiven Drogenkonsum, durch die Desillusionierung, die mit Vietnamkrieg und Watergate einherging, und später von Mainstream-gemäßen Verpflichtungen, die sie auf Nebengeleise führten.

Die Indigo-Kinder sind zielgerichteter und energischer als die Hippie-Generation, und sie werden sich nicht ablenken lassen (es sei denn, wir machen ihnen medikamentös den Zweck ihres Daseins unzugänglich!). Sie wissen, dass unser archaisches Bildungswesen grundlegend überholungsbedürftig ist. Sie wissen, dass Regierungssystem und Rechtswesen korrupt sind. Sie wissen, dass es Ungleichgewicht in Hülle und Fülle gibt, was das Gesundheitswesen, die Behandlung von Tieren und die Umwelt anbelangt. Die Indigos sind hier, um die Mängel in diesen Systemen auszubügeln, so dass wir ganz von vorn anfangen können. Sie wissen, dass es keine Zeit zu verschwenden gilt.

Das neue Zeitalter des Friedens wird uns alle zu einem kooperativen und ehrlichen Miteinander hinführen. In diesem neuen Zeitalter des Friedens wird das Klima auf der Erde warm, tropisch und feucht sein. Wir werden ein viel naturverbundeneres Leben führen, und kein Verlangen mehr nach industriell erzeugten Nahrungsmitteln oder Getränken haben. Vielmehr werden wir wieder Appetit auf frisches Obst und Gemüse haben, das in der tropischen Atmosphäre der Erde in Hülle und Fülle wachsen wird.

Aufgrund der Wärme werden Kleidung und Unterkunft für uns nicht mehr so sehr im Vordergrund stehen. Wir werden kollektiv sinnlose Jobs aufgeben, die dazu dienen, sinnlose Objekte zu produzieren. Also werden mehr Menschen bei sich zu Hause – oder in der Nähe ihres Zuhauses – arbeiten. Wir werden Arbeiten verrichten, die unserer natürlichen Passion und unseren Interessen entsprechen. Infolgedessen werden Auto und Flugzeug als Transportmittel gegenüber dem Zufußgehen in den Hintergrund treten.

Smog, Pestizide und Lebensmittelzusätze werden bald der Vergangenheit angehören. Gleiches gilt für Stress und Sorgen. Immer wenn wir etwas brauchen, werden wir die Kraft der Visualisierung einsetzen, um es manifest werden zu lassen. Da wir ein natürlicheres Leben führen werden, wird unser Körper langlebiger und gesünder sein.

In einigen meiner Workshops helfe ich den Teilnehmern, sich zu erinnern, wie alt sie laut ihrem Vertrag in diesem Leben werden wollten. Vor unserer Inkarnation wählen wir alle zwei oder drei Lebensalter (in meinem Fall 83 beziehungsweise 89 Jahre) als Zeitpunkt, zu dem (a) unser Körper den Dienst einstellt und (b) unsere Seele in den Himmel zurückkehrt. Ich stelle durchgängig fest, dass Indigo-Kinder sich für ihr Leben jeweils ein hohes Lebensalter ausgewählt haben. Viele von ihnen werden ein paar hundert Jahre alt werden. Das liegt daran, dass unser Körper im neuen Zeitalter des Friedens nicht mehr so sehr wie heute einem Zerfall durch Stress und Schadstoffe preisgegeben ist.

Wenn Indigos also nicht die Regeln einhalten und sich nicht wie brave kleine Mädchen und Jungen verhalten, so liegt das oft daran, dass sie auf ihre innere Stimme hören. Sie sind hierher gekommen, um die neue Energie des Friedens einzuläuten, während sie die letzten Überreste der alten Energie der Angst durchzustehen haben. Sie wurden in den letzten Jahren des Zeitalters der Angst geboren, damit sie erwachsen sind, bis der Umschwung eintritt, ziemlich genau um 2011. Als Erwachsene müssen wir diesen Kindern für ihre Gaben applaudieren und ihnen helfen, ihre Talente auf konstruktive Weise zu kanalisieren.

Der Sinn und Zweck von Dingen

Der Sinn und Zweck von Dingen ist für Indigo-Kinder von größter Bedeutung. Mit ein Grund für ihr Aufbegehren (durch Aggressivität oder Vergesslichkeit) ist, dass sie zunächst einmal verstehen müssen, was etwas soll, bevor sie sich damit befassen. Wenn Sie einem Indigo-Kind das Warum von etwas erklären, können Sie mit größerer Wahrscheinlichkeit mit seiner Kooperation rechnen. Aber wenn Sie ihm sagen: »Tu das, weil ich es dir sage«, beißen Sie auf Granit.

In meiner Schulzeit kam es einmal vor, dass meine Schukameradinnen und ich unsere Mathelehrerin eines Tages fragten: »Wozu lernen wir eigentlich diese Multiplikationstabellen auswendig?« Sie antwortete: »Irgendwann, wenn ihr erwachsen seid, werdet ihr das verstehen.« Wir nickten fügsam und rechneten weiter.

Mit ein Grund, warum wir ihre Antwort akzeptieren konnten, ist der, dass unsere Generation, und auch vorherige Generationen, in einem Prozess steckten, den Psychologen »Dissoziation« nennen. Ja, wir hatten bei unseren Multiplikationsaufgaben ein unzufriedenes Grummeln im Bauch. Die ganze harte Arbeit wäre jedoch die Mühe wert gewesen, wenn wir gewusst hätten, warum wir uns mit ihr befassten. Als die Lehrerin unserer Bitte um eine Erklärung auswich, schnitten wir uns selbst von dem Gefühl in unserem Bauch ab, und zwar durch eine Rationalisierung: »Nun ja, schließlich ist die Lehrerin eine Respektsperson, und sie wird schon wissen, was sie tut.«

Unsere Post-Watergate-Kinder jedoch können sich Besseres vorstellen als sich automatisch auf die Integrität oder das Wissen anderer zu verlassen, nur weil sie eine Autoritätsposition einnehmen. Indigos entscheiden immer nur von Fall zu Fall, ob sie jemandem vertrauen, sie tun es nicht aufgrund des sozialen oder beruflichen Status von

Menschen. Das Vertrauen eines Indigos muss man sich schlichtweg erst verdienen.
Indigos sind in diesem Sinne viel gesünder als wir, da sie auf ihre instinktiven Gefühle im Hinblick auf Menschen hören und auf sie vertrauen. Wie viele Male haben Sie Ihre innere Stimme verleugnet, die Ihnen sagte: »Lass dich nicht auf ihn/sie ein!«, und mussten noch erleben, wie Sie das bereuten? Bei den Indigo-Kindern kommt es nicht zu derartigen Selbstverleugnungen. Sie verlangen in jeder Situation – insbesondere dann, wenn sie Anstrengung erfordert – genau zu wissen, warum sie etwas tun. Sie wollen wissen: Was ist der Grund dafür und was der Lohn?«
Die Engel sagen, dass wir uns nie zu etwas zwingen sollten. Wenn wir etwas nicht tun wollen, sollten wir einen Moment lang meditieren. Durch diesen Prozess können wir uns entweder selbst in eine liebevolle geistige Verfassung im Hinblick auf eine Aufgabe bringen (zum Beispiel mit Liebe das Abendessen kochen oder erkennen, dass es Arbeitsplätze von anderen sichert, wenn wir unsere Rechnungen bezahlen), oder wir können uns dazu durchringen, nein zu sagen zu der Aufgabe und bei nein bleiben.
Indigo-Kinder tun dies auf ganz natürliche Weise, indem sie sich nicht zwingen, etwas zu tun, was ihnen gegen den Strich geht. Überlegen Sie einmal einen Moment: Wären Sie heute glücklicher im Beruf, wenn Sie, was Ihre berufliche Laufbahn angeht, der Stimme Ihres Herzens gefolgt wären? Und wollen Sie nicht genau das für Ihre Kinder?
Laura Galliger, Mutter eines Indigo-Kindes namens Zachary, erzählte mir: »Es gibt für mich nur eine Möglichkeit, Zachary dabei zu helfen, dass er versteht, warum er bestimmte Dinge wie Hausaufgaben machen muss – ich sage ihm: ›Nun, so machen das die Menschen auf der Erde.‹ Das scheint für ihn absolut eine Erklärung zu sein, denn dann sagt er immer: ›Ach so, okay‹, und dann setzt er sich an seine Hausaufgaben. Ich fühle mich so, als sei ich auf diesem Planeten sein Aufpasser, der ihm dabei hilft, die Gepflogenheiten auf der Erde kennen zu lernen. Zachary tut Dinge nicht einfach, weil ich es ihm sage, aber er tut sie durchaus, wenn er versteht, dass man das auf der Erde so handhabt.«
In diesem neuen Zeitalter des Friedens werden sich die Menschen nicht mehr so unnatürlich verhalten. Wenn alle das tun, was ihrem Daseinszweck entspricht, werden ihre Gefühle längst nicht mehr so von Leere, Aggressivität, Ängsten oder Depressionen geprägt sein. Von

daher werden viele berufliche Tätigkeiten, zu deren Gunsten der Mensch seine innere Leere, Wut, Angst und Depression unterdrücken muss, irgendwann nicht mehr existieren. Wir werden nicht mehr unter dem inneren Zwang stehen, wertlose Nahrungsmittel zu essen, nutzlosen Klimbim zu kaufen oder technischen Schnickschnack zu verwenden, mit dem wir die Zeit messen oder miteinander kommunizieren. Unehrliche Firmen, Systeme und Bürokratien werden entweder integer operieren – oder von der Bildfläche verschwinden.
Die gesamte Joblandschaft wird also kurz nachdem die Indigos das Erwachsenenalter erreichen, beträchtlich anders sein. Sie wissen das tief in ihrem Innern und wollen keine Ausbildung für Tätigkeiten in sinnlosen Branchen durchziehen, die bereits so gut wie out sind.

Die Sofort-Manifestierer

Menschen und Lebewesen, die in höheren Dimensionen leben, verstehen sich darauf, Dinge spontan zu manifestieren, damit sie bekommen, was sie brauchen. Sie richten ihren Wunsch und ihren inneren Blick auf ihr Ziel, und dann ziehen sie dieses Ziel an wie ein Magnet oder erschaffen es. Sie haben es gelernt, ihren Geist zu disziplinieren, so dass sie nur an das denken, was sie wirklich wollen. Sie wissen, dass es negative Folgen hat, sich Sorgen zu machen, also lassen sie nicht zu, dass ihnen dies passiert.
Indigo-Kinder erinnern sich instinktiv an ihre seelische Fähigkeit, Dinge Gestalt annehmen zu lassen, und sie verstehen nicht, warum man sich auf der Erde so sehr damit beschäftigt, eine Ausbildung zu machen, es sei denn, der anvisierte Job deckt sich mit ihrem Daseinszweck. Wenn Sie also Indigos gegenüber anfangen, von einem »sicheren Arbeitsplatz« zu reden, können Sie darauf gefasst sein, dass man Sie ansehen wird wie ein Wesen von einem anderen Stern. Die Indigos wissen, dass die wahre Quelle der Sicherheit von der Höchsten Quelle herrührt.
In den Kapiteln, in denen es um Intuition geht, werden wir uns damit befassen, wie man mit Indigo-Kindern so arbeiten kann, dass ihre Manifestationskünste den letzten Schliff erhalten. Erwachsene können von Indigos viel lernen über diese natürlichere Weise, materielle und spirituelle Bedürfnisse durch Nutzung der uns von Gott gegebenen Schöpfungskraft zu erfüllen.

Die Erinnerung an den Sinn unseres Lebens

Tief in unserem Innern erinnern wir uns alle, worin der Sinn unseres Lebens besteht. Schließlich haben wir ja vor unserer Inkarnation zu seiner Erschaffung beigetragen – zusammen mit Gott, unseren Engeln und Geistführern. Das Problem ist, dass wir voll und ganz in unserem Höheren Selbst waren, als wir ihn für uns schufen. Als wir uns dann inkarnierten, beeinflusste die Erde uns dahingehend, von unserem Ego-Geist aus zu operieren, statt von unserem Höheren Selbst ausgehend. Also haben wir keinen bewussten Zugang zu vielem Material, das unser Höheres Selbst kennt.

Sich an seinen Daseinszweck zu erinnern, füllt die Leere, die damit einhergeht, das Gefühl zu haben, wir spielten keine Rolle. Wer sich innerlich leer fühlt, wird sich Dingen außerhalb seiner selbst zuwenden, um diese Leere zu füllen. Doch Objekte und Menschen im Äußeren machen innerlich nie satt. Einzig und allein die Verfolgung unseres Daseinszwecks kann das erreichen.

Indigo-Kinder blühen immer auf, wenn sie die Chance haben, anderen zu helfen. Es gibt ihnen das Gefühl, eine Bedeutung und eine Funktion zu haben und steigert ihr Selbstwertgefühl. Als Erwachsene können Sie die altruistische Ader der Indigos verstärken, indem Sie ihnen von Herzen danken, wenn sie etwas für Sie tun. Eine Frau namens Kristi erzählte das folgende wunderbare Beispiel dafür, wie ihre Indigo-Kinder – Tyler, sieben Jahre alt, und Sami, vier – einen Sinn darin finden, anderen zu helfen:

Mein Ehemann Rick erholt sich gerade von einer schweren Krankheit, und er hat derzeit ziemlich nahe am Wasser gebaut. Neulich war ihm abends sehr traurig zumute. Er sagte mir, dass er das Gefühl habe, spirituell doch sehr den Kontakt verloren zu haben. Unterdessen malte Tyler gerade ein Bild zu Ende und zeigte es seinem Vater. Auf ihm stand geschrieben: »Der Papa, der Gott vertraute. Eines Tages sah ein Papa Gott. Gott machte diesen Papa so glücklich, dass er sich so gut fühlte und lächelte. Er bedankte sich bei Gott.« Über dem Text hatte Tyler Gott und seinen Papa dargestellt.

Rick und ich waren alle beide sprachlos. Eines war klar: Tyler war in diesem Augenblick der Bote Gottes. Rick verspürte danach mehr Frieden und Ruhe. Auch Sami wird oft zur Botin Gottes. Wenn jemand traurig, verletzt oder krank ist, bringt sie ihm oder ihr sofort ein von ihr besonders heiß geliebtes Stofftier oder eine Puppe, damit das Gegenüber sich bald besser fühlt. Ich fühle mich so sehr gesegnet, die Mutter dieser beiden wunderbar sensiblen Seelen zu sein.

Die Erinnerung an Ihren persönlichen Lebenszweck

Letztendlich sind wir alle hier auf der Erde, um uns daran zu erinnern, wer wir sind, und der Ausdruck göttlicher Liebe zu sein. Doch haben wir auch einen persönlichen Daseinszweck, der in den übergeordneten globalen Daseinszweck eingebettet ist. Gewöhnlich ist der Zweck unseres persönlichen Lebens ein Charakteristikum oder Wesenszug, an dem wir in diesem Leben zu arbeiten beschlossen haben.

Wenn Sie Ihren persönlichen Daseinszweck entdecken und an ihm arbeiten, wird jedes Gefühl, »sich im Kreis zu drehen« oder »in der Sackgasse« festzustecken, heilen können. Sie werden Wachstum, Sinn, Bedeutung, Bewegung und Fortschritte erleben. Diese positiven Gefühle werden Sie ganz erfüllen und jene Angstgefühle beseitigen, die zu Diagnosen wie ADS und ADHS, oder zu Depressionen, Sucht, Aggressionen oder Ängsten führen können.

Es gibt ein paar Methoden, die Ihnen und Ihren Kindern helfen können, sich an Ihren persönlichen Daseinszweck zu erinnern:

1. Halten Sie Ausschau nach Mustern. In welche Art von Situationen kommen Sie und Ihre Kinder immer wieder leicht, wenn es um Freundschaften, Schule oder Arbeit geht? Diese Muster sind Hinweise für uns, denn unsere persönlichen Lebenslektionen wiederholen sich so lange, bis wir sie begriffen haben.
   So zum Beispiel kann es vorkommen, dass Menschen, die Selbstbehauptung lernen müssen, sich ständig auf dominierende Freundinnen und Freunde einlassen. Sobald sie lernen, fest und konsequent zu bleiben in ihrer Haltung, dass sie sich nicht länger schlecht behandeln lassen, werden die dominierenden Personen entweder aus ihrem Leben verschwinden oder sie respektvoller behandeln. Ausgehend von diesem Erfolg wird sich ein neuer, selbstbewussterer Stil in ihrem gesamten Leben entwickeln. Die Betreffenden werden einfach keine dominanten Persönlichkeiten mehr anziehen, oder sie übernehmen die Verantwortung dafür, anderen klar zu machen, wie sie behandelt werden wollen. Von daher wird die Lektion ihnen helfen, auf allen Gebieten neue Höhen zu erreichen.

So ähnlich kann es Leuten ergehen, die Konzentration auf etwas Bestimmtes lernen müssen: Sie manifestieren womöglich frustrierende Stolpersteine und ablenkende Umwege für sich selbst. So zum Beispiel möchte eine Oberstufenschülerin sich vielleicht für die Sportmannschaft der Schule qualifizieren, doch jedes Mal, wenn sie mit dem Training beginnen und die Sportart aktiv ausüben will, lässt sie sich von anderen Projekten ablenken. Frusterlebnisse dieser Art sind kein Fluch, sondern Chancen, den Segen in allem erkennen zu lernen.

Haben Menschen erst einmal die Lektionen erkannt und Verantwortung dafür übernommen, dass sie diese unentwegt neu erschaffen, brauchen sie das Muster nicht mehr. Danach werden sie feststellen, dass das Leben viel glatter läuft.

2. Fragen Sie Ihre Engel. Wir Menschen mögen zwar vergessen, worin unser Daseinszweck besteht, doch unsere Engel vergessen es nie. Unablässig geben Sie uns Hinweise – mittels unserer Intuition oder durch bestimmte Zeichen, damit wir unseren Daseinszweck erfüllen. Also können wir unsere Engel bitten, dass sie uns helfen, uns an das Wesen unseres Daseinszwecks zu erinnern. Am einfachsten geht das über »automatisches Schreiben«. Wenn ihre Kinder alt genug sind zum Schreiben, bitten Sie sie, einen Brief an ihre Schutzengel zu verfassen, in dem steht: »Was ist der Zweck meines persönlichen Lebens?« Bitten Sie dann Ihre Kinder, alle Eindrücke, die daraufhin in ihnen aufsteigen, als Antwort der Engel zu notieren (dabei spielt es keine Rolle ob sie die Antwort spüren, sehen, hören oder gedanklich erfassen).

   Falls ihre Kinder noch nicht schreiben gelernt haben, können Sie den gleichen Prozess laut durchspielen. Helfen Sie Ihren Kindern dabei, mit ihren Schutzengeln zu sprechen, und lassen Sie sich dann von ihnen berichten, was sie nach der Frage: »Was ist der Zweck meines persönlichen Lebens?« fühlen, sehen, hören oder denken.

   Oder Sie und Ihre Kinder praktizieren ein wenig Kunsttherapie, indem die Kinder Bilder malen zu den Antworten, die sie von ihren Schutzengeln in Sachen Zweck ihres Lebens erhalten. Ein ähnliches Vorgehen wäre, dass Ihre Kinder einen Stapel Zeitschriften sammeln und Bilder, Worte oder Redewendungen auswählen, die beschreiben, wie sie sich selbst sehen. Auf diese

Weise können Sie Muster erkennen, die den persönlichen Daseinszweck Ihrer Kinder offenbaren. (Natürlich können auch Sie diese Verfahren anwenden.)

3. Setzen Sie sich mit Ihrem Sternzeichen auseinander. Vor unserer Geburt haben wir alle mit unseren Geistführern und Engeln zusammen an unserem persönlichen und globalen Lebenssinn gearbeitet. Nachdem dieser gewählt war, entschieden wir uns für ein bestimmtes Geburtsdatum, das diesem Daseinszweck dienlich sein würde. Sie und Ihr Kind können mehr über ihren jeweiligen persönlichen Daseinszweck herausfinden, wenn Sie sich ihre astrologischen Sonnenzeichen betrachten. Jedes Sonnenzeichen hat eine »Schatten«-Seite, die sich auf seine negativen Züge bezieht. Ein Teil des persönlichen Daseinszwecks (oder dieser in seiner Gesamtheit) besteht darin, diese Schatten zu überwinden oder aus ihnen zu lernen.
   Hier die Lektionen in Sachen persönlicher Daseinszweck, die mit den einzelnen Sonnenzeichen in Verbindung stehen:

Widder:	Zügelung eines Hangs zur Impulsivität; lernen, vorauszuplanen.
Stier:	Überwindung des Materialismus; Kanalisierung einer Neigung zum Starrsinn durch Entwicklung von Beharrlichkeit.
Zwillinge:	Entwicklung der spirituellen Seite; Selbstzweifel des Egos loslassen.
Krebs:	Überwindung von Pessimismus; lernen, sich Gedanken zu machen über das, was man sich wünscht, statt über das, wovor man Angst hat.
Löwe:	Besiegen des Stolzes und der Überzeugung, andere würden einen kritisieren.
Jungfrau:	Delegieren lernen, um Hilfe bitten, Gutes gnädig annehmen und zulassen, dass Gott unsere Gebete erhört.
Waage:	Dafür Sorge tragen, Entscheidungen zu fällen und sich dann an sie zu halten.
Skorpion:	Seinen Hang zur Heimlichtuerei bewältigen, indem mehr Vertrauen in andere entwickelt wird.

Schütze:	Lernen, seine Träume in die Tat umzusetzen und angefangene Projekte zum Abschluss zu bringen.
Steinbock:	Lernen, leichteren Herzens zu sein. Aufrichtigkeit entwickeln statt Ernsthaftigkeit.
Wassermann:	Herausfinden, wie man mit beiden Beinen auf der Erde bleiben kann, während man seinem globalen Lebenszweck Sorge trägt.
Fische:	Sich vergewissern, wie man alles in Hülle und Fülle manifestieren kann und dann die Neigung überwinden, sich unnützerweise selbst aufzuopfern.

Die Erinnerung an Ihren globalen Daseinszweck

Die meisten von uns haben mehr als einen globalen Daseinszweck. So zum Beispiel besteht einer Ihrer Daseinszwecke wahrscheinlich darin, Ihre Kinder zu gebären und großzuziehen. Ein weiterer mag mit einer ehrenamtlichen Tätigkeit zusammenhängen, für die Sie sich engagieren. Und wieder ein anderer könnte mit der Arbeit in Verbindung stehen, die Sie für Geld verrichten.

Hier einige Wege, wie Sie sich in Erinnerung rufen können, worin Ihre Daseinszwecke bestehen:

1. Beginnen Sie mit einem Gebet. Der Himmel wird Ihnen helfen, sich an den/die Zweck(e) Ihres Lebens zu erinnern, doch besagt das Gesetz des freien Willens, dass Sie Gott, die Engel, Aufgestiegenen Meister und/oder Ihre Geistführer (wer es auch – je nach Ihren spirituellen oder religiösen Überzeugungen sein mag, den Sie in spirituellen Dingen um Hilfe anrufen), um Hilfe bitten müssen, bevor sie Ihnen helfen dürfen. Hier sind zwei Gebete, die helfen können:

Gebet um Erinnerung an Ihren Lebenszweck

»Gott und die Engel, ich rufe euch nun an.
Scheinbar habe ich vergessen, wozu ich auf die Erde gekommen bin.
Ich weiß, dass ich hier bin,
um Euch bei Eurem großen Plan der Liebe zu helfen.
Bitte leitet mich ganz klar,
so dass ich es problemlos merke und verstehe,
damit ich weiß, welche Schritte ich heute unternehmen kann, die mich näher dazu hinbringen,

mich an den Zweck meines Lebens zu erinnern und ihn zu erfüllen.
Ich danke Euch. Amen.«

Gebet um Mut, Ihren Lebenszweck zu verfolgen
»Erzengel Michael, bitte komm nun zu mir.
Ich bitte dich darum, einzutreten in meinen Geist und mein Herz
Und alle Ängste auszuräumen, die mich davon abhalten,
notwendige Veränderungen in meinem Leben vorzunehmen.
Bitte hilf mir, mich finanziell gesichert zu fühlen.
Bitte hilf mir, die Angst vor Veränderungen zu verlieren.
Bitte hilf mir, furchtlos weiterzugehen, voller Vertrauen in Gott.
Bitte hilf mir zu wissen, dass Gott mich mit der gleichen Energie unterstützt, die die Planeten am Himmel hält.
Ich übergebe jetzt alle meine Sorgen und Ängste Gott.
Hilf mir, die Liebe kennen zu lernen, an sie zu glauben und ihr mein Herz zu öffnen,
so dass ich Gott und all Seinen Kindern Liebe zurückgeben kann.
Amen.«

2. Suchen Sie sich ein Anliegen, dem Ihre Leidenschaft gilt. Achten Sie beim Zeitunglesen, bei den Fernsehnachrichten oder wenn Sie die Gespräche anderer mitbekommen, einmal auf Ihre körperlichen Reaktionen. Welche Nachrichten machen Sie besonders wütend? Sind welche darunter, die Sie zum Weinen bringen? Erregt eines dieser Probleme bei Ihnen Besorgnis?
Reaktionen dieser Art sind ein Zeichen dafür, dass diese Sache oder Situation zu ihrem Lebenszweck gehört. Wenn Sie eine Sache gefunden haben, ist es grundlegend wichtig dass Sie Schritte unternehmen, um sich für Sie zu engagieren. Schreiben Sie einen Leserbrief, treten Sie einer örtlichen Gruppe bei oder gründen Sie eine. So zum Beispiel muss ich jedes Mal aktiv werden, wenn ich höre, wie Tiere misshandelt werden, die man zum Schlachten oder um ihres Leders willen züchtet. Als ich in der Junior High School war, leitete ich diese Leidenschaft in entsprechende Kanäle, indem ich eine Organisation gründete, die Spenden sammelte, mit denen freilebenden Mustangs geholfen werden sollte, und ich hielt im Sierra Club ein paar Reden. Als Erwachsene beflügelt mich meine Passion für Tiere, mich ehrenamtlich in Organisationen zu betätigen, die

sich für die Rechte von Tieren einsetzen, und für solche Zwecke zu spenden.

3. Übernehmen Sie ehrenamtliche Tätigkeiten. Anderen etwas zu geben, ist der schnellste Weg dazu, Sinn in seinem eigenen Leben zu finden, was dann oft Impulse gibt, noch mehr Sinn zu finden. Indigo-Kinder können so auf die rechte Fährte gesetzt werden, wenn es darum geht, ihren Lebenszweck zu suchen und zu finden. Als Eltern von Indigo-Kindern wäre es für Sie vielleicht eine Möglichkeit, mit ihnen gemeinsam die ersten Phasen der ehrenamtlichen Arbeit in Angriff zu nehmen, etwa indem Sie ihnen bei Anrufen helfen und sie beim ersten Einsatz begleiten.
Als meine Indigo-Söhne Chuck und Grant noch jünger waren, betätigten wir uns an Weihnachten immer als ehrenamtliche Helfer. So zum Beispiel erkundigten wir uns nach den Namen und »Wunschzetteln« von Kindern aus schwierigen finanziellen Verhältnissen, und dann half ich meinen Söhnen dabei, für diese Kinder Geschenke kaufen zu gehen. Das Verpacken und Abliefern der Geschenke übernahmen wir dann gemeinsam. Ich weiß nicht, wem das Ganze mehr Freude und Befriedigung schenkte – meinen Söhnen, mir selbst oder den Empfängern! Heute sehe ich es mit Stolz, wenn Chuck und Grant großzügig Fremden helfen – aus eigenem Antrieb.
Sonstige Beispiele für ehrenamtliche Arbeit wären etwa, ein Genesungsheim aufzusuchen und den Patienten dort ein Buch vorzulesen oder für sie einen Brief zu schreiben; aushilfsweise am örtlichen Hospiz mitzuarbeiten; in eine Tierhandlung zu gehen und dort die Tiere zu herzen oder telepathisch zu trösten; auf der Straße Müll aufzuheben; heimlich einen Korb mit Lebensmitteln oder einen Geschenkgutschein für den Lebensmittelladen auf der Veranda einer bedürftigen Familie zu hinterlassen; nicht mehr benötigte Kleidung oder Möbel einem Frauenhaus zu spenden und/oder einer Person, die nicht selbst Auto fahren kann, etwas zu Essen zu besorgen. In den meisten Zeitungen sind Organisationen aufgelistet, die freiwillige Helfer(innen) suchen.

4. Beobachten Sie Ihre Reaktionen auf andere. Wenn wir andere beneiden, liegt das mitunter daran, dass unser Lebenszweck in eine ähnliche Richtung geht. Sie können Ihren eigenen Daseinszweck ausfindig machen, indem Sie auf den roten Faden achten, der die Menschen verbindet, auf die Sie jemals neidisch gewesen sind.

So zum Beispiel beneidete eine Klientin von mir, Brenda, immer Menschen, die im künstlerischen oder kreativen Bereich tätig waren. Das kam eines Tages bei einer Beratung heraus, als Brenda eingestand, dass Sie mich darum beneidete, dass ich Autorin war und dass man meine Bücher gedruckt hatte.

»Ich wollte, ich könnte davon leben, zu schreiben oder etwas Künstlerisches zu machen!«, stellte sie fest.

»Was bringt Sie dazu zu denken, dass Sie das nicht könnten?«, fragte ich. »Schließlich sind Sie ja noch sehr jung. Offensichtlich sind Sie ja auch sehr kreativ.« Ich verwies sie auf ihr künstlerisches Outfit und ihre farbenfrohen Fingernägel, jeder mit einer gemalten Blume geschmückt.

»Schon, aber ich könnte nie davon leben«, sagte Brenda nüchtern.

»Und warum nicht?« Ich ließ bewusst die Stille im Raum stehen, die sich über meine Frage legte. Als Brenda offensichtlich auf keine haltbare Erklärung kam, bat ich sie, sich einmal an weitere Leute zu erinnern, die sie schon einmal um ihren Beruf beneidet hatte.

»Nun, vor allem beneide ich Fotoreporter«, meinte Brenda nach einigen Augenblicken. Als ich fragte, warum, sagte mir Brenda, dass sie insgeheim davon träume, einmal für die Zeitschrift *National Geographic* zu arbeiten. Sie phantasierte davon, wie es wäre, für diese Publikation durch die Welt zu reisen und unterschiedliche Kulturen zu dokumentieren.

Ich half Brenda dabei, ihre Eifersucht und ihren Neid in einen neuen Rahmen einzuordnen und von »Bewunderung« und »Inspiration« zu sprechen. Statt Ressentiments gegen diejenigen zu hegen, die Jobs inne hatten, von denen auch sie selbst träumte, lernte Brenda, diese Menschen als Vorbilder zu sehen. Sie schrieb sich daraufhin für Anthropologie und Fotografie am Junior College vor Ort ein.

Was mir daran so gut gefiel, war, dass Brenda nun energiegeladen wirkte, statt niedergeschmettert, wenn es darum ging, ihrer Passion weiter nachzugehen. Vielleicht wird Sie nie für *National Geographic* arbeiten, aber zumindest hat sie gelernt, ihre eigenen Möglichkeiten auszuweiten, indem sie ihre naturgegebenen Talente aufpolierte. Auf eine bestimmte Weise weiß ich, dass andere von Brendas künstlerischen Neigungen profitieren werden. Es ist Teil ihres globalen Lebenszwecks.

5. Erinnern Sie sich an Ihre Kindheitsträume. Was antworteten Sie damals (oder was antworten Sie heute) auf die Frage: »Was willst du später einmal werden?« Es wird Ihnen wirklich einen Hinweis auf Ihren Lebenszweck geben. Mein Antwort als Kind lautete immer: »Ich will eine gute Fee werden. Oder Tierärztin.« Ich war so in Berührung mit meinem Daseinszweck, als spirituelle Heilerin und Lehrerin (gute Fee) sowie eine Fürsprecherin der Tiere (Tierärztin) tätig zu sein.

6. Lesen Sie Ihre Aura. Das elektrische Feld um Ihren Körper enthält Informationen zum Zweck Ihres Lebens. Die Farben in diesem Feld werden auch »Aura« genannt. Viele Indigo-Kinder können die Aura sehen, und in metaphysischen Buchläden und auf vielen Esoterikmessen gibt es Kirlian-Kameras, mit denen man Ihre Aura, Geistführer und Engel abbilden kann. Unser Daseinsszweck zeigt sich als leuchtende Farbe, die unseren Körper umhüllt wie die Schale das Ei. Wir haben zwar viele Farben in unserer Aura, doch die Farbe für unseren Lebenszweck bleibt unser ganzes Leben lang konstant. Außerdem umgibt sie uns komplett, statt nur als Farbfleck aufzutauchen. Sie können also entweder ein anderes Indigo-Kind bitten, sich Ihre Aura anzusehen, oder Sie lassen sie mit einer Kirlian-Kamera farbig aufnehmen (gelegentlich auch als »Aura-Kamera« bezeichnet).
Hier die Farben, die Ihren Lebenszweck angeben, zusammen mit den vier Hauptkategorien in Verbindung mit dem Lebenszweck von Indigo-Kindern:

Hellgrün: Der/die Heiler(in). Zu Ihrem Lebenszweck gehört es, Menschen oder Tieren dabei zu helfen, Heilung für ihren physischen Körper zu finden. Sie können das mit Hilfe herkömmlicher Heilungsansätze angehen (etwa als Arzt/Ärzin, Krankenschwester/-pfleger oder Tierarzt/-ärztin) oder mittels alternativer Verfahren (etwa Akupunktur, Kräuterheilkunde, Heilung mit Kristallen usw.).

Wasserblau, Türkis oder Meerschaumgrün: Der/die Lehrer(in) /Heiler(in). Ihr Lebenszweck beinhaltet das Lehrende, Unterrichtende, das auf die damit bedachten Menschen oder andere eine heilende Wirkung ausübt. So zum Beispiel könnten Sie anderen, die in Heilberufen tätig sind, bestimmte Heilmethoden vermitteln oder Menschen beibringen, sich selbst zu heilen. Es könnte sein, dass Sie Bücher über Heilkunde schreiben oder Workshops zu Heilverfahren anbieten.

Hellblau: Der Bote/die Botin. Diese Person hilft der Welt durch ihr Kommunikationstalent. Ihre Arbeit könnte kreative Formen annehmen, an denen die Welt Freude hat, etwa Musik, Malerei, Fotografie, Kochen, Tanz, Dekoration, Design oder Schauspielerei. Viele Boten werden auch im Bereich Medien tätig, etwa Fernsehen, Radio, Zeitungen, Zeitschriften oder Rundbriefe. Sie geben auch wundervolle Berater(innen) ab (besonders wenn sie gut reden können), oder auch Wissenschaftler(innen) und Lehrkräfte.

Die Streifen des Regenbogens: Der/die Energiearbeiter(in). Einige Menschen haben eine ganze Bandbreite von Farben, wie ein Regenbogen, die ihren Körper umgibt. Oder die farbigen Streifen strahlen aus ihren geöffneten Handflächen aus. Zum Lebenszweck solcher Menschen gehört Heilarbeit mit den Händen oder energetische Heilung. Sie finden wahres Glück und Erfolg darin, als Physiotherapeut(in), Chiropraktiker(in), Massagetherapeut(in), Reikimeister(in) oder Pranaheiler(in) aktiv zu sein.

Ob Sie in diese Kategorien hineinpassen können Sie auch herausfinden, indem Sie die folgenden Fragen jeweils mit ja oder nein beantworten:

1. Passiert es leicht, dass vollkommen fremde Menschen mir ihr Herz ausschütten und mir von ihrem Problemen erzählen?
2. Sagen Leute zu mir: »Irgendwie kommst du mir so vertraut vor. So als würde ich dich schon ewig kennen«?
3. Finde ich mich immer wieder in der Rolle, anderen zu vermitteln, wie sie ein besseres Leben führen können?
4. Gebe ich oft anderen einen Rat, der so weise ist, dass ich mich frage, woher diese Ideen wohl gekommen sind (so ein Erlebnis, bei dem man sich fragt: »Wer hat das gesagt?«)?

5. Spricht man mich in meinem Freundeskreis ständig an, um sich Mut machen, sich trösten und beraten zu lassen?
6. Lese ich gerne Bücher oder Zeitschriftenartikel?
7. Übe ich manchmal Sprechen oder Singen vor dem Spiegel?
8. Scheine ich von Natur aus künstlerisch begabt?
9. Bin ich gerne kreativ tätig, stelle ich gerne etwas her?
10. Fange ich ständig neue Projekte an, die ich scheinbar nie ganz zum Abschluss bringe?
11. Sagen andere mir öfter, wenn ich meine Hände auf ihre Schultern, ihren Rücken oder ihren Bauch lege, wie herrlich sie sich dabei fühlen?
12. Werde ich von Freunden und Familienmitgliedern ständig um eine Massage gebeten?
13. Bekomme ich selbst gern Massagen und massiere oft meine eigenen Hände, meine Füße oder Kopfhaut?
14. Habe ich schon einmal instinktiv gewusst, wie ich zu einem Menschen oder Tier »heilende Energie hinschicken« konnte und gespürt, dass es sich positiv auswirkte?
15. Passiert es leicht, dass Uhren stehen bleiben, wenn ich sie trage, oder neigen sonstige Elektroartikel (Lampen, Fernseher, Radios, Kassettenrekorder, Stereoanlagen usw.) in meiner Gegenwart dazu, merkwürdig zu reagieren oder kaputtzugehen?
16. Habe ich das Gefühl, ich wäre ein guter Arzt oder eine gute Ärztin bzw. hätte es sein können?
17. Scheine ich von Natur aus die Fähigkeit zu haben, zu wissen, was Babys wollen, wenn sie schreien oder was ein Tier braucht, wenn es krank ist?
18. Fasziniert es mich, etwas über neue Heilmethoden zu erfahren?
19. Bin ich in meiner eigenen Kindheit krank gewesen?
20. Habe ich das Gefühl, oder verspüre ich eine Berufung, anderen Menschen oder auch Tieren helfen zu können, ein gesünderes und längeres Leben zu führen?

Zur Deutung Ihrer Antworten:
Ziehen Sie einen Kreis um die Nummern der Fragen, die Sie mit ja beantwortet haben oder unterstreichen Sie sie, und achten Sie dann darauf, in welcher Gruppe sich die meisten bejahenden Antworten finden. Lesen Sie in dem Abschnitt »Lesen Sie Ihre Aura« weiter

oben die jeweilige Beschreibung unter der jeweiligen Kategorie von Lebenszweck:

Fragen 1-5: Sollten die meisten Ihrer Ja-Antworten in diese Gruppe von Fragen gefallen sein, sind Sie ein(e) Lehrer(in)/Heiler(in).

Fragen 6-10: Sollten die meisten Ihrer Ja-Antworten in diese Gruppe von Fragen gefallen sein, sind Sie ein Bote/eine Botin.

Fragen 11-15: Sollten die meisten Ihrer Ja-Antworten in diese Gruppe von Fragen gefallen sein, sind Sie ein(e) Energiearbeiter(in).

Fragen 16-20: Sollten die meisten Ihrer Ja-Antworten in diese Gruppe von Fragen gefallen sein, sind Sie ein(e) Heiler(in).

Die Bedeutung der Entdeckung Ihres eigenen Daseinszwecks

Vor etlichen Jahren gab es eine Zeit, in der ich mit recht gutem Erfolg herkömmliche Psychotherapie praktizierte. Ich leitete mehrere Therapieeinrichtungen für Essstörungen, und es existierte eine Warteliste von Menschen, die eine Behandlung wegen zwanghafter Fresssucht, Magersucht und Brechsucht wünschten. Außerdem engagierte ich mich beruflich in Sachen Drogensucht, Alkoholismus, familiäre Schwierigkeiten und im Bereich Beziehungsprobleme. Meine Arbeit war erfolgreich genug, so dass ich von größeren Verlagen Autorenverträge für Bücher und Zeitschriftenartikel zum Thema Gewichtsprobleme, Beziehungen und Ehescheidung erhielt.

Ich schien sehr erfolgreich. Schließlich verdiente ich gutes Geld und erhielt von Klient(inn)en und Leser(inne)n die Rückmeldung, dass meine Arbeit ihnen helfe. Ich hatte ständig Gastauftritte als Expertin zu diversen psychologischen Themen in Fernseh- und Radiosendungen. Was wollte man mehr?

Nun, in meinen stillen Augenblicken kamen meine Engel immer, um diese Situation mit mir zu besprechen. Sie sagten dann: »Weißt du, das ist nicht der Daseinszweck, den du zu erfüllen gelobt hast. Du musst dir nur zwei Indikatoren ansehen, dann weißt du, dass du dich nicht auf dem Weg befindest, der deinem Daseinszweck entspricht:

1) Du verdienst gut, aber du hast kein Geld.
2) Du findest an deiner Arbeit keine Freude.«

Es stimmte. Ich hatte zwar gute Einnahmen, aber gemessen daran hatte ich wenig vorzuweisen. Ich gab wie unter einem Zwang mehr Geld aus, als ich hatte, um den fehlenden Lebenssinn zu kompensieren.

In die gleiche Richtung ging die Tatsache, dass der Anblick meines Namens auf dem Cover von Zeitschriften oder Büchern, die ich herausgebracht hatte, mir kein Herzflattern mehr verursachte. Mein Freude war flach, da ich nicht an meinem wahren Daseinszweck arbeitete.

Als Psychotherapeutin war ich darauf gestoßen, dass jede psychische Erkrankung von der Tatsache herrührt, dass wir nicht an dem arbeiten, was unserem Daseinszweck entspricht. Depressionen, Ängste, dissoziative Störungen, Süchte und Zwänge, Hyperaktivität, Lernbehinderungen und ein geringes Selbstwertgefühl – alles das rührt von einem mangelnden Fokus. Kindern geht es in dieser Hinsicht nicht anders als Erwachsenen. Wenn überhaupt, so legen Indigo-Kinder noch höhere Maßstäbe an als die meisten Erwachsenen, indem sie darauf bestehen, dass jede Handlung einen Grund haben müsse.

Einige Menschen erinnern sich noch oder wissen, worin der Zweck ihres Daseins besteht, haben aber Angst, seine Verfolgung voranzutreiben – sie haben Angst vor Erfolg, vor einem Fehlschlag, davor, nicht gut genug zu sein oder sich zu blamieren. Andere haben keine Ahnung, wie ihr Daseinszweck aussieht oder sind sich nicht sicher.

Als ich mit meiner Praxis der traditionellen Psychotherapie aufhörte und mich ausschließlich mit »Engeltherapie« zu befassen begann, machte ich mich daran, spirituelle Ansätze anzuwenden, um Menschen zu helfen, die in einer schwierigen Lage waren. Ich begann immer mit Gebeten wie den hier zuvor präsentierten. Dann wies ich die Betreffenden an, auf die göttliche Führung zu achten, die sich als Antwort auf diese Gebete immer einstellt.

Die göttliche Führung erscheint in Form von Zeichen, die wir sehen (etwa Bücher, die aus dem Bücherregal fallen); Zeichen, die wir hören (etwa ein zufällig aufgeschnapptes Gespräch, das uns nützliche Informationen zuspielt); als Träume; wiederkehrende Träume oder Gefühle, die uns drängen, etwas Bestimmtes zu tun – selbst wenn dieser Akt nicht mit dem ursprünglichen Gebet oder der ursprünglichen Zielsetzung in Verbindung zu stehen scheint. Wenn wir diese Führung bemerken und uns nach ihr richten, werden wir ganz von selbst zu Schritten hingeführt, die mit unserem Daseinszweck in Verbindung stehen. Wir werden von Gott und den Engeln durch diesen Prozess hindurch voll und ganz unterstützt, und sie sorgen dafür, dass wir alle Zeit, Intelligenz, Informationen, Menschen, Gelder und sonstige Mittel erhalten, die wir brauchen, um jeden einzelnen Schritt abzuschließen. Jedes Mal, wenn wir unserer göttlichen Führung folgen, tun sich die Türen vor uns auf. Sobald meine Klientinnen und Klienten um Hinweise zu ihrem Daseinszweck baten und sich nach ihnen richteten, geschahen wahre Wunder. Ihre psychischen Erkrankungen und Verhaltensprobleme milderten sich oder verschwanden. Sie nahmen ab und begannen besser für sich zu sorgen, und ihre Beziehungen und Finanzen besserten sich.

Ihre Indigo-Kinder können ihre Intuition und ihre übersinnlichen Fähigkeiten nutzen, um ihren Daseinszweck zu entdecken. Erklären Sie ihnen, dass Gott oft durch das Gefühl in unserem Bauch oder durch unsere Träume und Visionen zu uns spricht. Ermutigen Sie die Kinder, ihrer göttlichen Eingebung zu vertrauen und zu gehorchen.

Ein Indigo-Kind namens Dawn, ich hatte sie schon an früherer Stelle in diesem Buch erwähnt, hat genau dies gelernt: ihren Visionen und ihrer inneren Führung zu vertrauen. Dawn sagt: »Ich kann definitiv ab und zu mich selbst in der Zukunft sehen. Das ist meine größte Form von Intuition. Es ist eine starke Ahnung davon, wo ich sein sollte, welches Ziel anzustreben für mich richtig ist und wo ich in meinem Leben stehe. Etwa dahingehend, dass ich etwas ändern muss, wenn es vom Gefühl her nicht richtig ist. Ich habe gelernt, mich auf diese intuitiven Gefühle zu verlassen.«

Manchmal arbeite ich mit jemandem, der fortwährend sein eigenes Glück sabotiert. Er befindet sich auf dem besten Weg, seinem Lebenszweck gerecht werden zu können, alles läuft bestens, und dann – bumm – tut er etwas, das alles ruiniert. In Fällen wie diesem stoße ich immer auf zugrunde liegende Ängste im Hinblick auf diese Situation.

Gewöhnlich haben Menschen, die ihr eigenes Glück sabotieren, das Gefühl, Glück nicht zu verdienen. Sie glauben, dass sie von Natur aus schlecht oder minderwertig seien und bestraft werden sollten, oder dass sie nicht bekommen sollten, was ihnen zusteht. Indigo-Kinder haben oft das Gefühl, etwas »nicht verdient zu haben«, was sie aufgrund ihrer Scham über die Tatsache, dass sie sich anders fühlen, dazu treibt, sich selbst zu sabotieren. Lehrer oder Eltern sagen ihnen, dass ihr Verhalten schlecht sei, und unterbewusst hören die Kinder dabei: »Ich bin schlecht.« Bemühungen, ihr Leben zu verbessern, stoßen also auf taube Ohren – die Kids haben das Gefühl, sie seien »zu schlecht«, um Hilfe oder Geschenke zu erhalten.

Wenn wir jedoch an unserem Daseinszweck arbeiten, geht es nicht darum, ob wir es verdienen, etwas zu empfangen. Unser Daseinszweck hat durch und durch damit zu tun, anderen etwas zu geben. Und mitunter brauchen wir materielle Güter, damit es uns hilft, besser im Geben zu werden. So zum Beispiel braucht ein Kind, das einer alten Frau in der Nachbarschaft Blumen bringen möchte, vielleicht einen Wagen oder ein Fahrrad für den Transport sowie eine Blumenvase, um sie hineinzustellen. Dieses Kind hat es verdient, diese Artikel zu erhalten, da sie ihm helfen, zu geben. Also formulieren wir die Situation für dieses Kind so um, dass wir sagen: »Ich habe es verdient, zu geben. Je mehr ich zulasse, dass Gott, die Engel und andere Menschen mir helfen, desto mehr bin ich in der Lage, anderen zu geben.«

Sie können Ihren Indigo-Kindern helfen, indem Sie aus ihnen herauskitzeln, welchen Dingen ihre große Leidenschaft und ihr Interesse gilt. Studieren Sie ihre Kinder genau und achten Sie darauf, was sie von Natur aus tun, wenn sie allein sind. Helfen Sie ihnen, dieses Interesse oder diese Fertigkeit auf eine Weise anzubringen, die anderen hilft. Ihr Glück werden sie darüber finden, dass sie lernen, anderen aufgrund dieser Fähigkeit etwas zu geben. Das könnte bedeuten, einem anderen Kind zu zeigen, wie ein bestimmtes Spiel geht, einen Leserbrief an den Herausgeber eines Magazins über Videospiele zu schreiben, in dem Tipps für andere Kinder stehen, oder einem Behinderten oder alten Menschen beizubringen, wie er Zugang zum Internet bekommt, damit er E-Mails an seine Angehörigen verschicken kann.

Kaufen oder leihen Sie sich Bücher und Zeitschriften, die mit den Leidenschaften Ihrer Kinder in Verbindung stehen und melden Sie sie für Kurse an, in denen sie mehr darüber lernen können. Sorgen Sie sich nicht darum, dass Sie womöglich Geld für eine Sache ausgeben, an der das Kind bald wieder das Interesse verliert. Meine Eltern gaben Hunderte von Dollar für meinen Gitarrenunterricht aus, ja sie kauften mir sogar einen Verstärker sowie akustische und E-Gitarren. Sie willigten jedoch nur unter der Bedingung ein, diese Artikel zu kaufen, dass ich nur noch glatte Einsen im Zeugnis nach Hause bringen durfte. Das reichte für

ne Menge Indigo-Kinder und Eltern von Indigo-Kindern,
n jüdisch-christlichen Hintergrund haben und die Hilfe
d der Engel benötigen. Ich würde nie auch nur eine einzige
seele ausschließen wollen, nur weil sie zu einem anderen
enen Meister betet als ich selbst. Ich weiß, das Jesus alle mit
und diese Ausrichtung spiegelt sich auch in dem vorliegen-
el über spirituelle Heilung.
re Indigo-Kinder haben viele spirituelle Helfer, auf die Sie
fen können. Zu den geistigen Führern, die bereits um Sie sind
ie an Ihre Seite rufen können, gehören:

gel. In erster Linie ist es der Erzengel Michael, der dafür
st, Indigo-Kindern und Lichtarbeiter(inne)n zu helfen, sich
Daseinszweck zu erinnern und ihn zu erfüllen. Außerdem
hael unseren Körper und unser Zuhause von den Folgen der
u es auch gehört, an die Erde gebundene Geister und nega-
heiten ins Licht zu begleiten.
ufgabe besteht darin, uns bei der Heilung unseres physischen
helfen sowie im Heilbereich Tätige in allen Aspekten ihres
cks zu unterstützen.
abriel hilft Eltern in spe bei der Empfängnis und unter-
r diejenigen, deren Daseinszweck etwas mit den Künsten
ommunikation zu tun hat. Uriel hilft uns bei der Heilung
r Wunden und ermöglicht es uns, Wut und Unversöhn-
Gift sind für uns, loszuwerden, so dass wir wieder Frieden

tiegenen Meister. Diese Wesen wandelten irgendwann
roße Lehrer(innen) und Heiler(innen) auf der Erde, und
sie der Menschheit von ihrem Wohnsitz auf den astralen
Sie stehen in Zusammenhang mit der institutionalisierten
nd jedoch nicht an eine bestimmte Religion gebunden
jedem helfen, der sie anruft, unabhängig von seiner Reli-
rigkeit oder davon, ob eine solche überhaupt gegeben ist.
egene Meister Jesus ist ein großer Heiler im Hinblick auf
die Emotionen und die verschiedenartigsten Probleme.
Iuttergottes, hilft Lehrenden, Beratenden und all denje-
Lebensaufgabe sich um Kinder dreht.

mich als Anreiz, und meine Noten verbesserten sich in einem Schulhalbjahr von Befriedigend auf Sehr gut. Meine Eltern hielten sich an ihr Abkommen mit mir und kauften mir einen Fender-Telecaster und einen Twin-Reverb-Verstärker. Ich begann schon während meiner Highschool-Zeit mit professionellen Auftritten.

Obwohl ich das Gitarrespielen irgendwann aufgab (bis auf heute ein oder zweimal im Monat, wo ich eine spontane »Jam Session« mit meinem Mann Steven einlege, der ebenfalls Gitarre spielt), war es nie vertane Zeit oder Geldverschwendung. Vielmehr stärkte das Gitarrespielen mein Selbstvertrauen, wenn es darum ging, vor einem Publikum zu stehen – etwas absolut Grundlegendes, wenn ich all die öffentlichen Auftritte in Betracht ziehe, die Teil meines Lebenszwecks sind.

Sprechen Sie mit Ihren Kindern darüber, so und so viele Male am Tag Fremden oder Bedürftigen etwas zu geben. Für ein Kleinkind etwa wäre einmal am Tag voll ausreichend. Ältere Kinder haben vielleicht durchaus ihre Freude daran, zweimal am Tag nach einer Möglichkeit Ausschau zu halten, etwas zu geben und anderen zu dienen. Machen Sie es zum Spiel, wenn Sie mit Ihren Kindern zusammen einkaufen gehen, nach dem Motto: »Wie vielen Fremden können wir wohl heute helfen?«

Geben muss nicht unbedingt etwas kosten. Es kann bedeuten, jemandem, der einsam oder deprimiert aussieht, ein ehrliches Kompliment zu machen, einer Person mit einem physischen Handicap eine Tür zu öffnen oder einer Mutter mit einem Baby auf dem Arm anzubieten, ihre Äpfel in die Tüte zu packen. Das sind Aktionen, bei denen jedes Kind ab zwei Jahren mitmachen kann. Das Ergebnis wird sein, dass sowohl Sie als auch Ihr Indigo-Kind merken werden, wie Ihr Herz offen für Freude und Liebe wird durch diesen Prozess, den wir mit »Das Geschenk des Gebens« überschreiben könnten.

Wie Sie die Begabungen Ihres Kindes kanalisieren

Viele der sogenannten Verhaltensprobleme Ihres Kindes sind nichts weiter als Ungeschicktheit, wenn es darum geht, von seinen Gaben als Lichtarbeiter(in) Gebrauch zu machen. Wie ein Kleinkind, das beim Laufenlernen anfangs auf die Nase fällt, braucht Ihr Kind Übung, Ermutigung und Liebe.

Viele Indigo-Kinder sind Krieger. Sie wurden vom Himmel hierhergesandt, um der Erde dabei zu helfen, sich von Unehrlichkeit und mangelnder Integrität zu befreien. Diese Kinder werden keiner Apathie oder gesellschaftlichen Einschüchterung unterliegen, denn sie haben einen Job zu tun. Die ihnen innewohnenden Kriegercharakteristika können sich jedoch als Aggressivität äußern.

Ihre Rolle besteht dann darin, ihren Kindern dabei zu helfen, ihre kämpferische Natur so zu kanalisieren, dass sie soziale Hilfsbereitschaft entwickeln. Zeigen Sie ihnen, wie sie bestehende Systeme durchbrechen können, ohne dabei selbstzerstörerisch zu sein. Andererseits: wären Sie stolz gewesen, die Mutter oder der Vater von Nelson Mandela zu sein, der bereit war, für seine Überzeugungen ins Gefängnis zu gehen? Es ist ein feiner Grat, auf dem wir uns als Eltern von Indigo-Kindern bewegen.

Analog hierzu machen die intuitiven und hellsichtigen Begabungen Ihre Kinder anfällig für Mattigkeit, Reizbarkeit oder Hyperaktivität. Unsere Pflicht als Eltern besteht darin, sich dieses Prozesses bewusst zu sein und unseren Kindern Techniken beizubringen, sich psychisch zu schützen und energetisch zu heilen, so dass sie blühen und gedeihen können, während sie ihren Daseinszweck erfüllen.

Unsere Generation erwartete noch nicht, dass wir vor einem Alter von dreißig, vierzig sonderlich viel erreicht haben würden. Die Generation der Indigo-Kinder erwartet jedoch, schon dann etwas zur Gesellschaft beizutragen und auf sie einzuwirken, wenn die Kinder noch Teenager oder Anfang zwanzig sind. Diesen Unterschied hinsichtlich der Erwartungen der Generationen zu verstehen hilft uns dabei zu erkennen, warum die Jugend gelegentlich lieber auf Reisen geht, sich mit künstlerischen Dingen beschäftigt oder für soziale Anliegen engagiert, als mit dem Studium zu beginnen.

VIER

Engeltherapie für

Oft werde ich von Eltern gefragt: »Sagen
Engel schicken?« Dahinter steckt oft die F
das zu tun? Wäre das ein Eingriff in das
Kindes? Würde es ein karmisches Unglei
leicht Gott beleidigen, wenn ich das tue
auch einfach, dass die Eltern wissen wolle
Engelshelfer zu ihrem Indigo-Kind zu se
Die Antwort lautet: »Ja, Sie können jed
und die betreffende Person wird definiti
blindstudien haben gezeigt, dass Gebete
Tieren, Pflanzen oder sogar Bakterien –
dass jemand für sie betet. Wissenschaf
ergeben, dass das Gebet eine erhöhte
und außerdem Angst reduziert – beide
ADHS-Symptome zu mildern. Ich kor
werte Erfolge erzielen (bei mir selbst u
dazu verwendete, Gelüste nach Stimul
und Koffein loszuwerden, durch die si
Es spielt keine Rolle, ob Sie religiös
»gemein« oder »nett« sind – die Engel
Wir brauchen uns ihre Hilfe nicht
beten, hat dies eine messbare Wirkun
reagieren auf jedes Gebet, ob wir ihre
Ich habe mit Gebeten und Engelthera
Indigo-Kindern erzielt. Obwohl ic
Umfeld stamme, halte ich meine G
Schließlich glaubt man in jeder Reli
oder modern, in irgendeiner Form an
dort nicht unbedingt den Begriff »E
lichen Glauben angehört, aber ma
gesonnene himmlische Wesen. Vo
Christentum und im Islam die Rede
religionsübergreifend.

Es gibt e
die kein
Gottes u
Mensche
aufgestie
einbezog,
den Kapi
Sie und I
zurückgre
oder die S

Die Erze
zuständig
an ihren
reinigt Mi
Angst, wo
tive Wese
Raphaels
Körpers zu
Daseinszw
Erzengel
stützt fern
oder mit K
emotional
lichkeit, di
finden.

Die aufges
einmal als
nun helfen
Ebenen aus.
Religion, si
und werden
gionszugehö
Der aufgesti
den Körper,
Maria, die
nigen, deren

Die Schutzengel. Jeder und jede von uns hat mindestens zwei Schutzengel. Sie begleiten uns von der Geburt bis zum Übergang in ein anderes Dasein. Schutzengel sind himmlische Wesen, die zuvor noch nicht als Menschen gelebt haben oder die als »inkarnierte Engel« auf der Erde gewandelt sind. Es ist auch möglich, weitere Engel hinzuzurufen, um Führung, Hilfe und Schutz zu erfahren. Man kann Schutzengel auch zu anderen schicken.

Die Naturengel. Das sind die Schutzengel Gottes, die über die Umwelt, die Pflanzen und Tiere wachen. Außerdem helfen sie Menschen, die gut zu Mutter Erde und den Tieren sind. Alle, deren Daseinszweck mit der Umwelt oder mit Tieren zu tun hat, haben gewöhnlich einen oder mehrere Naturengel, die über ihnen wachen. Die Naturengel werden auch als »Elementargeister«, »Feen« und »Devas« bezeichnet.

Verstorbene, liebe Angehörige oder Freunde. Unsere verstorbenen Vorfahren, Freunde und Familienmitglieder verhalten sich oft wie gütige geistige Führer. Sie sind im Himmel, aber nichtsdestotrotz können sie uns helfen. Sie können durch uns, die Lebenden, an ihrem eigenen Daseinszweck arbeiten. Und mitunter werden unsere Lieben uns auch als Hilfe »zugewiesen«, als göttlich bestimmte Aufgabe für sie.

Ängste im Hinblick auf gefallene Engel und negative Wesenheiten

Viele Indigo-Kinder sehen bei sich im dunklen Schlafzimmer beängstigende Wesen und Visionen, was zu Problemen mit Schlaflosigkeit führt. Doch diese hellsichtigen Kinder sind dabei weit entfernt von den Ängsten, die unsere Generation einst vor dem Schwarzen Mann hatte. Sie blicken wirklich hinter den Schleier, und was sie sehen, ist nicht immer schön. So ähnlich wie in dem Film *Der sechste Sinn* beschrieben, ziehen Indigo-Kinder oft an die Erde gebundene Geister an, die einfach auf der Suche nach Hilfe sind. Diese Wesen haben nicht bewusst vor, Ihre Kinder zu ängstigen, und sie sind auch nicht darauf aus, jemandem zu schaden. Es zieht sie einfach zu jedem Menschen hin, der sie sehen kann. Da Ihre Indigo-Kinder die geborenen Heiler und Helfer sind, ziehen sie die erdgebundenen Geister um so mehr an.

Ein Weg, mit diesen Geistern umzugehen, besteht einfach darin, ihnen zu sagen: »Du bist tot, und jetzt musst du ins Licht – und zwar sofort!« Noch besser ist es, um kraftvolle spirituelle Unterstützung zu bitten.

Bringen Sie Ihren Kindern bei, mental zu sagen: Erzengel Michael, bitte komm zu mir und begleite diese Wesen auf der Stelle von mir weg. Ihre Kinder können auch Gott, Jesus oder sonstige Wesen anrufen, die Ihrer spirituellen oder religiösen Orientierung entsprechen. Achten Sie aber immer darauf, dass der Erzengel Michael mit zu der angerufenen Gruppe gehört. Michaels Rolle gleicht der des Türstehers beim Nachtclub: er wacht darüber, wer in die Nähe Ihres Kindes kommen darf.
Später werden Sie noch weitere Möglichkeiten kennen lernen, Ängste Ihrer Kinder auszuräumen (sowie ihre Kinderzimmer von Beängstigendem zu befreien).

Angstfreiheit für Ihre Indigo-Kinder

Als mein Sohn Chuck im Teenageralter war, erhielt ich oft Anrufe von seinen Lehrern, die mir berichteten, in welche Schwierigkeiten er sich an diesem Tag gebracht hatte. Diese Anrufe waren mir immer ein Graus, und ich bin sicher, dass es den meisten Eltern so geht.
Die Engel sahen, in welche Verzweiflung mich diese Anrufe stürzten. Sie kamen mir zu Hilfe und brachten mir bei, wie ich mir selbst, meinem Sohn und der ganzen Situation helfen konnte. Bei dieser Methode hilft der Erzengel Michael.

Mehr über den Erzengel Michael: Wie er Ihnen und Ihrem Kind helfen kann

Wie schon an früherer Stelle erwähnt, haben wir alle einen Schutzengel, der über uns wacht und uns hilft, ob wir an ihn glauben oder nicht. Schutzengel wiederum haben sozusagen ihre eigenen Manager, »Erzengel« genannt. Es sind große und mächtige Engel, die die Aufsicht über unsere Schutzengel führen.
Erzengel Michael ist dafür zuständig, die Erde von der Auswirkung jeglicher Angst zu befreien. Seine Aufgabe ist es auch, Lichtarbeitern und Indigo-Kindern dabei behilflich zu sein, sich an ihren Daseinszweck zu erinnern und ihn zu erfüllen. Wie auch alle anderen mächtigen Erzengel gehört er keiner bestimmten Religion an.
Michael ist in der Lage, mit allen zusammen zu sein, die ihn um Hilfe bitten. Gleichzeitig. Er braucht sich nicht zu entscheiden, wem er jeweils helfen will. Er kann bei allen gleichzeitig sein, also brauchen Sie sich keine Sorgen zu machen, dass Sie vielleicht die Zeit eines Engels verschwenden, wenn Sie nach ihm rufen.

mich als Anreiz, und meine Noten verbesserten sich in einem Schulhalbjahr von Befriedigend auf Sehr gut. Meine Eltern hielten sich an ihr Abkommen mit mir und kauften mir einen Fender-Telecaster und einen Twin-Reverb-Verstärker. Ich begann schon während meiner Highschool-Zeit mit professionellen Auftritten.

Obwohl ich das Gitarrespielen irgendwann aufgab (bis auf heute ein oder zweimal im Monat, wo ich eine spontane »Jam Session« mit meinem Mann Steven einlege, der ebenfalls Gitarre spielt), war es nie vertane Zeit oder Geldverschwendung. Vielmehr stärkte das Gitarrespielen mein Selbstvertrauen, wenn es darum ging, vor einem Publikum zu stehen – etwas absolut Grundlegendes, wenn ich all die öffentlichen Auftritte in Betracht ziehe, die Teil meines Lebenszwecks sind.

Sprechen Sie mit Ihren Kindern darüber, so und so viele Male am Tag Fremden oder Bedürftigen etwas zu geben. Für ein Kleinkind etwa wäre einmal am Tag voll ausreichend. Ältere Kinder haben vielleicht durchaus ihre Freude daran, zweimal am Tag nach einer Möglichkeit Ausschau zu halten, etwas zu geben und anderen zu dienen. Machen Sie es zum Spiel, wenn Sie mit Ihren Kindern zusammen einkaufen gehen, nach dem Motto: »Wie vielen Fremden können wir wohl heute helfen?«

Geben muss nicht unbedingt etwas kosten. Es kann bedeuten, jemandem, der einsam oder deprimiert aussieht, ein ehrliches Kompliment zu machen, einer Person mit einem physischen Handicap eine Tür zu öffnen oder einer Mutter mit einem Baby auf dem Arm anzubieten, ihre Äpfel in die Tüte zu packen. Das sind Aktionen, bei denen jedes Kind ab zwei Jahren mitmachen kann. Das Ergebnis wird sein, dass sowohl Sie als auch Ihr Indigo-Kind merken werden, wie Ihr Herz offen für Freude und Liebe wird durch diesen Prozess, den wir mit »Das Geschenk des Gebens« überschreiben könnten.

Wie Sie die Begabungen Ihres Kindes kanalisieren

Viele der sogenannten Verhaltensprobleme Ihres Kindes sind nichts weiter als Ungeschicktheit, wenn es darum geht, von seinen Gaben als Lichtarbeiter(in) Gebrauch zu machen. Wie ein Kleinkind, das beim Laufenlernen anfangs auf die Nase fällt, braucht Ihr Kind Übung, Ermutigung und Liebe.

Viele Indigo-Kinder sind Krieger. Sie wurden vom Himmel hierhergesandt, um der Erde dabei zu helfen, sich von Unehrlichkeit und

mangelnder Integrität zu befreien. Diese Kinder werden keiner Apathie oder gesellschaftlichen Einschüchterung unterliegen, denn sie haben einen Job zu tun. Die ihnen innewohnenden Kriegercharakteristika können sich jedoch als Aggressivität äußern.
Ihre Rolle besteht dann darin, ihren Kindern dabei zu helfen, ihre kämpferische Natur so zu kanalisieren, dass sie soziale Hilfsbereitschaft entwickeln. Zeigen Sie ihnen, wie sie bestehende Systeme durchbrechen können, ohne dabei selbstzerstörerisch zu sein. Andererseits: wären Sie stolz gewesen, die Mutter oder der Vater von Nelson Mandela zu sein, der bereit war, für seine Überzeugungen ins Gefängnis zu gehen? Es ist ein feiner Grat, auf dem wir uns als Eltern von Indigo-Kindern bewegen.
Analog hierzu machen die intuitiven und hellsichtigen Begabungen Ihre Kinder anfällig für Mattigkeit, Reizbarkeit oder Hyperaktivität. Unsere Pflicht als Eltern besteht darin, sich dieses Prozesses bewusst zu sein und unseren Kindern Techniken beizubringen, sich psychisch zu schützen und energetisch zu heilen, so dass sie blühen und gedeihen können, während sie ihren Daseinszweck erfüllen.
Unsere Generation erwartete noch nicht, dass wir vor einem Alter von dreißig, vierzig sonderlich viel erreicht haben würden. Die Generation der Indigo-Kinder erwartet jedoch, schon dann etwas zur Gesellschaft beizutragen und auf sie einzuwirken, wenn die Kinder noch Teenager oder Anfang zwanzig sind. Diesen Unterschied hinsichtlich der Erwartungen der Generationen zu verstehen hilft uns dabei zu erkennen, warum die Jugend gelegentlich lieber auf Reisen geht, sich mit künstlerischen Dingen beschäftigt oder für soziale Anliegen engagiert, als mit dem Studium zu beginnen.

VIER

Engeltherapie für Indigos

Oft werde ich von Eltern gefragt: »Sagen Sie, kann ich meinem Kind Engel schicken?« Dahinter steckt oft die Frage: »Ist es spirituell richtig, das zu tun? Wäre das ein Eingriff in das spirituelle Wachstum meines Kindes? Würde es ein karmisches Ungleichgewicht erzeugen oder vielleicht Gott beleidigen, wenn ich das tue?« Oder mitunter bedeutet es auch einfach, dass die Eltern wissen wollen, wie sie es anstellen können, Engelshelfer zu ihrem Indigo-Kind zu senden.

Die Antwort lautet: »Ja, Sie können jedem Menschen Engel schicken, und die betreffende Person wird definitiv davon profitieren.« Doppelblindstudien haben gezeigt, dass Gebete Menschen helfen – ebenso wie Tieren, Pflanzen oder sogar Bakterien – selbst wenn diese nicht wissen, dass jemand für sie betet. Wissenschaftliche Untersuchungen haben ergeben, dass das Gebet eine erhöhte Dopaminausschüttung bewirkt und außerdem Angst reduziert – beides Faktoren, die dazu beitragen, ADHS-Symptome zu mildern. Ich konnte übrigens auch bemerkenswerte Erfolge erzielen (bei mir selbst und anderen), wenn ich Gebete dazu verwendete, Gelüste nach Stimulanzien wie Zucker, Schokolade und Koffein loszuwerden, durch die sich Hyperaktivität verstärkt.

Es spielt keine Rolle, ob Sie religiös, spirituell, gläubig, ungläubig, »gemein« oder »nett« sind – die Engel helfen jedem, der sie zu Hilfe ruft. Wir brauchen uns ihre Hilfe nicht zu verdienen. Immer wenn wir beten, hat dies eine messbare Wirkung. Gott und die Engel hören und reagieren auf jedes Gebet, ob wir ihre Antworten erkennen oder nicht. Ich habe mit Gebeten und Engeltherapie schon wunderbare Erfolge bei Indigo-Kindern erzielt. Obwohl ich selbst aus einem christlichen Umfeld stamme, halte ich meine Gebete bewusst überkonfessionell. Schließlich glaubt man in jeder Religion, ob östlich oder westlich, alt oder modern, in irgendeiner Form an Engel. Vielleicht verwendet man dort nicht unbedingt den Begriff »Engel«, der ja dem jüdisch-christlichen Glauben angehört, aber man glaubt jedenfalls an uns wohl gesonnene himmlische Wesen. Von den Erzengeln ist im Judentum, Christentum und im Islam die Rede, aber gleichzeitig sind sie definitiv religionsübergreifend.

Es gibt eine Menge Indigo-Kinder und Eltern von Indigo-Kindern, die keinen jüdisch-christlichen Hintergrund haben und die Hilfe Gottes und der Engel benötigen. Ich würde nie auch nur eine einzige Menschenseele ausschließen wollen, nur weil sie zu einem anderen aufgestiegenen Meister betet als ich selbst. Ich weiß, das Jesus alle mit einbezog, und diese Ausrichtung spiegelt sich auch in dem vorliegenden Kapitel über spirituelle Heilung.
Sie und Ihre Indigo-Kinder haben viele spirituelle Helfer, auf die Sie zurückgreifen können. Zu den geistigen Führern, die bereits um Sie sind oder die Sie an Ihre Seite rufen können, gehören:

Die Erzengel. In erster Linie ist es der Erzengel Michael, der dafür zuständig ist, Indigo-Kindern und Lichtarbeiter(inne)n zu helfen, sich an ihren Daseinszweck zu erinnern und ihn zu erfüllen. Außerdem reinigt Michael unseren Körper und unser Zuhause von den Folgen der Angst, wozu es auch gehört, an die Erde gebundene Geister und negative Wesenheiten ins Licht zu begleiten.
Raphaels Aufgabe besteht darin, uns bei der Heilung unseres physischen Körpers zu helfen sowie im Heilbereich Tätige in allen Aspekten ihres Daseinszwecks zu unterstützen.
Erzengel Gabriel hilft Eltern in spe bei der Empfängnis und unterstützt ferner diejenigen, deren Daseinszweck etwas mit den Künsten oder mit Kommunikation zu tun hat. Uriel hilft uns bei der Heilung emotionaler Wunden und ermöglicht es uns, Wut und Unversöhnlichkeit, die Gift sind für uns, loszuwerden, so dass wir wieder Frieden finden.

Die aufgestiegenen Meister. Diese Wesen wandelten irgendwann einmal als große Lehrer(innen) und Heiler(innen) auf der Erde, und nun helfen sie der Menschheit von ihrem Wohnsitz auf den astralen Ebenen aus. Sie stehen in Zusammenhang mit der institutionalisierten Religion, sind jedoch nicht an eine bestimmte Religion gebunden und werden jedem helfen, der sie anruft, unabhängig von seiner Religionszugehörigkeit oder davon, ob eine solche überhaupt gegeben ist. Der aufgestiegene Meister Jesus ist ein großer Heiler im Hinblick auf den Körper, die Emotionen und die verschiedenartigsten Probleme. Maria, die Muttergottes, hilft Lehrenden, Beratenden und all denjenigen, deren Lebensaufgabe sich um Kinder dreht.

Vieles am Fehlverhalten Ihres Indigo-Kindes geht auf Angst zurück. So zum Beispiel könnte Ihr Kind ultrasensibel sein und absorbiert vielleicht die negativen Gedanken anderer Kinder in der Schule oder Ängste in den Gedanken und Gefühlen seiner Eltern oder Lehrer.
Wie bereits zuvor erwähnt, kommt Erzengel Michael einem »Türsteher beim Nachtclub« gleich, und er reinigt den Körper und Geist Ihres Kindes von den Auswirkungen der Angst. Michael sorgt auch dafür, dass alle, die in der geistigen Welt um ihr Kind herum sind, auch tatsächlich dort hingehören. Ich habe ja schon zuvor festgehalten, dass viele Indigo-Kinder unter Schlaflosigkeit leiden, da sie die Gesichter und Augen erdgebundener Geister sehen, doch Erzengel Michael stellt sicher, dass sich im Schlafzimmer Ihres Kindes nur von göttlichem Licht erfüllte Engel befinden – Wesen, die Ihre Kinder nie ängstigen oder ihnen den Schlaf rauben würden.

Der »Staubsauger« von Erzengel Michael

Diese Technik lernte ich kennen, als ich mich in tiefer Meditation befand und mich mit dem Erzengel Michael unterhielt. Nach der Zwiesprache rief ich einen Freund von mir in Kanada an, einen Pastor, von dem ich wusste, dass auch er mit dem Erzengel Michael arbeitete. »James«, sagte ich zu ihm, »ich muss dir von einer Heilmethode erzählen, die Erzengel Michael mir gerade beigebracht hat.« James fiel mir ins Wort und sagte: »Lass mich dir zunächst einmal erzählen, welche Methode Michael mir beigebracht hat.« James und ich waren verblüfft, als wir unsere Notizen verglichen und feststellten, dass Michael uns am selben Abend exakt dieselbe Heilmethode gelehrt hatte!
Seit dieser Zeit habe ich diese Methode bei meinen eigenen Kindern angewandt und außerdem an zahllose Erwachsene weitergegeben, die es bei ihren eigenen Indigo-Kindern anwandten. Sie ist ein effektiver Weg, Ihre Indigo-Kinder von emotionalen Giften zu säubern, so dass sie die Chance haben, ihre eigenen Entscheidungen zu fällen.
Als Chuck noch klein war, wendete ich dieses Verfahren immer dann an, wenn er niedergeschlagen oder wütend war. Jedes Mal wenn ich davon Gebrauch machte, war er wenigstens für den nächsten Tag mein »kleiner Engel«. Die Eltern, an die ich diese Methode weitergab, berichten von ähnlichen Erfolgen.
Jeder kann Erzengel Michael anrufen und ebenso wirkungsvoll mit ihm arbeiten. Man braucht keine besondere Qualifikation oder Ausbil-

dung dazu. Befolgen Sie einfach die nachfolgenden Instruktionen, folgen Sie Ihrem eigenen Herzen, und Sie werden sofort Erfolge sehen. Der Begriff reinigen bedeutet hier, die Auswirkungen von Angst hinwegzuleiten. Dazu kann toxische Energie gehören, die Ihre Kinder von Freunden oder durch Drogenkonsum im Umfeld der Kinder aufgenommen haben bzw. aufgrund von Angriffen auf die Psyche oder durch erdgebundene Wesenheiten. Sie können mit Erzengel Michael daran arbeiten, ihre Indigo-Kinder, deren Zimmer, Schule oder Freundinnen und Freunde von all dem zu befreien. Ein Indigo-Kind (das von Natur aus spirituelle Gaben hat) kann diese Methode verwenden, um Sie oder ein anderes Indigo zu reinigen. Hier das Vorgehen:

Durchführung einer Reinigung: Um Erlaubnis bitten

Sie können die Reinigung entweder durchführen, während Ihre Kinder bei Ihnen sind oder als »Fernreinigung« (wenn die Kinder sich woanders befinden). Sie müssen entscheiden, ob Sie Ihre Kinder um Erlaubnis fragen, ob sie die Reinigung durchführen dürfen. Manche sind davon überzeugt, dass es unverzichtbar sei, Derartiges bei der Durchführung einer Heilung prinzipiell immer zu tun. Sie können diese Erlaubnis einholen, indem Sie im Geist Ihre Kinder fragen: Ist es in Ordnung, wenn ich dir mit dem Erzengel Michael eine spirituelle Heilung gebe?

Sie werden spüren, wie die Antwort Ihrer Kinder lautet. Selbst Babys, die noch nicht sprechen gelernt haben, können Ihnen auf der inneren Ebene darauf antworten. Wenn Sie ein Ja bekommen, fahren Sie fort. Wenn ein Vielleicht oder Nein kommt, können Sie in ein Gespräch einsteigen (entweder im Geist oder laut), um die Ängste Ihres Kindes zu beschwichtigen.

Manche halten es jedoch nicht für wichtig, vor Durchführung einer Heilung die Erlaubnis einzuholen. Sie sagen: »Wenn ein Kind kurz davor ist, in einem Fluss zu ertrinken, springe ich hinein, ob das Kind es mir erlaubt oder nicht.« Sie müssen selbst entscheiden.

Nachdem Sie sich dazu entschlossen haben, mit der Säuberung fortzufahren, schließen Sie die Augen. Wenn die Kinder bei Ihnen sind, bitten Sie sie, ebenfalls die Augen zu schließen. Vielleicht setzen Sie sich gegenüber.

Visualisieren Sie vor Ihrem geistigen Auge eines Ihrer Kinder. Es ist wichtig, jeweils immer nur an einem einzigen Kind zu arbeiten. Sagen

Sie im Geist: »Erzengel Michael, ich rufe dich nun an, die Auswirkungen von Angst zu lösen und wegzusaugen.« Sie werden dann mental sehen oder spüren, wie ein riesiger Engel in Erscheinung tritt. Das ist der Erzengel Michael. Er wird in Begleitung eines Chors kleinerer Engel erscheinen.

Sie merken, dass Michael eine Art Staubsaugerrohr hält. Beobachten Sie, wie er dieses Rohr sehr behutsam von oben in den Kopf des Kindes einführt (durch das sogenannte »Kronenchakra«). Sie müssen entscheiden, ob Sie die Reinigungskraft des »Staubsaugers« auf extrahoch, hoch, mittel oder niedrig stellen wollen. Außerdem geben Sie ihm Anweisungen, wohin das Staubsaugerrohr während der Reinigungsarbeiten gerichtet werden soll. Richten Sie das Staubsaugerrohr mental in den Kopf des Indigos, in seinen Körper und rundum auf alle Organe. Bearbeiten Sie diese allesamt, von den Fingerspitzen bis zu den Zehen. Sie werden sehen oder spüren, wie psychische Schmutzteilchen durch das Staubsaugerrohr hindurchströmen, als würden Sie einen schmutzigen Teppich saugen. Sollten eventuell irgendwelche Wesenheiten durch dieses Rohr kommen, so werden sie vom Engelschor am anderen Ende sehr human behandelt, der sie dann in Empfang nimmt und zum Licht begleitet. Saugen Sie solange weiter, bis kein psychischer Schmutz mehr durch das Rohr kommt.

Sobald das Kind gereinigt ist, wird der Erzengel Michael den Schalter umlegen, so dass ein dickes, zahnpastaartiges weißes Licht aus dem Rohr herauskommt. Es ist eine Art »Abdicht«-Material, das die Lücken füllt, in denen sich zuvor psychischer Schmutz befand.

Die Staubsaugertechnik gehört zu den kraftvollsten Methoden, die ich bei Indigo-Kinder je angewandt habe. Selbst wenn Sie während des Prozesses nicht eindeutig etwas sehen oder spüren können, oder selbst wenn Sie Bedenken haben, ob sich das Ganze vielleicht nur einbilden – die Ergebnisse werden geradezu greifbar sein. Die meisten erleben, wie sich nach der Staubsaugerbehandlung ein sofortige Milderung von depressiven Neigungen zeigt und Wutgefühle aufhören.

Mentales Staubsaugen von Räumen. Sie können mit Hilfe dieser Technik das Kinderzimmer Ihres Kindes, seinen Klassenraum, Ihr Auto oder das Zimmer von Freunden Ihres Kindes staubsaugen. Stellen Sie sich einfach bildlich vor, wie Erzengel Michael sein

Staubsaugerrohr nimmt, und dabei dieses Mal die besagten Räume reinigt statt das Innere eines Körpers.

Wiederholung des Vorgangs. Saugen Sie Ihre Indigo-Kinder jedes Mal, wenn Ihnen auffällt, dass sie deprimiert oder wütend sind oder sich auf irgendeine Weise abreagieren. Saugen Sie einen Raum, sobald Sie eine Schwere oder etwas Erstickendes darin spüren oder immer, wenn Ihre Indigos berichten, dass sie dort etwas sähen, was sie ängstigt.

Reinigung per Kassette. Auch meine Audiokassette Chakra Clearing (Hay House 1997) läßt sich wirkungsvoll zum Reinigen verwenden. Viele nehmen diese Kassette, um Räume bei sich zu Hause zu reinigen. Stellen Sie einfach einen Kassettenrekorder in die Mitte des Zimmers (nehmen Sie einen, der automatisch von Seite A auf Seite B wechselt) und lassen Sie die Chakra Clearing Kassette laufen. Verlassen Sie, solange die Kassette läuft, den Raum. Bei Ihrer Rückkehr wird der Raum gereinigt sein.

Psycho-Angriffe – eine Wurzel von Hyperaktivität. Sehen wir den Tatsachen ins Auge: Kinder können wirklich gemein sein. Sie hänseln, schlagen andere, machen sie lächerlich und noch Schlimmeres. Wenn sich Ihre Kinder beklagen, dass andere Kinder ihnen übel mitspielen, leiden sie aller Wahrscheinlichkeit nach unter den Auswirkungen von »Psycho-Angriffen«.
Derartige Angriffe auf die Psyche treten dann ein, wenn jemand einen ärgerlichen oder wütenden Gedanken auf Sie richtet. Erinnern Sie sich an die zuvor erwähnten Studien, die zeigen, wie unser Blutdruck und unsere Pulsfrequenz steigen, wenn jemand mit Wut an uns denkt, selbst wenn wir gar nicht wissen, dass der- oder diejenige negative Gedanken hat? Indigo-Kinder, die sensibel für Energien sind, unterliegen besonders stark den Auswirkungen von Psycho-Angriffen.
Wenn Ihre Indigo-Kinder psychisch angegriffen werden, wird ihr Nerven- und Herzkreislaufsystem von Wut oder Ärger in den Gedanken anderer Menschen bombardiert. Das erhöht Blutdruck und Pulsfrequenz, was Ängste und Hyperaktivität hervorrufen kann. Ihre Kinder werden nicht wissen, warum, aber plötzlich wird ihr

Nervensystem aktiviert. Es liegt daran, dass sich negative Gedanken auf sie richten.

Bleibt dieser Zustand unbehandelt (durch spirituelles Heilen), so können Psychoattacken zum Teufelskreis werden, da die Hyperaktivität weitere Situationen erzeugen wird, in denen Ihre Kinder psychisch angegriffen werden. Es wird nicht lange dauern, und Sie hören von Ihren Indigo-Kindern Klagen in Richtung: »Keiner mag mich!« Verwenden Sie das nachfolgende Gebet, um Ihre Kinder oder eine andere Person zu heilen:

Gebet um Heilung bei Angriffen auf die Psyche
(für eine andere Person)

»Erzengel Raphael, bitte tritt in den Körper von **[Name der Person]** *ein und heile seine/ihre gestörte Balance und beseitige jede Verunreinigung, die durch wütende, ärgerliche oder angstbesetzte Gedanken entstanden sein mag. Erzengel Michael, bitte reinige* **[Name der Person, die Sie reinigen]** *von jeglichen Wesen aus der Welt des Geistes oder der Materie, die nicht dem höchsten Wohl von* **[Name der Person, die Sie reinigen]** *dienen. Ich bitte dich darum, Harmonie und Frieden in diese Situation zu bringen und dafür zu sorgen, dass aller Schmerz von Frieden abgelöst wird. Ich bitte darum, dass die Auswirkungen aller Fehler, die vielleicht gemacht wurden, von wem und wem gegenüber auch immer, für alle Zeiten ungeschehen gemacht werden. Danke.«*

Gebet um Heilung bei Angriffen auf die Psyche
(für sich selbst)
Sie können das obige Gebet auch auf sich selbst anwenden, wenn Sie wissen, dass jemand wütend ist auf Sie selbst oder wenn Sie spüren, dass Ihre Psyche angegriffen wird. Sagen Sie einfach anstelle des Namens der zu reinigenden Person »mich« oder »mir«.

Der rosa Schutzschild als Schutz vor künftigen Angriffen auf die Psyche
Wenn Sie sich in einer negativen Situation befinden, ist es oft hilfreich, sich »spirituell abzuschirmen« vor Angriffen auf Ihre Psyche. So zum Beispiel gibt es eine Technik, mit der Sie sich davor schützen können, die Auswirkungen der Negativität von Menschen zu absorbieren, mit

denen Sie zusammen kommen und die viel herumjammern, kritisieren, unter Alkohol stehen oder zu Wutausbrüchen neigen. Sie können diese Technik aber auch dazu verwenden, Ihr Indigo-Kind zu schützen, indem Sie sich in der nachfolgenden Anrufung statt sich selbst die andere Person vorstellen:

Stellen Sie sich vor, Sie stehen inmitten einer Röhre aus pinkfarbenem Licht. Dieses Licht befindet sich etwa im Abstand von dreißig Zentimetern um Ihren Körper und umgibt Sie rundum. Das pinkfarbene Licht ist lebendig und schickt eine intensive Liebe zu Ihnen hin, und es sendet auch eine intensive Liebe zu jedem Menschen dem Sie begegnen. Nichts als Liebe kann diese Wand aus pinkfarbenem Licht durchdringen.

Schutz der körperlichen Unversehrtheit Ihrer Kinder mit Hilfe von Engeln

Eine neuere Befragung von fünfundvierzigtausend Jungen und Mädchen aus der ersten bis achten Klasse ergab, dass siebzig Prozent sich an ihrer Schule nicht sicher fühlen. Zwar hat die Zahl der Gewalttaten auf dem Schulgelände in den letzten Jahren abgenommen, doch waren die Gewalttaten, die dennoch eintraten, oft schockierend und machten Schlagzeilen. Ob das subjektive Empfinden unserer Kinder, nicht sicher zu sein, von der Realität und Statistiken gestützt wird oder nicht – Tatsache ist, dass unsere Kinder Ängste und Unsicherheit erleben im Hinblick auf physische Übergriffe.

Ich weiß noch, wie es war, als ich zum ersten Mal mit der Frage konfrontiert war, ob die Sicherheit meines Sohnes an seiner Schule gewährleistet sei. Grant kam nämlich eines Tages nach Hause und erzählte mir von einer Gang von Jungen, die eine andere Sprache sprachen, und die ihn im Umkleideraum bedroht und geschlagen hätten. Grant besuchte eine staatliche Schule in einem als sicher geltenden Stadtviertel. Sie hatte einen guten Ruf, und dennoch konnte ich, wie mir klar wurde, meinen Sohn nicht vor Bedrohungen durch Banden und einzelne Schläger schützen.

Die Belastung, die Kinder an der Schule im Hinblick auf Noten und ihre Beliebtheit bei anderen erleben, wird nun zusätzlich durch Vorkehrungen verdichtet, die sie tagtäglich an bestehende Gefahren erinnern. Mitunter müssen Schulkinder vor dem Betreten des Schulgeländes durch Metalldetektoren hindurch oder sehen bewaffnete

Wachposten oder Polizisten, die auf dem Schulgelände auf und ab patrouillieren. Diese visuellen Erinnerungen an drohende Gewalt versetzen die Kinder ständig in Alarmbereitschaft. Der Trauma-Experte Bessel van der Kolk sagt, dass solche Umstände geeignet seien, ein posttraumatisches Stresssyndrom zu erzeugen, und dass Menschen, die ihre Umwelt unentwegt nach »Bedrohlichem absuchten« ein überaktiviertes Nervensystem riskierten, was genau jene Symptome hervorrufen könne, die wir von ADHS kennen.

Sie können Ihren Kindern helfen, sich sicherer und geborgener zu fühlen, indem Sie für zusätzliche Schutzengel um sie herum sorgen. Es wurde gelegentlich schon gesagt, dass die Gebete von Eltern für ihre Kinder im Himmel die höchste Priorität haben. Engel geben prächtige Babysitter ab, die während des Tages über Ihre Kinder wachen werden. Natürlich haben Ihre Kinder – wie alle anderen auch – bereits Schutzengel, die dies tun, aber zusätzliche Schutzengel zu haben, verleiht Ihren Kindern eine extradicke Isolierschicht gegen negative Menschen und Erfahrungen. Es ist, als würden Sie einen Burggraben um diese kostbaren Geschöpfe ziehen!

Um Ihre Kinder mit Engeln zu schützen, können Sie entweder mit Gott sprechen oder direkt die Engel anrufen. Das Ergebnis ist das Gleiche, und Gott ist nicht beleidigt, wenn Sie mit den Engeln sprechen. Sollten Sie sich entscheiden, sich direkt an den Schöpfer zu werden, hier ein mögliches Gebet:

»Gott, ich bitte Dich, nun Schutzengel zu meinen Kindern zu entsenden. Bitte lass zusätzliche Engel um **[Namen der Kinder]** *sein, die auf sie aufpassen, ihnen Führung geben und sie beschützen. Bitte lass mich wissen, ob ich etwas zu tun habe, um bei diesem Prozess zu helfen. Ich danke Dir. Amen.«*

Eine andere Methode besteht darin, sich Dutzende von Engeln vorzustellen, die um Ihre Kinder herumstehen bzw. -fliegen und so einen Kreis um sie bilden. Visualisieren Sie auch weißes Licht, das die Kinder umgibt. Weißes Licht ist im Grunde die Essenz der Engel – lebendige, atmende, intelligente Wesenheiten bestehend aus göttlicher Liebe.

Erzengel Michael ist der Schutzheilige der Polizei, da er Menschen vor physischen Gefahren bewahrt. Dies tut er unter anderem dadurch, dass er unsere Energiemuster zunächst einmal dahingehend verändert,

dass wir gar nicht erst Gefahr anziehen. Und wenn wir dennoch welche auf uns gelenkt haben, hilft uns Michael dabei, Verletzungen zu vermeiden oder zumindest Schmerz und Schäden zu minimieren. Michael weiß, dass Gedanken an Gefahren negative Menschen und Situationen anziehen. Also hilft er dabei, sich geborgener und sicherer zu fühlen und eine positivere Sicht einzunehmen, indem er uns eine Extradosis Vertrauen und Mut verabreicht.
Es ist eine gute Idee, Erzengel Michael zu bitten, dauerhaft bei uns zu wohnen, statt dass er kommt und geht. Er kann bei allen gleichzeitig wohnen, die ihn darum bitten, und mit jeder Person ist es ein einzigartiges Miteinander. Anders als die Menschen glaubt Michael nicht an Einschränkungen durch Zeit und Raum, und so sind ihm in keiner Hinsicht Schranken auferlegt.
Sagen Sie einfach im Geist oder laut zu ihm:

»Erzengel Michael, ich bitte dich, ***[Name der Person]*** *zur Seite zu stehen und bei ihm/ihr zu wohnen. Bitte weiche* ***[Name]*** *nicht von der Seite und verleihe ihm/ihr eine Extraportion Mut, Vertrauen und Schutz. Bitte führe* ***[Name]*** *in allen Situationen sehr klar, so dass ihre/seine Gedanken im Einklang mit der göttlichen Liebe sind. Danke. Amen.«*

Das obige Gebet können Sie auch dann sprechen, wenn Sie den Erzengel Michael an Ihre eigene Seite rufen möchten, nur dass Sie dann statt des Namens der anderen Person jeweils das Wort »ich«, »mir«, »mich« etc. einfügen.
Natürlich können die Engel uns nur schützen, wenn wir auf das hören, was sie uns eingeben. So zum Beispiel bewirken die Engel bei uns vielleicht ein Gefühl im Bauch, das uns zum Abschied von einer negativen Situation drängt. Von daher ist es gut, wenn Sie Ihren Indigo-Kindern beibringen, wie sie die Zeichen göttlicher Führung erkennen können – ein Thema, mit dem wir uns in einem nachfolgenden Kapitel noch eingehender befassen werden.

Ätherische Verbindungsschnüre: Was es mit ihnen auf sich hat

Wenn Ihre Indigo-Kinder »Straßenpsycholog(inn)en« sind, das heißt, Menschen, denen alle ihre Probleme erzählen, so fällt ihre Lebensaufgabe wahrscheinlich unter die Kategorie Lehrer(in) /Heiler(in). Dieser Daseinszweck wird in Kapitel drei beschrieben.

Sollte das der Fall sein, so werden Ihre Kinder wahrscheinlich in ihrem Leben wie ein Magnet Menschen anziehen, die auf irgendeine Weise bedürftig sind. Sie mögen Freundinnen und Freunde haben, die chronisch problembehaftet sind oder ihnen gerne ihr Herz ausschütten. Als einfühlsame kleine Lichtarbeiter(innen) hören Ihre Kinder ihnen geduldig zu und werden ihnen, geleitet von der göttlichen Kraft, einen Rat geben.

Alle, die mit anderen Menschen arbeiten, sei es beruflich oder unbezahlt als gütige Geste, sollten über die ätherischen Verbindungsschnüre und den Umgang mit ihnen Bescheid wissen. Vom Grundsatz her gilt: Jedes Mal, wenn eine Person eine Bindung zu Ihnen eingeht, die auf Angst gründet (etwa der Furcht, von Ihnen verlassen zu werden oder dem Glauben, Sie seien die Quelle ihrer Energie oder ihres Glücks), entsteht eine Verbindungsschnur zwischen Ihnen beiden. Hellsichtige können diese Schnur sehen, und intuitiv begabte Menschen spüren sie.

Diese Verbindungsschnüre sehen aus wie die Schläuche, die man Patienten bei chirurgischen Eingriffen einführt. Ihre Rolle entspricht der von Benzinschläuchen an der Zapfstelle: Wenn ein bedürftiger Mensch sich an Sie angeschlossen hat, so saugt dieser Mensch durch diese ätherische Zuleitung Energie von Ihnen ab. Sie sehen die Verbindung vielleicht nicht, aber sie spüren ihre Wirkung auf Sie: Indem Sie nämlich müde oder traurig sind, ohne zu wissen, warum. Nun, das liegt daran, dass die Person am anderen Ende der ätherischen Verbindungsschnur sich energetisch gerade bei Ihnen bedient hat, oder dass von ihr toxische Energie durch die Leitung gekommen ist.

Wenn Sie jemandem geholfen haben oder wenn Sie sich schlapp, traurig oder müde fühlen, ist es immer eine gute Idee, »Ihre Verbindungsschnüre zu durchtrennen«. Erzählen Sie Ihren Indigo-Kindern von der Existenz dieser Schnüre und sagen Sie ihnen, was es damit auf sich hat und wie man Sie kappen kann. Sehr wahrscheinlich nehmen Ihre Indigos ätherische Verbindungen auf der psychischen Ebene bereits wahr, wissen sie aber einfach nicht zu benennen und können nicht sagen, welche Funktion sie haben.

Das Kappen ätherischer Verbindungsschnüre

Sagen Sie, um Ihre eigenen ätherischen Verbindungsschnüre zu durchtrennen, entweder laut oder im Geist:

»Erzengel Michael, ich rufe dich jetzt an. Bitte kappe die Bande der Angst, die mir Energie und Lebenskraft rauben.«

Seien Sie dann einige Augenblicke lang ganz still. Spüren Sie bewusst Ihren Atem. Vermutlich werden Sie wahrnehmen können, wie Verbindungen gekappt oder von Ihnen abgezogen werden. Vielleicht ist es ein Gefühl, als würde sich der Luftdruck ändern, oder Sie nehmen andere deutlich spürbare Zeichen wahr, dass die Verbindung tatsächlich gekappt wird. Ohne zu wissen, warum, werden die Leute am anderen Ende der Leitung in dem Moment, in dem Ihre Verbindung getrennt wird, an Sie denken. Vielleicht melden sich Menschen, zu denen eine solche Verbindung bestand, sogar telefonisch und per E-Mail bei Ihnen, nach dem Motto: »Habe gerade an dich gedacht.«.Lassen Sie sich, was diese Personen angeht, nicht in die Irre leiten und denken Sie immer daran: Nicht Sie sind die Quelle ihrer Energie oder ihres Glücks, sondern Gott. Jedes Mal, wenn eine Person erneut beginnt, sich aus einer Angst heraus an Sie zu hängen, wachsen diese Zuleitungen nach. Vergessen Sie also nicht, sie bei Bedarf erneut zu kappen.
Um im Namen Ihrer Indigo-Kinder ätherische Verbindungsschnüre zu durchtrennen, sagen Sie im Geist oder laut:

»Erzengel Michael, bitte kappe die Bande der Angst, die an **[Name des Indigo-Kindes]** *haften und die ihm/ihr Energie und Lebenskraft rauben.«*

Helfen Sie Ihren Kindern, leise zu sein und tief zu atmen, während Michael sich ans Werk macht, und achten Sie auch bei Ihrer Arbeit an sich selbst darauf. Die Stimmung und der Energiepegel Ihrer Kinder dürften sich sofort heben und ein gesundes (nicht hyperaktives) Niveau erreichen.

Gespräche mit den Schutzengeln Ihrer Kinder

Wenn Sie sich Sorgen machen wegen Ihrer Kinder, oder zwischen den Kindern und Ihnen selbst ein Missverständnis eingetreten ist, können Sie unterstützend wirken, indem Sie mit den Schutzengeln der Kinder sprechen. Um mit den Engeln eines anderen Menschen zu sprechen, brauchen Sie keine besondere Ausbildung, Begabung oder

sonstige Qualifikation. Das einzige, was Sie dazu vielleicht benötigen, ist etwas Übung, damit Sie hören können, was die Engel Ihnen antworten.
Unabhängig davon, ob Sie in der Lage sind, die Engel zu sehen oder zu hören – die Engel sehen und hören Sie auf jeden Fall! Sie brauchen nicht besorgt zu denken, dass Sie gleichsam in einem Goldfischglas herumschwimmen während der Himmel Sie beobachtet und sein Urteil über Sie fällt. Gott und die Engel blicken jenseits Ihrer Fehler und oberflächlichen Persönlichkeitsmerkmale; sie sehen nur unsere Talente und reichen Gaben. Sie lieben uns bedingungslos.

Heilung bei Missverständnissen

Wenn Sie und Ihr Indigo-Kind sich gestritten haben, verspüren Sie möglicherweise Schuldgefühle. Durch Ihre Schuldgefühle sind Sie vielleicht versucht, selbst dann den Wünschen Ihrer Kinder nachzukommen, wenn diese unvernünftig sind. Ein besserer Umgang mit der Situation könnte damit beginnen, die Schutzengel Ihrer Kinder um Hilfe und ein Eingreifen ihrerseits zu bitten:

»Liebe Schutzengel von **[Name]**, *mein Herz ist schwer, weil ich verletzt und wütend und voller Schuldgefühle bin. Ich will sichergehen, dass ich ihm/ihr nicht Unrecht tue, deshalb bitte ich euch um Hilfe und Führung. Bitte sprecht mit* **[Name]** *und helft ihm/ihr, mich besser zu verstehen. Bitte helft uns beiden, unseren Stolz und unser Ego hinter uns zu lassen und einen Ausdruck für die Liebe zwischen uns zu finden. Ich bitte euch um Hilfe dabei, Frieden in diese Situation hineinzutragen.*
Danke. Amen.«

Wenn Sie sich Sorgen um Ihre Kinder machen

Sie machen sich Sorgen um Ihre Indigo-Kinder? Schütten Sie den Schutzengeln der Kinder Ihr Herz aus. Sie können das im Geist tun oder laut. Oder schreiben Sie ihnen! Schreiben Sie ihnen einen ausführlichen Brief. Erzählen Sie den Engeln alles, was Ihnen durch den Kopf geht, auch Gefühle, auf die Sie nicht ganz so stolz sind. Wenn Sie den Engeln gegenüber ehrlich sind, können sie Ihnen besser helfen. Um es noch einmal zu betonen: Sie brauchen sich keine Sorgen zu machen, dass Gott oder die Engel Sie verurteilen oder bestrafen werden, wenn Sie Ihnen ehrlich mitteilen, was Sie empfinden. Der Himmel weiß ohnehin immer, was wir tatsächlich fühlen, kann uns aber nur helfen, wenn wir wirklich unser Herz öffnen. Sprechen Sie mit den Engeln so, wie Sie mit Ihrem besten Freund oder Ihrer besten Freundin sprechen würden – denn nichts anderes sind sie!

Engeltherapie für ADS- und ADHS-Symptome

In diesem Buch werde ich immer wieder auf alternative Gründe und Lösungen für die Symptome eingehen, die mit der Aufmerksamkeitsdefizitstörung (ADS) oder Aufmerksamkeitsdefizitstörung in Verbindung mit Hyperaktivität (ADHS) einhergehen. In diesem Kapitel haben wir uns mit mehreren dieser Symptome – etwa einer Neigung zu Ängsten, Depressionen, Sich-Abreagieren, Lustlosigkeit und Hyperaktivität – befasst und ergründet, wodurch diese auf psychischer Ebene zustande kommen können und wie sie sich heilen lassen. Hier einige sehr kraftvolle Gebete, die Ihnen auch helfen könnten, einige ADS-/ADHS-typische Symptome bei Ihren Indigo-Kindern zu vermindern oder ganz auszuschalten. Bewahren Sie sich, wenn Sie diese Gebete sprechen, eine positive Sicht Ihrer Kinder. Erinnern Sie sich immer selbst: »Meine Kinder sind als Ebenbilder Gottes erschaffen worden. Von daher sind sie, so wie sie sind, bereits heil, gesund und in Einklang mit ihrem Umfeld. Ich brauche an meinen Kindern nichts in Ordnung zu bringen oder zu verändern. Vielmehr bitte ich die Engel, all die wunderbaren Gaben und die Kraft zu offenbaren, die diese Kinder von Natur aus haben. Helft mir, die wahren Stärken und Talente meiner Kinder aus ihnen hervorzulocken.«

Wenn Sie das Bild haben, dass an Ihren Kindern irgendetwas »kaputt« sei, werden Sie deshalb beten, weil Sie etwas reparieren wollen. Diese negative Sichtweise jedoch kann die Wirkung der Gebete verzögern. Bemühen Sie sich lieber nach Kräften, während Sie diese Gebete sprechen, Ihre Kinder als glückliche, gesunde, mit ihrer Umwelt harmonisierende Menschen zu erleben und vor Ihrem geistigen Auge heraufzubeschwören. Sollte es Ihnen Probleme bereiten, Ihre Kinder in einem positiven Licht zu sehen, können Sie ja die Engel um Hilfe bitten.

Sprechen Sie diese Gebete so oft Sie möchten (sie sind hier übrigens im Plural abgefasst, setzen Sie sie einfach in den Singular, wenn Sie nur ein Kind haben).

Gebet um Heilung von Sucht

»Erzengel Uriel, ich bitte darum, dass du dich in den Geist und das Gefühlsleben meiner Kinder begibst und ihnen hilfst, Ihre Angst vor Liebe zu verlieren. Ich bitte darum, dass alle eventuellen Fehler in vorherigen Beziehungen ohne Auswirkungen bleiben und in jeder hier maßgeblichen Richtung ungeschehen gemacht werden. Bitte hilf meinen Kindern dabei, die Wut oder nachtragenden Gefühle loszulassen, die sie vielleicht in ihrem Herzen mit sich herumtragen. Ich stelle mir nun vor, wie ein riesiger Ball aus strahlend hellem Licht meine Kinder ganz erfüllt. Ich weiß, dass meine Kinder voll vom Licht und der Liebe Gottes sind, so dass sie keine Leere in sich tragen. Meine Kinder sind von den inneren Reichtümern der Liebe erfüllt und gesättigt.«

Gebet um bessere Essgewohnheiten

»Erzengel Raphael, ich bitte dich, einzuschreiten, was den Appetit meiner Kinder angeht. Bitte hilf ihnen, ein Bedürfnis nach gesunden Nahrungsmitteln und Getränken zu entwickeln. Ich bitte dich darum, alle Ängste oder zurückliegenden Erfahrungen zu bereinigen, durch die ungesunde Essgewohnheiten entstanden sind. Bitte gib mir eine klare Führung, wie ich meinen Kindern helfen kann,sich gesünder zu ernähren.«

Gebet um Heilung von Hyperaktivität

»Erzengel Uriel, du bist imstande, die Meere zu glätten und die Erde zur Ruhe zu bringen. Ich weiß, dass du auch die Macht hast, meine Kinder zu beruhigen und ihnen festen Halt zu geben. Ich bitte dich darum, ihnen zu helfen, inneren Frieden zu empfinden und im Äußeren friedfertig zu handeln. Bitte bringe den Frieden Gottes ins Herz meiner Kinder. Bitte hilf mir, Geduld und Verständnis aufzubringen für meine Kinder und für mich selbst. Amen.«

Gebet um bessere Organisiertheit

»Ich rufe nun die Organisationsengel an. Bitte helft meinen Kindern, sich besser auf eine Sache konzentrieren zu können. Ich bitte euch um Führung dabei, Chaos und Überflüssiges in unserem Leben zu reduzieren. Bitte klärt meine Kinder als Berater über den Wert der Achtsamkeit und Orga-

nisiertheit auf und helft ihnen bei der Entwicklung eines Organisationssystems, das maßgeschneidert ist für ihre Persönlichkeit. Bitte führt mich deutlich dazu hinzusehen, wie ich meinen Kindern am besten helfen kann, konzentriert und gut organisiert zu werden und zu bleiben. Helft meinen Kindern, angefangene Projekte zum Abschluss zu bringen und pünktlich abzugeben. Danke.«

Gebet um Behebung von Problemen mit Lehrern

»An die Schutzengel der Lehrerinnen und Lehrer, die meine Kinder unterrichten: Ich brauche eure Hilfe. Ich bitte euch, den Lehrkräften meiner Kinder dabei zu helfen, Geduld und Verständnis aufzubringen. Bitte helft ihnen, alle Urteile und nachtragenden Gedanken meinen Kindern gegenüber loszulassen. Sollte es notwendig sein, dass ich meine Kinder in eine andere Klasse/Schule wechseln lasse, so helft bitte dabei, dass dieser Wechsel rasch und harmonisch vonstatten geht.«

Gebet vor dem Elternsprechtag

»Lieber Gott, ich bin gerade auf dem Weg zum Elternsprechtag, und ich bitte Dich um Hilfe dabei. Bitte hilf mir, in meiner Mitte zu bleiben, friedfertig und ruhig. Bitte hilf mir, wirklich hinzuhören, was die Lehrer zu sagen haben – und auch das, was hinter den Worten liegt – ohne Angst und ohne zu meinen, ich müsse mich oder die Kinder verteidigen. Hilf mir, kooperativ und entgegenkommend mit ihnen umzugehen. Und lass mich dennoch unbeirrbar bleiben in meinem Wissen, dass meine Kinder nicht kaputt, böse oder gestört sind. Lass mich fest bleiben in meiner Überzeugung, ihnen keine Medikamente geben zu wollen. Bitte, Gott, hilf mir, brauchbare Lösungen zu finden, die meinen Kindern wirklich helfen. So dass sie, wenn sie mit anderen zusammen sind, glänzen, lernen, wachsen, mit ihnen zurechtkommen und glücklich sein können.

Danke und Amen.

Gebet um Motivierung zu körperlicher Bewegung

»Erzengel Raphael, ich weiß, dass dir die körperliche Gesundheit meiner Kinder ebenso sehr am Herzen liegt wie mir selbst. Wir wissen alle beide, dass körperliche Bewegung so viel Positives bewirkt und dass sie meinen Kindern helfen würde. Ich bitte dich darum, dich heute Nacht in die

Träume meiner Kinder einzublenden und ihnen dabei zu helfen, die Motivation zu regelmäßigem Training aufzubringen. Bitte gib meinen Kindern klare Anleitungen, die sie problemlos verstehen und die ihnen zeigen, welches Training ihnen Spaß machen würde und gut täte. Bitte motiviere meine Kinder dazu, hervorragend für sich zu sorgen, und hilf uns, indem du uns an Zeit und Geld alles gibst, was wir brauchen, um dieses Trainingsprogramm unverzüglich zu starten. Danke.«

Gebet um Frieden und Glück in der Familie

»Erzengel Uriel, ich mache mir Sorgen, weil meine Familie nicht glücklich zu sein scheint. Würdest du uns bitte ganz schnell zu Hilfe kommen? Da von dieser Situation alle in unserem Haushalt betroffen sind, bitte ich dich, in unsere Herzen einzutreten und alle Reste von Angst zu beseitigen. Bitte mache alle Fehler rückgängig, die sich in unser Denken eingeschlichen haben, und lösche auch die Konsequenzen dieser Fehler. Hilf uns, einander mit den Augen göttlicher Liebe zu sehen. Hilf uns, alles aufzulösen, was wir einander vielleicht nachtragen, und von Schuldzuweisungen und Ressentiments abzulassen. Ich bitte um Einmischung der Schutzengel einer jeden einzelnen Person in diesem Haushalt, damit Frieden und Liebe in unser Haus einkehren.«

Gebet um Vergebung gegenüber Ihren Indigo-Kindern

»Gott, ich bitte dich darum, mir zu helfen. Offenbar sind ärgerliche Gefühle und Gedanken meinen Kindern gegenüber in mir. Hilf mir, diese Schadstoffe aus meinem Geist und Herzen freizusetzen. Ich bitte Dich darum, dass Du mir hilfst, Verhärtungen in meinen Gefühlen zu lösen. Hilf mir dabei, mir nicht länger die Schuld zu geben und auch nicht mehr den Vater/die Mutter meiner Kinder verantwortlich zu machen. Ich will keine Schuldgefühle und Wut, ich will eine wirkliche Heilung. Ich will den Frieden Gottes. Ich weiß, dass Du jetzt bei mir bist, und ich bitte Dich um Deine Hilfe. Lass mich Deine liebevolle Fürsorge spüren. Ich übergebe Dir diese Situation nun völlig und vertraue darauf, dass Dein Geist bereits die Lösung weiß. Vielen Dank!«

Gebet um Heilung leicht reizbarer Indigo-Kinder

»Erzengel Michael, meine Kinder gehen scheinbar wegen Kleinigkeiten auf die Palme. Ich weiß, dass alle Wut auf Angst zurückzuführen ist und bitte dich deshalb, die Angst auszuräumen, die diese Gereiztheit auslöst. Bitte hilf meinen Kindern, die Situationskomik in ihrer Lage sehen zu können. Bitte hilf ihnen, Schuldzuweisungen und Ressentiments loszulassen und durch Mitgefühl und Geduld zu ersetzen. Ich bitte dich, auch in mir alle Gereiztheit auszuräumen, die ich womöglich auf meine Kinder projiziere. Und bitte führe mich und meine Kinder, wenn es etwas gibt, was wir tun oder verändern müssen, damit die Situation zu Hause friedlicher und liebevoller wird. Amen.«

Gebet um Verbesserung der Merkfähigkeit

»Lieber Gott, ich rufe nun die Engel der Intelligenz an. Außerdem bitte ich um Führung durch Thomas Edison, Albert Einstein und alle anderen Genies, die Gottes göttlichem Licht und seiner Liebe entsprungen sind – sie sollen bitte jetzt zu meinen Kindern kommen. Bitte hilf meinen Kindern, Zugang zu dem Erinnerungsvermögen zu finden, zu dem sie, wie ich weiß, in der Lage sind. Bitte leite meine Kinder an, wie sie gesunde Ess-, Schlaf- und Trainingsgewohnheiten entwickeln können, die ihr gutes Gedächtnis unterstützen werden.«

Gebet um bessere Noten

»An die Schutzengel meiner Kinder. Ich bitte euch um eure Hilfe und euer Eingreifen. Ich habe den Eindruck, dass die Schulnoten meiner Kinder nicht ihr wahres Potenzial und ihre natürliche Intelligenz spiegeln. Ich überlasse diese Situation vollkommen Gott und euch Engeln und vertraue darauf, dass ihr wisst, was zu tun ist. Bitte zeigt mir ganz klar, wie ich meinen Kindern dabei helfen kann, Freude am Lernen zu haben und die Tatsache zu schätzen zu wissen, dass sie die Möglichkeit zum Lernen haben. Zeigt mir, wie ich ihnen helfen kann, korrekt und pünktlich ihre Hausaufgaben abzuliefern, in Sachen Lernen gute Gewohnheiten zu entwickeln und hohe Punktzahlen zu erzielen. Ich weiß und vertraue darauf, dass meine Kinder nach dem Ebenbild Gottes geschaffen sind, was bedeutet, dass sie ein Teil des göttlichen Geistes sind, der unendlich intelligent ist. Bitte helft meinen Kindern, Spaß am Lernen zu haben. Amen.«

Gebet für die Freundschaften Ihrer Kinder

»Lieber Gott, ich bitte Dich darum, dass Du meinen Kindern hilfst, gesunde Freundschaften zu entwickeln und zu pflegen. Bitte hilf ihnen ihrerseits, wunderbare, liebevolle und gesunde Freundinnen und Freunde anzuziehen. Bitte hilf meinen Kindern, Schüchternheit oder Ängste zu überwinden und ihrerseits gute Freunde zu sein. Bitte lehre meine Kinder, loyal, großzügig ihrem Freundeskreis gegenüber zu sein und zu zeigen, dass man ihnen vertrauen kann. Ich rufe nun die Schutzengel einiger wunderbarer neuer Freunde für meine Kinder an und bitte sie darum, meine Kinder mit ihren neuen Gefährten zusammenzubringen. Ich danke Dir. Amen.«

Gebet bei gemeinsamem Sorgerecht

»Geliebte heilige Maria, ich rufe dich jetzt um deine Hilfe an. Ich weiß, dass du allen Kindern auf der Welt hilfst, und so bitte ich dich um Hilfe für meine Kinder. Bitte schalte dich in die Besuche meiner Kinder bei ihrem Vater/ihrer Mutter ein. Bitte hilf mir dabei, dafür zu sorgen, dass für die seelischen und körperlichen Bedürfnisse meiner Kinder während ihrer Besuche gut gesorgt ist. Bitte hilf mir, meinen vielleicht noch bestehenden alten Groll oder meine Urteile im Hinblick auf meine Kinder oder ihren anderen Elternteil loszulassen und Gott zu übergeben. Ich bitte um deine sanfte und machtvolle Heilenergie, um sicherzustellen, dass meine Kinder eine liebevolle Beziehung zu beiden Elternteilen haben. Amen.«

Mit Ihren Kindern über Engel sprechen

Oft werde ich von Eltern gefragt, wie sie es am besten angehen könnten, ihren Kindern gegenüber das Thema »Engel« und »Spiritualität« anzusprechen. Mir fällt immer wieder auf, dass die Kinder offenbar aus eigener Erfahrung etwas über Engel wissen. Viele von ihnen haben schon in ihrer frühen Kindheit Engel, liebe Verstorbene oder »unsichtbare Freunde« gesehen und erinnern sich an diese Begegnungen. Viele ältere Indigo-Kinder machen weiterhin übersinnliche Erfahrungen, doch wissen viele nicht, wie sie mit Ihnen darüber sprechen sollen. Sie haben vielleicht Angst, sie würden sie für böse oder verrückt halten, wenn sie ihre Erlebnisse eingestünden.

Was kleinere Kinder angeht, so könnten Sie ein Bilderbuch über Engel

hervorholen und dann auf das Bild zeigen und Ihre Kinder fragen: »Weißt du, was das ist?«
Lassen Sie zu, dass die Kinder ganz offen über das Erlebte sprechen können.
Bei älteren Kindern können Sie mit Buntstift mit ihnen zusammen Bilder von Engeln malen und sie dabei ganz beiläufig fragen: »Hast du schon einmal einen Engel gesehen?«

Bei Erwachsenen mag es reichen, ihnen eine Kassette oder ein Buch über Engel zu geben. Oder Sie können gemeinsam einen Song über Engel hören, sich einen Film über diese Himmelswesen ansehen, zum Beispiel *Touched by an Angel,* und über ihre Reaktionen und persönlichen Erlebnisse sprechen. Viele Eltern bringen ihre Kinder und Jugendlichen mit in meine Engelworkshops, um mit ihnen gemeinsam etwas über Engel zu lernen.

Wenn ihre Indigo-Kinder spüren, dass Ihnen das Thema Engel Angst macht, wird ihnen nicht ganz wohl sein dabei, offen mit Ihnen über Engel zu sprechen. Besprechen Sie diese Ängste ganz offen mit Ihren Kindern. Vielleicht werden Sie feststellen, dass sie Angst haben, weil sie hellsichtig sind und nachts Geister in ihrem Zimmer oder ihren Träumen sehen. Bringen Sie Ihren Kindern in diesem Fall bei, den Erzengel Michael hinzuzurufen, der verirrte Geister zum Licht geleitet. Bringen Sie ihnen die Schutz- und Reinigungsmethoden nahe, die in diesem Kapitel erklärt werden. Und bitten Sie vor allem die Schutzengel Ihrer Kinder, dabei zu helfen, all ihre Ängste zu zerstreuen.

Energiearbeit mit zu Wut neigenden Kindern

Wenn Ihre Kinder wütend sind, leuchtet um sie herum eine rötliche Aura auf, wie rote Glut. Wut ist etwas Normales, und es wäre unrealistisch zu glauben, wir kämen vollkommen um jegliche Wut herum. Als Eltern können Sie jedoch den Stachel der Wut mindern, und zwar durch Energiearbeit. Stellen Sie sich hierzu vor, Sie halten eine große Vase mit flüssigem blauen Licht in der Hand. Tasten Sie dann im Geist das Energiefeld Ihrer Kinder ab und halten Sie dabei Ausschau nach roten Stellen. Wenn Sie irgendwo welche sehen oder spüren, gießen Sie etwas von der Wasserenergie darüber. Sehen oder spüren Sie, wie der Dampf zischt, während die Röte vom Wasser abgekühlt wird.

Einlass in die Träume Ihrer Kinder

Sollten Sie Schwierigkeiten haben, mit Ihren Indigo-Kindern zu reden, so können Sie sich auch in ihren Träumen von Herz zu Herz mit ihnen unterhalten. Es gibt hierzu zwei Möglichkeiten:

1. Durch Interaktionen im Traum. Lassen Sie, bevor Sie Schlafen gehen, Ihr Unterbewusstsein wissen, was Sie vorhaben. Sagen Sie etwa: »Heute nacht habe ich vor, mich im Traum in die Träume von **[Namen der Kinder]** hineinzubegeben und mit ihnen zusammen zu sein. Ich will, dass dieses Traumtreffen ein heilsames Erlebnis für uns wird.«
   Beim Aufwachen werden Sie sich zwar vielleicht nicht an den Traum erinnern, aber Sie werden wissen, dass während der Nacht etwas passiert ist. Ihre Kinder werden die gleiche Ahnung haben, und sie dürften sofort Hinweise auf eine stattgefundene Heilung wahrnehmen.

2. Im Schlaf sprechen. Um dieses Verfahren anwenden zu können, müssen Sie wach sein, während Ihre Kinder träumen. Warten Sie solange, bis Sie beobachten können, wie ihre Augen sich schnell zu bewegen beginnen, dann wissen Sie, dass sie träumen. Das mag nach ihrem Einschlafen zwanzig Minuten bis eine Stunde dauern. Oder Sie stellen sich den Wecker so, dass Sie eine Stunde vor Ihren Kindern wach werden.

Schließen Sie dann die Augen und atmen Sie tief. Lassen Sie Ihre feste Absicht vor sich stehen, in die Träume Ihrer Kinder (oder eines Ihrer Kinder) Zugang zu finden. Stellen Sie sich als nächstes bildlich eine Szene vor, bei der Sie und Ihre Kinder zusammen sind. Stellen Sie sich vor, wie Sie Ihre Kinder liebevoll führen und friedlich zusammen sind. Schicken Sie Ihren Kindern alle Botschaften, die Sie ihnen mitteilen möchten. So können Sie sie etwa eindringlich bitten, Ihnen mehr Respekt entgegenzubringen, ein sichereres Fahrverhalten an den Tag zu legen oder ihre Hausaufgaben zu machen. Achten Sie gezielt darauf, auch inne zu halten und sich die Antwort Ihrer Kinder anzuhören, wie Sie es auch bei einem physischen Miteinander tun würden.
Selbst wenn es Ihnen schwer fällt, sich Dinge bildlich vorzustellen oder die Konzentration zu bewahren, dürfte Ihre Intention, im Traum mit

Ihren Kindern Umgang zu haben, merkliche Erfolge erzielen. Wiederholen Sie dieses Vorgehen jede Nacht, bis Sie eine positive Veränderung am Verhalten Ihrer Kinder erleben.
Im nächsten Kapitel werden wir uns mit den naturgegebenen übersinnlichen Fähigkeiten Ihrer Kinder befassen und damit, wie diese Begabungen ihnen helfen können, sich zu Hause und in der Schule besser einzugliedern. Außerdem werden wir Möglichkeiten besprechen, wie Sie ihnen helfen können, ihre spirituellen Gaben weiterzuentwickeln.

FÜNF

Indigo-Kinder und Intuition

Indigo-Kinder sitzen vor dem Fernseher und zappen wie wild durch die Programme. Schließlich wissen sie sofort, ob sie es mit einer Sendung zu tun haben, die sie interessiert. Sie bekommen im Handumdrehen mit, in welche Richtung das Angebotene geht.

Diese Schnellurteile stützen sich auf Intuition. Die Fähigkeit der Indigos, im Nu die Essenz einer Situation zu begreifen – ob es darum geht, jemand Neuen kennenzulernen, einen Fernsehsender einzustellen oder im Internet zu surfen – geht auf jenen höheren Teil des Indigo-Geistes zurück, der mit Intuition zu tun hat.

Viele Indigo-Kinder sind »holografische Lerner«. Noch während jemand spricht, wird das Gegenüber vom Indigo-Kind »abgetastet« und die Informationen entgegengenommen, als würde man eine Computerdatei herunterladen. Das Indigo-Kind muss dann abwarten, bis die andere Person damit fertig ist, über die von ihm bereits heruntergeladenen und verdauten Informationen zu sprechen.

Indigo-Kinder langweilen sich im Klassenzimmer leicht. Sie fangen an herumzuzappeln, wenn ihre Lehrer über Themen dozieren, die sie längst »geschnallt« haben. Mitunter wissen die Kinder auch einfach nur, dass die Themen in Verbindung mit ihrem Daseinszweck und dem Leben, das zu der Zeit, in der sie erwachsen sein werden, auf der Erde zu erwarten steht, völlig irrelevant sind.

Könnten Sie denn länger Interesse für ein Thema aufbringen, das für Ihr Leben völlig ohne Belang ist? Wir hörten als Kinder auf unsere Lehrer, weil man uns versprach, dass der Unterrichtsstoff uns »irgendwann einmal« etwas nutzen würde. Indigo-Kinder bringen nicht die gleiche Art von blindem Vertrauen in diese Verheißung auf.

Aus genau diesem Grund kommen manche Eltern zu dem Entschluss, Ihre Kinder zu Hause zu unterrichten. Nancy Baumgarten sagt über ihre Tochter: »Llael wird seit der sechsten Klasse zu Hause unterrichtet (sie ist jetzt in der zehnten), und zwar zum Teil deshalb, weil ihre ausgeprägte Intuition einen für sie relevanteren Lehrplan erfordert, bei dem mehr Sorgfalt und Sensibilität zum Einsatz kommt, und zum anderen, weil sie in akademischer Hinsicht hoch begabt ist.« Ich habe mich auch schon mit Eltern unterhalten, die begeistert von Waldorfschulen als einem alternativen, »ganzheitlichen« Lehr- und Lernansatz schwärmten (siehe »Ressourcen« am Ende dieses Buches). An Waldorfschulen gibt es verschiedenen Berichten zufolge unter den Schülerinnen und Schülern keine Fälle von ADS oder ADHS.[6]

Impulsivität und Intuition

Impulsivität bei Kindern steht auch mit Intuition in Verbindung. Sie ist ein Wesenszug, der als zentrales Charakteristikum für diejenigen gilt, denen man den Stempel »ADS« aufgeprägt hat. Was aber ist »Impulsivität«? Vielleicht ist sie ja eine Vorstufe der Ausrichtung auf die eigene Intuition und innere Stimme. Statt dass Menschen für dieses Verhalten bestraft oder unter Medikamente gestellt werden, handelt es sich hier eigentlich um eine Fähigkeit, an der es weiter zu arbeiten und zu feilen gilt.

Mitunter geht die Impulsivität mit dem Erleben einher: »Ich muss das-und-das auf der Stelle haben!« Diese Art von Reaktion rührt normalerweise von der Leere, die damit einhergeht, seinen Daseinszweck nicht zu kennen und verzweifelt zu versuchen, den eigenen existenziellen Schmerz auf der Stelle zum Verstummen zu bringen.

Hyperaktivität und Impulsivität erklären sich aus der Dringlichkeit, die kleine Lichtarbeiter und Lichtarbeiterinnen im Hinblick auf den Sinn ihres Lebens verspüren. Viele erwachsene Lichtarbeiter berichten von einem ähnlichen Gefühl, eine Art chronischer Anspannung in der Magengrube. Sie verspüren den ausgeprägten Zwang, »etwas zu tun«, damit die Welt ein besserer Ort wird. Es geht auf ein inneres Wissen zurück, dass der eigene Daseinszweck etwas beinhaltet, was die Welt braucht – und zwar jetzt sofort. Obwohl die Indigos noch jung sind, ihr Körper noch nicht ausgewachsen, ist ihre jeweilige Lebensaufgabe für die Welt ganz entscheidend. Werden diesem Zweck ihres Daseins Steine in den Weg gelegt oder man vereitelt ihn, indem man von

6) Sehr ausführliche Informationen zu ADS und schulische Alternativen (z. B. Hebo-Privatschule in Bad Godesberg und Rudolf-Steiner-Schule Dietzenbach), erhältlich über www.ads-hainburg.de/Start/H_Biegert/h_biegert.html. Im Internet finden sich allerdings auch eher skeptische Beiträge zum Thema »Umgang mit ADS an Waldorfschulen«, z. B.:
www.info3.de/archiv/info3/Artikel/1998-10/1098herzog.html oder
www.info3.de/archiv/info3/Artikel/1998-10/1098herzog.html (Anm. d. Übers.)

ihnen verlangt, sinnlose Aufgaben zu übernehmen, sorgt das für Frustration. Das ist eine der Wurzeln ihrer Hyperaktivität.
Sehr häufig ist Impulsivität im Grunde eine starke instinktive Reaktion, die nicht unterbunden werden sollte. Ist es denn etwas Ungesundes, herumzuzappeln, wenn man mit einem Menschen zusammen ist, bei dem man intuitiv spürt, dass er oder sie unehrlich ist? Viele hyperaktive und impulsive Kinder reagieren einfach nur auf überwältigend starke Energien, die auf ihr Nervensystem einwirken.
Neulich konnte ich einmal beobachten, wie zwei kleine Indigo-Jungen genau das durchmachten. Sie saßen mit einer Gruppe im Restaurant an einem Tisch. Die Erwachsenen tranken und waren darüber zunehmend lauter und ausgelassener geworden. Gellend laute Musik hallte von den nackten Gipsputzwänden zurück. Kellner wieselten zwischen den Tischen hindurch. Die Szene war definitiv chaotisch. Die beiden Jungen, wie konnte es anders sein, reagierten auf diese Energie. Anders als die Erwachsenen, die sich mit Alkohol und Essen ruhig stellten, beschlossen die Kinder schließlich aufzustehen und im Restaurant herumzulaufen. Ihr Instinkt, sich dem Ganzen zu entziehen, gewann die Oberhand! Die Eltern bemerkten den Wandertrieb ihrer Sprösslinge zunächst gar nicht, doch sobald er ihnen auffiel, schrieen sie den Jungen hinterher, sie sollten sofort an den Tisch zurückkommen. Ich würde wohl kaum zu jemandem zurück wollen, der mich anbrüllt – würden Sie das wollen?
Als nächstes beobachtete ich voller Entsetzen, wie die Erwachsenen den Kindern stark gezuckerte Desserts gaben. Mir war klar, dass die Kinder sich damit auf einen gleichermaßen hektischen Abend gefasst machen konnten. Ihr sensibles Nervenkostüm würde auf der Richterskala der Hyperaktivität loslegen wie eine Rakete – durch den Zucker.
Indigo-Kinder reagieren besonders empfindsam auf Situationen und Menschen. Ihre Intuition ist superwach, und sie spüren die Auswirkung der Emotionen anderer Leute stärker als die meisten. Auf Indigos wirkt alles also extrem intensiv, von daher ist ihr Nervensystem überfordert, wann immer stressbelastete Situationen auftauchen, in denen sie das Gefühl haben, die Erwachsenen machten sich Sorgen oder seien angespannt. Bewegen sie sich körperlich, so hilft ihnen dies, mit Derartigem fertig zu werden, und sie schaffen es, ihr Augenmerk auf anderes zu richten als den Stress – ja, sie können sogar die Erwachsenen von ihren Sorgen ablenken. Es bringt sie auf andere Gedanken. Abge-

sehen davon, dass ihnen die körperliche Bewegung eine Flucht ermöglicht, bedeutet sie eine Zeit, in der sie ihre Gedanken und Gefühle verarbeiten können. Wir bezeichnen diesen Bewältigungsmechanismus »Hyperaktivität«.

Mitunter wird Indigo-Kindern das Etikett »fordernd« und »ungeduldig« angeheftet. Sie wollen, was sie wollen, und zwar gleich. Wenn Sie Ihren Kindern sagen, sie sollten etwas warten oder sich gedulden, können Sie sich auf Temperamentsausbrüche oder Frust gefasst machen. Intuitiv wissen Indigo-Kinder, dass »sofortige Manifestation« normal ist. Ihre Seele ist von höheren spirituellen Ebenen und Planeten gekommen, wo man sich eine benötigte Situation oder ein Objekt einfach nur vorstellen musste, und – voilà – schon war es zur Stelle.

Die Indigo-Kinder sind hier auf der Erde, um sich an die spirituellen Gaben zu erinnern und sie anderen zu vermitteln, von denen sie intuitiv wissen, dass sie sie besitzen. Wenn Sie Ihren Sohn oder Ihre Tochter zum Thema »Manifestation« befragen, werden sie genau wissen, wovon Sie sprechen. Sie haben sie zwar vielleicht noch nicht selbst erlebt, kennen und verstehen aber die Prinzipien.

Die Gabe der visionären Sicht

Mit ein Grund dafür, warum Indigo-Kinder so gut darin sind, Dinge Gestalt annehmen zu lassen, ist der, dass sie Informationen in erster Linie durch mentale Bilder verarbeiten. Sie verstehen sich gekonnt auf das Visualisieren und tun sich leicht, ein fotografisches Gedächtnis zu entwickeln.

Untersuchungen am menschlichen Gehirn haben ergeben, dass Kinder mit der Diagnose ADS und ADHS eine erhöhte Aktivität und Durchblutung im Hinterhauptslappen aufweisen, jener Region des Gehirns, die mit dem Sehvermögen und Visionen in Verbindung steht. In besonders hohem Maße tritt dies zutage, wenn sie sich auf die Lösung eines Problems konzentrieren. Indigo-Kinder denken und lernen in mentalen Bildern.

Die Denk- und Lernweise unserer Kinder zu verstehen, verhilft uns zu einer besseren Kommunikation mit ihnen, und darüber hinaus hilft es auch ihnen, besser zu lernen und sich mit Lernstoffen auseinander zu setzen. Nun gibt es ja einen Zweig der Hypnotherapie, das Neurolinguistische Programmieren (NLP), der sich mit diesen Lernstilen beschäftigt. NLPler haben festgestellt, dass man dann, wenn man

herausgefunden hat, was für ein Lerntyp jemand ist (ein visuell, auditiv oder kinästhetisch orientierter), die betreffende Person besser verstehen kann – und gleichzeitig auch besser von ihr verstanden wird.
Menschen, die vorrangig auf visuelle Reize reagieren, achten auf das, was sie um sich herum sehen. Wenn Sie jemandem begegnen, fällt ihnen zuallererst auf, wie diese Person angezogen ist, welche Frisur, welche Größe und welchen Gesichtsausdruck sie hat. Kinästhetisch ausgerichtete Menschen bemerken zuerst, wie sich das neue Gegenüber anfühlt, wie es riecht und wie sie sich in seiner Gegenwart fühlen. Ein auditiv orientierter Mensch achtet auf den Tonfall einer neuen Bekanntschaft, auf die Melodie, Tonhöhe und Lautstärke ihrer Stimme sowie ihr Vokabular.
Wir alle haben eine primäre Art und Weise, mit der Welt in Kontakt zu treten, gefolgt von einer zweit- und drittrangigen Herangehensweise. Beobachten Sie bei der nächsten neuen Bekanntschaft einmal, worauf am stärksten Ihre Aufmerksamkeit ruht: darauf, wie diese Person aussieht; wie sie sich anfühlt, riecht und gefühlsmäßig auf Sie wirkt, oder wie sie sich anhört.
Ob wir eher visuell, kinästhetisch oder auditiv geprägt sind, spiegelt sich in unserer Ausdrucksweise. Ein Weg zu effektiverer Kommunikation mit wem auch immer, Ihre Indigo-Kinder inbegriffen, besteht darin, »ihre Sprache« zu sprechen.
Verwenden Sie visuell orientierten Indigo-Kindern gegenüber zum Beispiel Ausdrücke, die eine visuelle Kontaktaufnahme mit der Welt beschreiben, etwa:

»Aha, ich sehe, was du meinst.«
»Schau dir das bitte einmal an.«
»Kannst du dir das vorstellen?«
»Wie betrachtest du diese Situation?«

Für Ihre visuell orientierten Indigo-Kinder macht es auch Sinn, Dinge aufzuzeichnen oder Listen anzufertigen. Bringen Sie ihnen bei, für sich selbst Ziele zu setzen und diese in kleine Schritte zu untergliedern (etwa von einem als Hausaufgabe verlangten Bericht über ein gelesenes Buch jeden Tag eine Seite zu schreiben). Lassen Sie die Kinder diese Ziele und Schritte auf einer Grafik darstellen und helfen Sie ihnen dabei, die einzelnen Schritte jeweils abzuhaken, wenn sie damit fertig sind. Mit diesen visuellen Hilfen unterstützen Sie die Kinder dabei, sich selbst organisieren zu lernen.

Wenn Sie die Sprache Ihrer Indigos sprechen, gelingt mit größerer Wahrscheinlichkeit eine klare Kommunikation. Eine ehemalige Lehrerin von mir erzählte mir die Geschichte von einer visuell orientierten Frau, die mit einem kinästhetischen Mann verheiratet war.

Jeden Tag kam der Mann von der Arbeit nach Hause und warf seine Arbeitskleidung auf den Wohnzimmerteppich. Er ließ sich auf das Sofa fallen, um die Zeitung zu lesen, deren Seiten er dann unweigerlich überall auf dem Fußboden verstreute. Für diesen Mann lag – als einem kinästhetischen Menschen – der Genuss darin, wie er sich bei dem Erlebnis fühlte. Seine Frau jedoch, ein visueller Mensch, entsetzte sich darüber, wie diese Unordnung in ihren Augen aussah!

Sie versuchte alles, um ihrem Mann begreiflich zu machen, wie sehr der Kleiderhaufen und die herumliegenden Zeitungen sie aufregten, aber nichts schien zu wirken. Schließlich kam sie auf die Idee, seine Sprache zu gebrauchen. Sie sagte also zu ihm: »Schatz, wenn du deine Klamotten und die Zeitungen auf den Boden wirfst, ist das für mich so ungemütlich, wie wenn ich kreuz und quer über unsere Bettlaken Kartoffelchips verstreuen würde.«

Der Mann schüttelte sich innerlich bei dem Gedanken. In der Tat, es wäre schon sehr unbehaglich, sich auf Kartoffelchips herumzuwälzen. Endlich hatte seine Frau es geschafft, das, was sie auf der visuellen Ebene erlebte, auf ein kinästhetisches Erlebnis zu übertragen, das er nachvollziehen konnte! Danach räumte er regelmäßig hinter sich auf.

Die gleiche Vorgehensweise können Sie anwenden, wenn Sie mit Ihren Kindern sprechen. Gebrauchen Sie bildliche Metaphern. Sagen Sie: »Weißt du, wenn deine Lehrerin mich anruft und sich beklagt, dass du deine Hausaufgaben immer erst beim nächsten Mal abgibst, ist das für mich schon sehr unangenehm. Ungefähr so, wie wenn du in deinem Zimmer Neonlicht hättest [oder hässliche Klamotten tragen müsstest beziehungsweise etwas anderes visuell Wahrnehmbares, das zur Persönlichkeit Ihrer Kinder passt].«

Wie Sie Ihren Kindern helfen können, ihr fotografisches Gedächtnis weiter zu entwickeln

Auf der ganzen Welt halte ich Kurse ab, in denen Hellsichtigkeit trainiert wird, und Teil meiner Anfangsarbeit mit den Teilnehmerinnen und Teilnehmern ist immer, ihnen zu helfen, sich stärker die geistigen Bilder bewusst zu machen, die sie in sich tragen. Den gleichen Prozess können Sie dazu nutzen, Ihren Kindern bei der Entwicklung ihres visuellen Erinnerungsvermögens zu helfen. Dadurch werden sie automatisch ein fotografisches Gedächtnis entwickeln.

»Fotografisches Gedächtnis« bedeutet, dass man in der Lage ist, etwas vor seinem geistigen Auge zu sehen und in allen Einzelheiten zu beschreiben. In der Schule ist das sehr hilfreich! Es ist fast so, wie wenn man einen Spickzettel hätte oder wenn beim Test das aufgeschlagene Schulbuch vor einem läge. Denn es heißt, dass man in der Lage ist, aus seiner Datenbank visueller Erinnerungen mental das Bild einer Seite aus einem Lehrbuch hervorzuziehen und im Geist die ganze Seite abzulesen.

Visuell begabte Kinder benötigen oft die Hilfe ihrer Eltern, wenn es darum geht, den Unterrichtsstoff in geistige Bilder zu übertragen. So zum Beispiel kann es passieren, dass Ihre Kinder beim Schreibenlernen frustriert werden, wenn Sie versuchen, sich die Schreibweise von Worten phonetisch (nach dem Klang) anzueignen, da hier das auditive (Hör-) Gedächtnis gefragt ist.

Sie werden so viel bessere Erfolge erzielen, wenn Sie die Kinder dazubringen, sich auf ihr von Natur aus vorhandenes visuelles Gedächtnis zu stützen! Bitten Sie Ihre Kinder, sich das erste Wort auf ihrer Buchstabierliste bildlich vorzustellen. Sagen Sie: »Kannst du dir dieses Wort auch in Stein gemeißelt vorstellen? Kannst du es aus Holz geschnitzt vor dir sehen? Und in Sandstein?« Je mehr Varianten Ihre Kinder vor sich sehen können, desto größer die Wahrscheinlichkeit, dass das Wort in ihr Langzeitgedächtnis übergeht. Bei einem Test brauchen sie dann lediglich das mentale Bild des Wortes vor ihrem geistigen Auge erscheinen lassen und die Buchstaben einzeln »abzuschreiben«.

Ihren Kindern dabei zu helfen, ihre visuellen geistigen Muskeln zu trainieren, kann richtig Spaß machen. Zeigen Sie zum Beispiel Ihren Kindern eine Anzeige aus einer Zeitschrift und decken Sie die Seite dann zu. Ihre Kinder erhalten von Ihnen die Aufgabe, die Anzeige vor ihrem geistigen Auge heraufzubeschwören und Ihnen alle Einzelheiten zu beschreiben, die sie vor sich sehen. Notieren Sie diese Angaben und vergleichen Sie sie danach mit der tatsächlichen Anzeige. Natürlich

sollten Sie darauf bedacht sein, Ihre Kinder für alle Treffer und Beinahe-Treffer begeistert zu loben.
Indigo-Kinder können linkisch oder unbeholfen wirken, und es kann gut sein, dass man ihnen das Etikett »verzögerte motorische Entwicklung« angeheftet hat. Auch hier sei wieder betont, dass dies womöglich die erste Inkarnation Ihrer Kinder auf der Erde ist. Sie sind es nicht gewohnt, mit der immensen Dichte materieller Objekte auf diesem Planeten umzugehen. Auf anderen Planeten und auf den hohen materiellen Ebenen des Daseins ist Materie leichter formbar. Außerdem mag ihren Kindern klar sein, dass Teleportation und Bilokation durchaus Fähigkeiten sind, die für den menschlichen Geist machbar sind. Warum also sollten sie sich mit unbeholfenen und künstlichen Fortbewegungsformen wie etwa dem Gehen befassen?
Auch das Reden und Lesen kann Indigo-Kindern unnatürlich vorkommen, da sie ja intuitiv wissen, dass uns in Form der Telepathie genauere und ehrlichere Kommunikationsmittel zur Verfügung stehen. Eine Frau erzählte mir von ihrem sechsjährigen Sohn, der noch nie gesprochen hatte. Tests auf Autismus, Taubheit und Stummheit ergaben allesamt, dass ihr Sohn keine körperliche Behinderung aufwies.
Ich klinkte mich innerlich bei ihrem Sohn ein, und seine Engel sagten mir: »Er redet ständig mit seiner Mutter. Es ist lediglich eine Kommunikation auf der übersinnlichen Ebene. Er hat in seinen Gesprächen solche Klarheit, dass er gar nicht die Notwendigkeit sieht, seinen Mund zu gebrauchen, um zu sprechen. Für ihn wäre das ›doppelt gemoppelt‹.«
Ich erzählte der Mutter davon, und sie sank wie ein Häufchen Elend in sich zusammen und schluchzte: »Ja, ja, das stimmt! Ich weiß, dass mein Sohn und ich uns telepathisch unterhalten, aber ich habe noch nie von so etwas gelesen, und ich komme mir so allein damit vor! Ich habe keinen, mit dem ich darüber sprechen kann. Ich danke Ihnen dafür, dass Sie es mir bestätigt haben.«
Ein Teil der bemerkenswerten intuitiven Fähigkeiten der Indigo-Kinder geht auf ihre visuelle Ausrichtung zurück. Der kleinste Gesichtstick, die geringste Augenbewegung, das minimalste Schlurfen von Menschen, die sich mit ihnen unterhalten, fällt ihnen auf. Die Folge davon mag sein, dass sie vielleicht keinen festen Blickkontakt mit der Person herstellen, mit der sie gerade sprechen. Diese Person nimmt daraufhin vielleicht an, dass die Kinder nicht zuhören, aber die

Kinder »hören« ihr Gegenüber durchaus, und das auf einer sehr tiefen Ebene.
Indigo-Kinder sind oft erstaunlich gut darin, den Charakter einer Person zu beurteilen. Fragen Sie sich, inwieweit Ihr neuer Chef oder Freund moralisch integer ist? Fragen Sie ein Indigo-Kind. Solange Sie gewillt sind, die Wahrheit anzuerkennen, werden Sie sie zu hören bekommen – »Kindermund tut Wahrheit kund«.

Die enormen Möglichkeiten des Visualisierungsvermögens
Indigo-Kinder verfügen über enorme Gaben, wenn es darum geht, Dinge manifest werden zu lassen. Zugänglich werden sie ihnen durch ihre überlegenen visuellen Fähigkeiten. Die Visualisierung ist eine uralte Methode zur Erschaffung von Erfahrungen und materiellen Objekten. Die frühesten Aufzeichnungen zu Visualisierungen reichen bis ins alte Ägypten zurück. Quantenwissenschaft und Untersuchungen des menschlichen Bewusstseins liefern uns derzeit wissenschaftliche Beweise für das Vermögen der menschlichen Intention, die Materie zu beeinflussen.
Sie haben also sehr fähige Manifestierer in ihren vier Wänden! Meine Eltern wussten das und schlugen bei meinem Bruder Ken und mir aus dieser Tatsache Kapital. Wir wurden regelmäßig ins Wohnzimmer gerufen, wo meine Eltern uns baten, wir sollten uns mit ihnen zusammen etwas bildlich vorstellen. Meine lebhafteste Erinnerung hieran hängt damit zusammen, dass unsere Familie ein neues Auto brauchte. Mein Vater stellte ein Spielzeugauto auf unser Fernsehgerät – der Fahrzeugtyp, den wir gerne haben wollten. Meine Eltern baten uns darum, uns ganz fest vorzustellen, wie dieser Wagen in Originalgröße bei uns in der Einfahrt stand. Innerhalb weniger Monate wurde diese Vision Wirklichkeit, und wir besaßen das Auto. So einfach war das.
Mir wäre es lieber, wenn Eltern mit ihren Kindern Zeit damit verbrächten, ihnen Visualisieren beizubringen, statt mit ihnen vor dem Fernseher zu sitzen oder ihnen Gutenachtgeschichten vorzulesen. Es ist wichtig, dass Sie sich selbst und Ihren Kindern mit Hilfe des Visualisierens Manifestationstechniken vermitteln. Bringen Sie Ihren Kindern bei, wie sie ihre spirituellen Gaben in dieser dichten Welt nutzbringend einsetzen können. Das ist Teil der göttlichen Aufträge, die Sie in diesem Leben zu erfüllen haben und zu denen Sie sich bereit fanden, als ihre Seele einwilligte, Vater oder Mutter von Indigo-Kindern zu werden!

Visualisierungsprojekte für Eltern und Kinder

Helfen Sie Ihren Kindern dabei, sich ein »Traumbrett« zu basteln, an das sie ausgeschnittene Bilder von dem heften oder kleben, was sie gerne sein, haben oder tun würden. Schränken Sie die Kinder hierbei nicht ein. Bringen Sie sie nicht dazu, sich zu schämen, wenn ihr Fokus materiellen Gütern gilt, wenn sie Bilder von Personen wählen, die fantastisch aussehen oder Abbildungen teurer Autos ausschneiden. Das ist »Manifestation für Anfänger«, etwas, womit sie beginnen müssen. Sie werden bald merken, dass Objekte wie diese zwar zum Lebensglück mit beitragen können, aber nicht das Lebensglück sind. Danach werden Sie sich der Visualisierung und Manifestierung stärker spiritueller Ideale zuwenden können.

Bringen Sie Ihre Kinder dazu, sich vorzustellen, wie sie in der Schule Einsen und diverse Auszeichnungen bekommen, und es wird geschehen. Ihre »Gutenachtgeschichte« kann darin bestehen, dass ihre Kinder visualisieren, wie sie mit anderen Kindern und den Lehrern in der Schule gut zurechtkommen, und es wird eintreten. Bringen Sie Ihren Kindern bei, das zu sehen, was sie wollen, nicht das, was sie nicht wollen.

Spielen Sie mit Ihren Kindern ein Spiel, bei dem es darum geht, einander bei negativen Affirmationen zu »ertappen«, etwa dabei, herumzujammern oder Sätze wie »Ist das nicht furchtbar?« zu gebrauchen. Machen Sie Ihren Kindern jedes Mal, wenn sie etwas auf positive Weise bestätigen, ein Kompliment oder belohnen Sie sie dafür mit etwas Materiellem.

Bringen Sie zum Beispiel Morgens vor einer Klassenarbeit den Optimismus Ihrer Kinder auf Hochtouren, indem Sie sie sagen lassen: »Das schaffe ich!« und »Heute habe ich eine Super-Konzentration!« Sie können sich dann alle beide zusammen den erfolgreichen Ausgang der Klassenarbeit vorstellen und einander Ihre Visionen dazu schildern. Auf diese Weise gewöhnen Sie sich immer mehr an, mental den positiven Ausgang von Dingen vor sich zu sehen (das gilt für Sie beide!) – eine Gabe, die sich auf jede Situation anwenden lässt.

Loben Sie Ihre Kinder für ihre spirituellen Gaben

Mehr als irgendetwas sonst brauchen Indigo-Kinder emotionale Unterstützung von ihren Eltern, vor allem im Hinblick auf ihre übersinnlichen Fähigkeiten. Elterliche Unterstützung kann darüber entscheiden, ob Indigos sich für ihr »Anderssein« schämen oder die Schönheit ihrer spirituellen Gaben erkennen.

Der Fall von Jane ist ein perfektes Beispiel hierfür. Sie erzählte mir:

Als meine heute vierzehnjährige Tochter Leah vier war, erzählte sie mir von einem Gespräch mit Gott, bevor sie in diese Inkarnation kam. Engel – riesengroße – sah Leah zum ersten Mal mit neun Jahren. Es machte ihr Angst, also verschloss sie sich diesem Erlebnis. Heute sieht sie etwas, das sie »Sparkies« nennt, Lichtfunken. Leah nimmt sie überall wahr und hat ihr Erscheinen als selbstverständlichen Bestandteil ihres Lebens akzeptiert. Mitunter ist das Leben für sie eine Herausforderung, da sie es sehr anders erlebt als Gleichaltrige. Sie fragt sich oft, warum sie so anders ist, und dann sage ich ihr: »Der Unterschied liegt in der Schönheit deiner Seele. Deine Energie ist auf einem anderen Level als bei den Leuten um dich herum. Du schwingst auf einer Frequenz, auf der andere zum jetzigen Zeitpunkt nicht schwingen.« Ihr Ziel im Leben besteht darin, dazu beizutragen, positiv auf die Welt einzuwirken, in Verbindung mit der Welt zu gelangen.

SECHS

Abhilfe bei Schlaflosigkeit und beängstigenden Visionen

Wie Ihr Kind schläft, kann mit der entscheidendste Faktor sein, der die Stimmung und das Verhalten Ihres Kindes beeinflusst. Wissenschaftliche Untersuchungen sowie meine Interviews mit Indigo-Kindern ergeben eine starke Korrelation zwischen der Schlafqualität und damit, ob Kinder Symptome von ADHS oder ADS aufweisen.

Immer wenn ich mich mit Indigo-Kindern und ihren Eltern unterhalte, höre ich von ihnen, dass sie Probleme mit Schlafstörungen haben. »Ich bekomme meine Kinder nicht vor Mitternacht ins Bett!«; »Meine Kinder sind die ganze Nacht auf!«; »Meine Kinder sehen in ihrem Zimmer furchteinflößende Gesichter und Gestalten, und dann können sie vor Angst nicht einzuschlafen!«

Die Indigo-Kinder selbst sind sich durchaus darüber im Klaren, wie wichtig ein guter Schlaf ist. Ein Indigo-Kind namens Alec formulierte dies auf seine Weise, indem er sagte: »Wenn ich nicht ausgeschlafen bin, bin ich schlecht drauf und fühle mich matschig.«

Ein anderes Indigo-Kind, Elizabeth, sagte: »Ich brauche immer viel Schlaf, so acht Stunden. Wenn ich nicht genug Schlaf bekomme, stehe ich den ganzen Tag über neben mir und fühle mich schläfrig.«

Das Indigo-Kind Dawn sagte: »Wenn ich nicht genug Schlaf bekomme, bin ich den ganzen Tag über kaputt. Ich habe keine Energie und könnte nur rumhängen. Ich bin einfach träge. Aber wenn ich die perfekte Menge Schlaf kriege, und für mich sind das neun Stunden, starte ich nach dem Aufwachen richtig mit Freude in den Tag.«

Alec, Elizabeth und Dawn sagten auch, dass sie von zu viel Schlaf fast ebenso benommen würden wie von zu wenig. Die entsprechende Menge an Schlaf ist also für Stimmung und Energiepegel eines Indigo-Kindes ganz grundlegend.

Wissenschaftler haben die Schlafmuster von Kindern mit diagnostizierter ADS und ADHS gefilmt und herausgefunden, dass diese aktiver und unruhiger sind als bei anderen Kindern. Wissenschaftler in Frankreich berichten: »Schlafstörungen können bei Kindern ein Aufmerksamkeitsdefizitsyndrom in Verbindung mit Hyperaktivität (ADHS) hervorrufen.« Schlafstörungen sind also nicht nur ein Symptom von ADHS, sondern können auch die Ursache der Symptome sein, die zu dieser Diagnose führen. Es kommt selten vor, dass etwas derart stark gleichzeitig Ursache und Wirkung ist. Ein Teufelskreis hoch drei!

Wir alle wissen aus eigener Erfahrung, wie wichtig eine gute Mütze Schlaf sein kann. Sind Sie nach einer erholsamen Nacht nicht auch konzentrierter und besser gelaunt? Bei Kindern verhält es sich nicht anders.

Schlafentzug kann sich nach Dr. John W. Shepard, Leiter des Zentrums für Schlafstörungen an der Mayo-Klinik, zudem störend auf das Gedächtnis Ihrer Indigo-Kinder sowie auf ihre Reaktionszeit und Aufmerksamkeit auswirken. Shepard sagte, müde Menschen seien anfälliger für Anwandlungen von Ungeduld und in Beziehungen weniger auf Interaktion bedacht. Es ist also entscheidend, dass Ihre Indigo-Kinder ausreichend Schlaf bekommen.

Während der Traumphase, der sogenannten REM-Phase, produziert und speichert das menschliche Gehirn Serotonin (einen wichtigen chemischen Stoff im Gehirn, der Stimmung und Energielevel reguliert). Wird unser Schlaf durch Ängste, Sorgen oder Medikamente gestört, mangelt es uns an REM-Schlaf. Ohne diese Art von Schlaf sind wir beim Aufwachen benommen oder gereizt. Viele Kinder mit verminderten Serotoninwerten nässen ihr Bett, und auch eine signifikante Anzahl von Kindern mit ADHS sind Bettnässer.

Als selbstverordnete Medizin gegen einen verminderten Serotoninspiegel steigt in uns ein Verlangen nach Kohlenhydraten auf. Ein Kind wählt in solchen Situationen sehr wahrscheinlich zuckerhaltige, fett- und kohlehydratreiche Esswaren – Schlaf ist also sehr wichtig, um den Symptomkreislauf zu durchbrechen.

Einige Nebenwirkungen von Ritalin, etwa Schlaflosigkeit und ein beschleunigter Puls, wirken sich störend auf den Schlafverlauf aus. Zu den Stimulanzien, die wir auf unserem Speisezettel wiederfinden, gehören Zucker, Schokolade, koffeinhaltige Limonaden, künstliche Süßstoffe und Johannisbrotmehl (eine Zutat, die in den meisten Arten von milcheiweißfreien »Speiseeis«-Sorten anzutreffen ist), und sie wirken definitiv störend auf unsere Schlafmuster.

Das Indigo-Kind Ryan sagt: »Ich konnte, seit ich sechzehn war, nicht mehr richtig schlafen, da mir die Psychiater haufenweise Medikamente verschrieben haben. Mit sechzehn bekam ich zum ersten Mal Prozac. Ich war zum Psychiater gegangen, weil ich nicht glücklich war; scheinbar hatte ich Depressionen. Ich kam mit anderen nicht zurecht, weil Kinder in der Mittelstufe wirklich gemein sind. Sie behandelten mich wie ein Stück Dreck. Ich konnte es nicht ertragen, in ihrer Nähe zu sein. Also bekam ich Prozac, und seitdem habe ich Schlafstörungen.«

Auch alle Übungen, die in Richtung kardiorespiratorische Fitness gehen (Laufen, Springen, Schwimmen usw.), durchgeführt in den letzten drei Stunden vor dem Zubettgehen, können Schlaflosigkeit hervorrufen. Es ist jedoch nicht ohne Ironie, dass Ihre Kinder, wenn sie irgendwann im Laufe des Tages Sport treiben, besser schlafen ,als wenn sie keinen Sport getrieben hätten.

Auch Sorgen im Hinblick auf den nächsten Tag (Schlägertypen auf dem Schulhof, eine Klassenarbeit und dergleichen mehr) erzeugen Schlaflosigkeit. Geben Sie Ihren Kinder für den Raum, in dem sie schlafen, eine »Box für Gott«, oder helfen Sie ihnen, sich eine zu basteln. Sie können dazu eine beliebige Schachtel verwenden, etwa einen Schuhkarton. Das Ganze lässt sich mit Tapetenresten oder Bildern dekorieren, die Sie aus Zeitschriften ausgeschnitten haben.

Bringen Sie Ihren Kindern bei, jede Nacht vor dem Einschlafen all ihre Ängste Gott zu übergeben, damit er sich um sie kümmert. Schreiben Sie das, wovor die Kinder Angst haben oder worum sie sich Sorgen machen auf einen Zettel und stecken Sie den Zettel in die Box. Dadurch werden die Kinder nicht mehr zwanghaft an die Angst denken müssen und folglich einschlafen können.

Eine Alternative hierzu ist die Einfriermethode: Sie stecken die aufgeschriebenen Ängste in das Tiefkühlfach Ihres Kühlschranks. Auf diese Weise werden die Ängste »auf Eis gelegt«! Ich habe schon von vielen Seiten gehört, dass sich wundersame Lösungen einstellten, als sie ihre Sorgen oder Probleme auf einem Zettel notierten und diesen dann für ein paar Wochen ins Gefrierfach steckten. Ein Indigo-Mädchen schrieb den Namen eines Jungen, der ihr zu schaffen machte, auf einen Zettel und fror den Zettel dann ein. Innerhalb weniger Tage hörte der Junge auf, sie zu belästigen.

Achten Sie darauf, dass Ihre Kinder immer einen Schreibblock und Stift auf ihrem Nachttisch haben, damit sie ihre Sorgen aus ihrem Geist herausbekommen und auf das Papier übertragen können.

Schlaflosigkeit wegen beängstigender Visionen

Das überraschendste Kennzeichen, auf das ich bei meinen Interviews mit Indigo-Kindern und ihren Eltern stieß, waren die Schlafstörungen, unter denen eine immense Anzahl von Indigos leidet, da sie bei sich im Schlafzimmer irgendwelche Wesen oder sonstigen furchterregenden Visionen sehen. Dieses Phänomen gehört einer anderen Kategorie an als die Phantasien vom »Schwarzen Mann« im Kleiderschrank oder dem Alligator unter dem Bett. Die Indigos erleben beängstigende Visionen, die geradewegs aus dem Film *Der sechste Sinn* entsprungen sein könnten.

Sie sehen nachts wirklich die Gesichter von Ungetümen und monsterartigen Wesen. Könnten Sie denn wohl schlafen, wenn Sie wüssten, dass sich in Ihrem Zimmer irgendwelche abstoßenden Typen befänden, die Sie aus Gott-weiß-welchen-Gründen unentwegt anstarrten? Viele Indigo-Kinder machen die Erfahrung, dass die Ängste, von denen sie berichten, bei ihren Eltern auf taube Ohren stoßen. Ihre Eltern sagen nur: »Ach was, da sind keine Ungeheuer in deinem Zimmer – und jetzt wird geschlafen!« Also liegen die Kinder im Bett und beten inständig darum, dass die Kreaturen sie nicht irgendwann mitten in der Nacht verschlingen werden. Sie verbringen eine hektische und unruhige Nacht.

Doch sind mir auch viele mitfühlende Eltern begegnet, die viele Kilometer zu einem meiner Workshops gefahren kommen und mir Fragen zu dem Phänomen stellen. Sie bitten mich flehentlich um eine Antwort auf Fragen wie: »Wie kann ich meiner Tochter helfen? Sie sieht in ihrem Zimmer immer düstere Geister um sich herum!« Diese Eltern stellen die Gültigkeit der Visionen ihres Kindes nicht in Frage. Sie wollen nur wissen, was sie tun können.

Ich bringe ihnen bei, mit dem Erzengel Michael zu arbeiten (wie in Kapitel vier beschrieben). Jedes Kind, das alt genug ist, über beängstigende Visionen zu klagen, kann sich an Gegenmaßnahmen beteiligen. Halten Sie ihr Kind im Arm und sagen Sie: »Rufen wir zusammen den Erzengel Michael zu Hilfe.«

Dann können Sie gemeinsam sagen: »Bitte, Erzengel Michael, komme jetzt zu mir und führe alle Wesen fort, die nicht meine Engel oder Geistführer sind. Bitte nimm sie und alles, was mit Angst zu tun hat, sofort mit ins Licht.« Schweigen Sie zusammen einen Moment lang, atmen Sie dabei, und fragen Sie ihr Kind dann, ob es etwas gesehen oder gespürt hat. Sehr wahrscheinlich haben Sie alle beide die machtvolle Gegenwart des Erzengels Michael gespürt. Indem Sie vergleichen, was Ihnen aufgefallen ist, helfen Sie und Ihr Kind sich wechselseitig, mehr Glauben und Vertrauen zu entwickeln.

Sie können auch die »Abend«-Seite meiner Chakra-Clearing-Kassette laufen lassen. Auf ihr findet sich eine beruhigende Meditation, die das Einschlafen erleichtert (immer wieder erzählen mir Leute, dass sie ständig vor dem Ende des Bandes einschliefen). Außerdem findet sich dort auch die reinigende Energie von Erzengel Michael.

Meine Indigo-Stieftochter Nicole erinnert sich noch, wie sie als kleines Mädchen unter Schlaflosigkeit litt, weil sie nachts immer dunkle und negative Visionen erlebte. Nicole entdeckte von selbst, dass sie lediglich vor ihrem geistigen Auge das Bild eines Herzens stehen lassen musste, in dessen Mitte das Wort Liebe geschrieben stand, und die Visionen ließen nach, sie lösten sich auf, und Nicole konnte einschlafen. Liebe sorgt in der Tat dafür, dass uns die Dunkelheit nichts anhaben kann!

Ein weiteres Beispiel, das belegt, wie wir Kindern helfen können, zu ihrer spirituellen Kraft zu finden, stammt von Nancy Baumgarten, die mir den folgenden eindrücklichen Bericht über ihre Tochter Llael schickte:

Als Llael acht Jahre alt war, fühlte sie sich eines Abends nicht gut und ging früh schlafen. Ich sitze gerade auf dem Fußboden und telefoniere, da kommt sie hereingerannt und sagt: »Schick sie weg; da sind so kleine rote Teufel hinter mir her!« (Ich weiß gar nicht, wo sie von Teufeln gehört hatte oder davon, wie sie angeblich aussahen, da ich ihr mit Sicherheit nie von welchen erzählt habe – ich fand das Thema negative Wesenheiten oder wie leicht man sehr kleinen Kindern womöglich etwas suggerieren kann, schon immer besonders heikel.)

Ich sagte ihr, sie solle nie vergessen, dass sie alles, was sie nicht um sich herum haben will, jederzeit loswerden kann, indem sie mit Bestimmtheit sagt: »Geh weg, du hast keinen Zugang zu dem Ort, wo ich mich befinde. Nur Wesen, die das Licht Christi und Liebe ausstrahlen, dürfen in meiner Gegenwart sein«, oder etwas in diese Richtung. Das tat sie also und sagte kurz darauf, dass jetzt alles okay isei.

Reinigung des Raumes
Viele spielen in Räumen, die sie reinigen möchten, die Chakra-Clearing-Kassette. Sie können eine Kassette auf mittlerer Lautstärke laufen lassen und dann aus dem Zimmer gehen. Wenn Sie später zurückkehren, werden Sie einen Unterschied im Hinblick auf das Energieniveau des Raumes spüren. Sie werden das Gefühl haben, dass die Atmosphäre dort wärmer, glücklicher und reiner ist.
Hier einige weitere Möglichkeiten, wie Sie den Schlafraum Ihrer Indigo-Kinder dahingehend reinigen können, dass die Kinder nicht mehr von angsteinflössenden Visionen geplagt werden:

Umhüllen Sie Ihr Zuhause mit weißem Licht. Stellen Sie sich jede Nacht vor dem Einschlafen vor, wie Ihr ganzes Zuhause von weißem Licht umhüllt wird. So wird nicht nur die Energie Ihres Zuhauses gereinigt, sondern auch eine Barriere geschaffen, die unerwünschte Besucher fern hält.

Postieren Sie Schutzengel an Fenstern und Türen. Visualisieren Sie große Schutzengel, die vor den Türen und Fenstern der Kinderzimmer Wache stehen oder bitten Sie darum, dass welche in Erscheinung treten.
Streichen Sie das Zimmer neu und shampoonieren Sie den Teppichboden. Besonders wirkungsvoll ist dies, wenn Sie den Verdacht haben, dass die Energie früherer Bewohner im Kinderzimmer Ihres Hauses oder Ihrer Wohnung noch gegenwärtig ist.

Natürliche Mittel zur Reinigung der Atmosphäre. Verbrennen Sie etwas getrockneten Salbei (zu bekommen in freier Natur, in Kräuterläden oder esoterischen Läden), um den Raum energetisch zu reinigen. Um ganz sicher gehen zu können oder für den Fall, dass Ihr Kind den Geruch von Salbei nicht mag, können Sie auch auf andere Hilfsmittel aus der Natur zurückgreifen, um die Energie in seinem Zimmer zu reinigen, wie etwa:

Kristalle. Stellen Sie klare Quarzkristalle, Rosenquarz, Amethyst oder Sugalitkristalle neben dem Bett Ihres Kindes auf. Hängen Sie einen klaren Kristall vor die Kinderzimmerfenster.

Pflanzen. Sorgen Sie dafür, dass Ihre Kinder lebende Topfpflanzen in der Nähe ihres Zimmers stehen haben. Großblättrige Pflanzen eignen sich für atmosphärische Reinigungszwecke am besten. Im Laufe der Nacht wird die Pflanze auf Angst basierende Energien aus dem Körper Ihrer Kinder absorbieren, so dass sie sich morgens beim Aufwachen frischer fühlen. Zusätzlich gibt die Pflanze Sauerstoff ab, was Studien zufolge mit einem verbesserten Konzentrationsvermögen und Fokus in Verbindung gebracht wird.

Isopropylalkohol, Meerwasser oder Salzwasser. Stellen Sie eine Schale in die Mitte des Raumes, die Sie mit Isopropylalkohol[7], Meerwasser oder mit Wasser füllen, in das Sie Salz hineingeschüttet haben. Die Flüssigkeit absorbiert Negativität aus der Luft und reinigt außerdem die Chakras Ihrer Kinder.

Feng-Shui-Methode als Hilfsmittel bei Schlaflosigkeit

Ihre Kinder leiden vielleicht unnötigerweise unter Schlafstörungen, da die Aufteilung oder Lage – das »Feng Shui« – ihres Zimmers Ängste auslöst, sagt Terah Kathryn Collins, Autorin von drei Büchern über Feng Shui, darunter »The Western Guide to Feng Shui – Room by Room« (Hay House 1999). Feng Shui befasst sich mit der Frage, wie wir unser Umfeld so gestalten können, dass es sich förderlich auf unser Leben auswirkt. Zudem lehrt Feng Shui, wie wichtig die Platzierung von Artikeln in unserem eigenen Heim ist.
In einem Interview sagte Collins:

Bevor Eltern ihre Kinder auf Ritalin setzen, sollten Sie zunächst einmal ihre Bettwäsche auswechseln. Kinderbettwäsche, Tagesdecken und Dekorationen im Raum sind im Allgemeinen viel zu stimulierend. Sie weisen die

7) Angesichts der hiermit verbundenen Entstehung giftiger Dämpfe und des sonstigen hochgradigen Gefahrenpotenzials im Kinderzimmer (u. a. Brandgefahr und Vergiftungsgefahr bis zum Koma) ein Tipp, von dem dringendst abzuraten ist und der sich nur aus dem in den USA verbreiteten sehr sorglosen Umgang mit »rubbing alcohol« (der allerdings nur ungefähr 70% Isopropylalkohol enthält, und von diesem ist hier im Original die Rede) im Haushalt erklärt, u. a. als »Luftfrischer« gegen Zigarettenqualm. Allerdings ist dieser auch in hierzulande handelsüblichen Glasreinigern etc. enthalten. Infos zum Gefährdungspotenzial unter: www.hedinger.de/bilder/11/Isopropanol.pdf+Isopropylalkohol&hl=de (Anm. d. Übers.).

leuchtendsten Primärfarben auf: rot, gelb, blau. Die Poster, die die Wände vieler Kinderzimmer zieren, zeigen spannende Bilder von Superhelden, Fantasy-Gestalten oder von Autos, die im Raum umherfliegen, von der Decke herabfallen, umherfahren und an der Wand entlang flitzen.
Ich frage Eltern dann immer: »Würden Sie in diesem Raum schlafen?« Gewöhnlich würden Sie selbst nicht im Kinderzimmer schlafen wollen, da die Farbkomposition und Dekoration nicht dazu angetan sind, Entspannung zu bieten. Statt leuchtend bunter Primärfarben müssen wir unsere Kinderzimmer in Farben gestalten, die ich »Teddyfarben« nenne. Sie wirken auf die Kinder entspannend und helfen ihnen beim Einschlafen. Unter die Teddyfarben zähle ich eine große Bandbreite an Hauttönen, ein sattes Kakaobraun, Pfirsichfarben, gedämpftes Gelb und zarte Fliedertöne.
Auch Spiegel sollten vom Bett Ihres Kindes ferngehalten werden, da auch sie sehr anregend sind und die Neigung zeigen, das Kinderzimmer die ganze Nacht über »wach« zu halten. Außerdem können Spiegel Kinder ängstigen, da sie in ihnen Bilder sehen, die auf sie wie Gespenster oder Ungeheuer wirken, die sich dort zeigen.

Auch Plüschtiere dutzendweise, die ihre Kinder in ihrem Schlafzimmer anstarren, können zu viel des Guten sein. Sehr wahrscheinlich haben die Kinder jedem dieser Stoffgefährten einen Namen gegeben, also gibt es da Energien von Fragmenten ihrer Seele, die von den Spielsachen zu den Kindern zurückkommen, als wären die Tiere lebendig. Und zu guter Letzt sollten Sie noch darauf achten, dass die Bilder an den Wänden Ruhe ausstrahlen, also keine angsteinflössenden oder bedrohlichen Darstellungen etwa von Hexen oder bösen Geistern. Kinder sprechen sehr gut darauf an, Fotos ihrer Eltern, Großeltern und anderer Erwachsener, die lieb mit ihnen umgehen, in ihrem Zimmer zu haben, da dies den Kindern hilft, sich während der Nacht geborgen und beschützt zu fühlen.

Wichtig ist, Ihren Kindern Impulse zu geben, in ihrem Schlafraum Ruhe und Frieden in den Vordergrund zu stellen. Wenn Sie in der Lage sind, in Ihrem Haus eine Extraecke für den Computer Ihrer Kinder und zum Hausaufgabenmachen einzurichten, um so besser. Am besten fährt man damit, das Schlafzimmer der Kinder als heiligen Ort zu gestalten, an dem sie sich nur entspannen, ausruhen und schlafen.

Indigo-Kinder und die unsichtbaren Sphären

Sensible Indigo-Kinder werden nicht nur von den physischen Eigenschaften ihres Zimmers beeinflusst, sondern auch von den unsichtbaren Elementen in ihrem Zimmer, die man nicht anfassen kann. Musik, Beleuchtung und Düfte können sich erheblich auf das Schlafmuster, die Stimmung und den Energiepegel Ihrer Kinder auswirken.

Musik. Schon seit der Zeit des Pythagoras in der griechischen Antike haben Menschen Musik als Mittel der Heilung verwendet. Vielleicht haben Sie Sorge, dass die Musik, die den Geschmack Ihrer Kinder trifft, Depressionsneigungen, Feindseligkeit oder Ängste verstärken könnte. In solchen Fällen habe ich Eltern immer ermutigt, sich mit den Kindern zusammenzusetzen und im Grunde einfach zu fragen: »Darf ich das auch mal hören? Mit dir zusammen?« Und fragen Sie dann, wenn das Stück vorbei ist, vorsichtig: »Was bedeutet dir dieses Stück? Ich habe den Text nicht verstanden – worum geht es dabei?«
Ich konnte feststellen, dass ich einen Kontakt mit meinen beiden Indigo-Söhnen und meinen zwei Indigo-Stieftöchtern herstellen kann, indem ich mich über die neuesten musikalischen Hits auf dem Laufenden halte. Ich sehe mir immer Videoclips auf einem Fernsehsender an, der aktuelle Musik präsentiert[8] und höre mir die neuesten Hits auf populären Radiosendern an. Und wissen Sie was? Ein Großteil von dem, was ich höre und sehe, gefällt mir sogar wirklich! Ich tausche mit meinen Söhnen und Stieftöchtern CDs, und wir singen auch zusammen.

Aber bestimmte Songs tragen auch eine negative Energie in sich. Sobald meine Kinder anfingen, exzessiv düstere Musik zu hören, achtete ich genau auf ihr Verhalten und ihre Kleidung. Wenn sie anfingen, nur noch Schwarz zu tragen oder wenn meine Stieftöchter mit einem Mal schwarzen Lippenstift auflegten oder von der Körpersprache her in sich zusammen sackten, den Blick auf den Boden geheftet, suchte ich das Gespräch mit ihnen. All das sind Anzeichen für Depressionen.

Depressionen stellen unter Kindern eine ernsthafte Epidemie dar. Mehr als zweieinhalb Millionen Kinder nehmen derzeit Antidepressiva

8) In Deutschland etwa »VIVA« oder »MTV« (Anm. d. Übers.).

ein. Eine unbehandelte und nicht rechtzeitig erkannte Depression führt häufig zum Suizid, einer der Haupttodesursachen unter Jugendlichen. Dazu kommt, wie Wissenschaftler sagen, dass sich Depressionen in Unaufmerksamkeit und Impulsivität niederschlagen können, Symptomen von ADHS.

Sollten Sie sich Sorgen machen, dass Ihre Kinder möglicherweise unter Depressionen leiden, so würde ich an Ihrer Stelle mit Gebeten beginnen. Gebeten wie:

»Lieber Gott, ich mache mir Sorgen, dass meine Kinder womöglich unter Depressionen leiden. Bitte hilf mir dabei, meine Angst zu verlieren, damit ich deutlich Deine Anweisung hören kann, wie ihnen am besten zu helfen ist. Bitte, Gott, Heiliger Geist, Jesus, Erzengel Michael, Raphael und Uriel, greift ein, schaut euch das Herz meiner Kinder an.. Helft ihnen, alles Düstere loszuwerden, das sie ihrer Freude und Vitalität beraubt. Bitte helft meinen Kindern, Freude und Frieden zu empfinden. Danke und Amen.«

Sollten Sie spüren, dass Ihre Kinder ernsthaft gefährdet sind, sich umzubringen, oder sollten sie Bemerkungen über das Sterben machen, ist es an der Zeit, professionelle Hilfe hinzuzuziehen. Selbst zugelassene Psycholog(inn)en holen sich Hilfe von außen, wenn ihre eigenen Kinder suizidale Neigungen zeigen, da wir oft nicht in der Lage sind, Freunden oder Verwandten mit einer klinischen Depression wirksam zu helfen.
Fehlen jedoch eine suizidale Gedankenwelt und düstere Musik, so konnte man nachweisen, dass Musik im Allgemeinen hilfreich bei der Meditation ist. Wenn wir Stress in unserem Leben erfahren, so die Beobachtung von Wissenschaftlern, verlangsamt Musik unsere Pulsfrequenz und mindert Angstverhalten. Weitere Studien zeigen zudem, dass Musik uns hilft, uns unseren übersinnlichen Fähigkeiten zu öffnen. Außerdem konnte man nachweisen, dass Musik dazu beiträgt, bei körperlichem Training das subjektive Gefühl einer Überanstrengung zu reduzieren.
In einer am Schneider Children's Hospital in New York durchgeführten Studie verbesserte Musik ferner die Rechenkünste von Kindern mit der Diagnose »ADHS«. Die Wissenschaftler schlossen daraus, dass

Musik möglicherweise die zusätzliche Stimulation bieten könnte, die Kinder energetisiert und zu größeren Leistungen beflügelt. Wenn Ihre Indigo-Kinder also beim Hausaufgabenmachen auf schneller Musik bestehen, erkennen sie vielleicht intuitiv, dass sie den Energieschub brauchen, für den Musik sorgt.

Eine weitere musikalische Option, an der Sie und Ihre Indigo-Kinder große Freude haben könnten, sind »Trommelkreise«. Im Grunde bedeutet »Trommelkreis«, dass alle im Kreis zusammensitzen und eine Trommel schlagen beziehungsweise ein Rhythmusinstrument betätigen. Alle Mitglieder der Gruppe folgen dabei ihrem eigenen Rhythmus, irgendwann jedoch ergibt sich eine Synchronisierung aller Rhythmen. Eine neuere Studie hat ergeben, dass Trommelkreise die Reaktionsfähigkeit des Immunsystems verbessern und in Stresssituationen für eine robustere Gesundheit sorgen.

Doch abgesehen davon machen sie einfach Spaß! Mein Mann, Steven, kam im Rahmen seiner Beschäftigung mit dem Schamanismus und den spirituellen Praktiken von Ureinwohnern erstmals mit Trommelkreisen in Berührung und machte mich mit ihnen bekannt. Beim ersten Versuch war ich noch etwas schüchtern (spielte ich auch gut genug?), doch nach ein paar Minuten hatte ich meine Hemmungen verloren und vergnügte mich köstlich. Wir haben mit unseren Kindern und im Freundeskreis schon oft Trommelkreise durchgeführt, und immer wieder betonen die Beteiligten, wie sehr sie das Gefühl der Einheit genießen, das sich dabei einstellt.

Sie und Ihre Indigo-Kinder können zusammen trommeln, sei es mit einer Gruppe oder als Mini-Band zu zweit oder dritt. Dabei kann alles Mögliche als Rhythmusinstrument oder Trommel herhalten: eine Blechdose, eine Flasche mit Vitamintabletten, die man schütteln kann, oder eine Backform. In vielen Musikläden erhalten Sie zudem Trommeln aus diversen Kulturkreisen. Auch selbst welche herzustellen, kann Spaß machen.

Lichtquellen. Zudem beeinflusst die Beleuchtung im Kinderzimmer die Gemütslage Ihrer Kinder und ihren Energiepegel. Wenn Ihre Kinder in ihrem Zimmer auch ihre Schulaufgaben machen, brauchen sie eine entsprechende Lampe in Schreibtischnähe. Für eine ausreichende Beleuchtung dürfte schon eine höhenverstellbare Lampe mit drei variabel wählbaren Helligkeitsstufen genügen.

Es ist grundlegend wichtig, dass Ihre Kinder hinreichend vor eindringendem Licht aus dem restlichen Haushalt und von der Straßenbeleuchtung abgeschirmt werden, wenn sie zu schlafen versuchen. Die Engel haben mich gelehrt, dass selbst eine gedämpfte Lichtquelle im Schlafzimmer in gewissem Umfang den Tiefschlaf stören kann. Sollten Ihre Kinder auf nächtliche Beleuchtung bestehen, wählen Sie diese so schwach wie möglich und sorgen Sie dafür, dass sie sich beim Schlafen nicht in Sichtweite ihres Kopfendes befindet. Schließen Sie die Kinderzimmertür, um Licht und Geräusche aus dem restlichen Haushalt auszusperren. Achten Sie darauf, dass die Kinderzimmervorhänge oder Rouleaus Licht und Lärm von der Straße hinreichend ausfiltern.
Vergessen Sie nie, wie sensibel Ihre Indigo-Kinder im Hinblick auf ihr Umfeld sind, und das Licht gehört mit dazu. Es ist sogar so, dass die Beleuchtung sich auf das Konzentrationsvermögen und den Fokus Ihrer Kinder auswirken kann. Daniel P. Reid, Autor von *Das chinesische Gesundheitsbuch*, glaubt, dass Leuchtstoffröhren und fehlendes Sonnenlicht (von ihm als »chronische Ultraviolettdeprivation« bezeichnet) teilweise für Hyperaktivität verantwortlich sind.[9]

Reid schreibt:
Tauschte man in typischen Klassenräumen, in denen schwere Verhaltensabweichungen beobachtet worden waren, gewöhnliche Neonröhren gegen Vollspektrumbeleuchtung aus, so legten sich Gewaltbereitschaft und übermäßige Spannungen innerhalb weniger Wochen nach diesem Wechsel, und ehemalige »Problemkinder« mutierten zu vorbildlichen Schülerinnen und Schülern. Dieses positive Ergebnis ließ sich in jedem Klassenzimmer beobachten, in dem das Experiment durchgeführt wurde.

Reid sagt, dass wir unsere tägliche Dosis Sonnenlicht benötigen, und zwar nicht durch Fensterscheibe oder Sonnenbrille gefiltert. Auf diese Weise werden wir dem vollen Lichtspektrum ausgesetzt. Das Sonnenlicht regt die Funktion der Zirbeldrüse und Hirnanhangdrüse an. Da das Dritte Auge des Indigo-Kindes offener ist als bei den meisten, brauchen

9) Eine informative deutsche Website hierzu findet sich u. a. unter: www.light-office.com/de. Über diese Firma lassen sich zudem auch Vollspektrumleuchtmittel beziehen (Anm. d. Übers.).

Indigo-Kinder mehr Lichtbestrahlung mit dem vollen Spektrum als die meisten Menschen. Zu den Faktoren, die durch Entzug einer Beleuchtung entstehen, die das volle Spektrum umfasst, gehört die saisonale affektive Störung, eine Form von Depression.
In die gleiche Richtung argumentiert Jeffrey Freed, M.A.T., Autor, von *Zappelphilipp und Störenfrieda lernen anders*, wenn er sagt, dass viele ADS-Kinder extrem sensibel auf Beleuchtung reagieren. Er schreibt: »Mir ist aufgefallen, dass viele dieser Schülerinnen und Schüler aufgrund der grell-kalten Beleuchtung, die sie fast in den Augen schmerzt, Probleme haben, sich in der Schule zu konzentrieren.« Freed sagt, die grelle Beleuchtung im Klassenzimmer erzeuge Reflektionen auf dem Lesematerial der Kinder, was zusätzliche Ablenkungen herbeiführe, die ihnen die Konzentration erschwerten. Infolgedessen schreibt Freed: »Das Kind berichtet davon, wie sich die Worte vor seinen Augen verwirren, und die hieraus resultierende Frustration bewirkt, dass es schlecht liest.«
Daniel Reid stimmt mit Freed überein. Darüber hinaus behauptet er, dass Fernsehgeflimmer Kinder gereizt werden lässt und Hyperaktivität fördert, was auch zu Schlafstörungen führen könnte. Reid beruft sich auf eine Untersuchung, bei der man Ratten neben einem Farbfernseher platzierte (für sechs Stunden am Tag), dessen Bildschirm mit schwarzem Tonkarton abgedeckt war, so dass nur die unsichtbaren Strahlen hindurch drangen. Die Ratten wurden überaktiv und extrem aggressiv – Symptome, die mindestens sieben Tage lang anhielten. Reid behauptet, dass »der schädigende Einfluss der vom Fernseher ausgehenden Strahlen nicht durch das sichtbare Spektrum hervorgerufen wird, sondern durch die unsichtbare Strahlung.«

Düfte. Wahrscheinlich haben Sie schon einmal von »Aromatherapie« gehört, einem alternativen Heilverfahren, bei dem ätherische Öle und Blütenessenzen als Mittel zur Stimmungsaufhellung, Förderung der Gesundheit und Erhöhung des Energielevels verwendet werden. Nun, die Wissenschaft untermauert die enorme Wirkung von Düften und Aromatherapie. So zum Beispiel zeigen neue Studien, dass Lavendelduft eine messbare beruhigende und entspannende Wirkung hat.
Kaufen oder nähen Sie, damit Ihre Kinder sich besser entspannen und schlafen können, für sie ein »Schlafkissen«. Gewöhnlich bestehen diese Kissen aus Seide und sind mit Leinsamen gefüllt und mit Laven-

delöl beduftet. Sie können sie als »Augenkissen« (kleine, längliche Kissen) oder »Traumkissen« in Bioläden, Yogastudios und esoterischen Begegnungsstätten erwerben.
Sie können jedoch auch Lavendelöl (in jedem Naturkostladen oder Reformhaus erhältlich) auf die Kissen- und Bettbezüge Ihrer Kinder träufeln – das Ergebnis ist ähnlich. Auch das Öl der Baldrianwurzel, wenn Sie welches auftreiben können, hat sich als wirksames Schlafmittel erwiesen.
Meine Indigo-Kinder riechen auch gerne den Duft von »Nag Champa«-Räucherstäbchen, deren Rezeptur, wie es heißt, für den spirituellen Avatar (Meister) Sai Baba zusammengestellt wurde. Sie duften herrlich und haben entspannende Eigenschaften.
Indigo-Kinder reagieren überaus sensibel auf Gerüche. Wenn Ihre Indigo-Kinder sich beschweren, dass sie den einen oder anderen Geruch nicht mögen, können Sie ihnen das getrost glauben! Sie nehmen Duftnoten wahrscheinlich aufmerksamer wahr als wir Erwachsene, und es bringt nichts, mit den Kindern herumzudebattieren oder zu denken, sie seien bloß hysterisch. Helfen Sie Ihren Kindern vielmehr, ihr Zimmer oder das sonstige Umfeld, in dem sie sich bewegen, mit angenehmen Düften herzurichten, und zwar immer basierend auf natürlichen Duftstoffen (künstliche Düfte verschlimmern tendenziell die ADHS-Symptome).
Nehmen Sie Ihre Indigo-Kinder im Naturwarenladen oder esoterischen Buchladen mit zum Regal mit den Aromaölen und erlauben Sie ihnen, sich ihre Lieblingsdüfte zu kaufen. Sie werden sehen: Es ist ein Erlebnis, das mit dazu beiträgt, ein engeres Band zwischen Ihnen und Ihren Kindern zu knüpfen, und zudem werden sie Ihnen dankbar sein dafür, weil sie anerkennen, wie sensibel sie tatsächlich sind.

Berührungsreize. Die hohe Sensibilität Ihrer Indigo-Kinder bewirkt, dass sie sehr deutlich wahrnehmen, wie angenehm (oder unangenehm) sich Möbel, Bettwäsche und Kleidungsstücke für sie anfühlen. Es mag Sie frustrieren, dass Ihre Indigos jedes zweite Kleidungsstück nicht tragen wollen, weil sie darüber jammern, dass es kratze oder sie einenge, aber das sind in der materiellen Welt, in der sie leben, sehr reale Probleme. Die meisten Indigo-Kinder mögen keine Kunstfasern, da sie tendenziell eine Abneigung gegen alles Unnatürliche haben. Sie sind besser damit bedient, reine Baumwolle zu tragen, am besten orga-

nische, die nicht die Duftstoffe, Pestizide und sonstigen Chemikalien aufweist, gegen die Indigo-Kinder oft allergisch sind.
Wie schon zuvor erwähnt, stellte die Feng-Shui-Expertin Terah Kathryn Collins fest, dass Kinderbettwäsche meistens viel zu bunt ist und dass diese Farbtöne so stark stimulieren, dass sie die Kinder regelrecht wach halten! Ich weiß noch, wie ich als Kind Bettwäsche mit Gestalten aus dem Kinofilm *Der Zauberer von Os* hatte. Ich brachte meinen Körper immer in die verdrehtesten Stellungen, um die böse Hexe nicht zu berühren, deren Konterfei sich überall auf dem Bettbezug und Kopfkissenbezug fand.
Außerdem ist mir aufgefallen, dass Kinderbettwäsche oft aus strapazierfähigem, grobem Stoff hergestellt ist. Warum nicht in angenehme Bettwäsche investieren, statt zusätzliches Geld dafür auszugeben, das Kinderzimmer Ihrer Indigos mit Postern zum neuesten Zeichentrickfilm oder sonstigen Kinohit zu dekorieren? Ein feingewebtes Baumwolllaken könnte das beste Geschenk sein, das Sie Ihren Kindern je machen.
Achten Sie ferner auch darauf, dass das Bett Ihrer Indigo-Kinder lang genug ist, um ihrem schnell wachsenden Körper gerecht zu werden. Testen Sie die Kissen: Sind sie bequem? Was ist mit den Decken? Und vor allem: Fragen Sie Ihre Kinder, inwieweit ihr Bett für sie bequem ist. Haken Sie getrost nach, wenn es um Details geht. Als ich das mit meinem Sohn Grant besprach, stellte sich heraus, dass er lieber auf einer Kuscheldecke aus Velours schlief als auf Laken. Ich ging mit ihm zum Einkaufen, und der Anfasstest von Decken, bis wir eine fanden, die für ihn genau die richtige Weichheit hatte, war ein wichtiges, Verbindung stiftendes Ereignis für uns. Die Qualität seines Schlafs verbesserte sich daraufhin dramatisch.

Elektromagnetische Frequenzen (EMFs). Indigo-Kinder sind, wie von mir in diesem Buch bereits betont, emotional wie auch körperlich außerordentlich empfindlich. Es mag ihnen nicht klar sein, warum sie hyperaktiv sind, unbewusst jedoch nehmen sie die Stimulanzien und Störfaktoren in ihrer Umgebung wahr, die sie irritieren. Außerdem kommt es zu einer Wechselwirkung zwischen ihnen und batteriebetriebenen oder stromgespeisten Artikeln. (Viele Indigo-Kinder machen die Erfahrung, dass Uhren aufhören zu funktionieren, wenn sie sie tragen oder dass in ihrer Gegenwart Elektrogeräte nicht mehr funktionieren und ihren Geist aufgeben.)

Eine Störquelle, die man im Kinderzimmer von Indigos antreffen kann, rührt von elektromagnetischen Frequenzen her, die oft EMFs genannt werden. In einigen Studien wurde eine Korrelation von EMFs mit ernsthaften gesundheitlichen Problemen festgestellt. Ihre Indigo-Kinder erleben vielleicht eine »Erregung« ihres zentralen Nervensystems durch elektrisch betriebene Geräte in der Nähe ihres Bettes.
Es ist grundlegend wichtig, dass alles, was über Netzstrom oder Batterien betrieben wird, weit entfernt vom Bett des Kindes steht. Vergewissern Sie sich also, dass Fernseher, Elektrowecker, Telefon oder Anrufbeantworter sowie Computer einen Abstand von mindestens anderthalb Meter vom Bett aufweisen. Stellen Sie keine Elektrogeräte (Wecker, Telefon und so weiter) auf den Nachttisch Ihres Kindes.

Gute Nacht. Indem Sie Ihren Kindern Methoden zur spirituellen Reinigung und zu ihrem eigenen Schutz beibringen, machen Sie ihnen ein herrliches Geschenk. Zum Ersten bestätigen Sie ihnen noch einmal, dass Sie sie wirklich verstehen. Zweitens zeigen Sie ihnen Ihre Liebe, und drittens führen Sie Ihre Kinder dazu hin, mit ihren Engeln zu arbeiten, was ihnen durch ihre Kindheit, Jugend und Erwachsenenzeit hindurch hilft.
Dawn, auch sie ein Indigo-Kind, erzählt, wie ihre innerlichen Visionen ihr halfen, sich geborgen und beschützt zu fühlen:

Ich habe viele Träume, die Vorahnungen von Dingen sind, die in den nachfolgenden Tagen geschehen werden. So zum Beispiel war es, als mein Freund mich einmal betrog, so, dass ich es rund einen Monat lang gar nicht wusste. In diesem Monat jedoch träumte ich wiederholt, dass mein Freund mich betrüge. Ich wusste nicht, woran das lag, da ich mich so glücklich fühlte mit ihm. Und dann fand ich die Wahrheit heraus und dachte bei mir: Oh, ich hätte darauf hören sollen.
Ich hatte noch weitere mystische Erlebnisse. So zum Beispiel habe ich meinen Urgroßvater nie kennen gelernt, aber alle in meiner Familie rühmten ihn immer wieder dafür, was für einen großzügigen und gütigen Charakter er gehabt habe. Als ich sieben Jahre alt war, saß ich einmal bei mir im Flur. Plötzlich sah ich wie im Nebel eine grüne Gestalt, und aus irgendeinem Grund machte sie mir überhaupt keine Angst. Ich sah ganz kurze Zeit sein Gesicht und wusste, dass das mein Urgroßvater wahr. Er gab mir damit zu verstehen, dass er da war und mir als Hüter zur Seite stehen würde. Jetzt

fühle ich mich definitiv sicher und geborgen. Ich weiß, ich bin jederzeit von Engeln umgeben. Nicht von einem, sondern von vielen. Ich spüre, dass ich auf dieser Welt sehr gut geschützt bin, da mir noch nie irgendetwas wirklich Schlimmes passiert ist. Ich habe mir noch nie etwas gebrochen; ich habe noch nie einen Autounfall gehabt. Toi, toi, toi, aber ich habe nicht das Gefühl, dass ich das muss.

Wenn Indigo-Kinder wissen, dass Gott, die Engel oder ihre Eltern auf sie aufpassen, kann in ihnen die Sicherheit entstehen, dass alles in Ordnung ist.

SIEBEN

Körperliches Training als natürlicher Weg zur Veränderung von Hirnchemie und Verhalten

Was, wenn die Wissenschaft eine Pille entdecken würde, die Depressionen und Ängste sofort mildern und jedem zudem helfen könnte, abzunehmen, länger zu leben und glücklicher zu sein? Und was, wenn diese Pille für alle frei verfügbar wäre, rezeptfrei und relativ kostengünstig? Sämtliche Zeitungen würden diese bemerkenswerte Entdeckung als neu errungenen Sieg feiern. Man würde lautstark nach der Pille verlangen!

Nun, ein solches Allheilmittel gibt es tatsächlich, und seine Wirksamkeit wurde von zahllosen wissenschaftlichen Studien belegt (viele davon werden im Literaturnachweis dieses Buches aufgeführt). Es heißt »Bewegung«. Untersuchungen zeigen, dass insbesondere aerobische Übungen – vor allem Laufen, Joggen, Treppensteigen, Schwimmen, Radfahren und forsches Gehen – die Produktion der Hirnchemikalie *Serotonin* und anderer Wohlfühl-Neurotransmitter steigert.

Von Seiten diverser ADS- und ADHS-Experten wird festgestellt: »Würden Kinder ein-, zweimal am Tag joggen, könnten wir jeden Bedarf an Ritalin-Verschreibungen buchstäblich ausschalten.« Doch da kein Pharmaunternehmen von Bewegung profitieren kann, wird körperliche Fitness als Stimulans nicht so vehement vorangetrieben.

Den »Centers for Disease Control und Prevention« zufolge verschafft sich fast die Hälfte der amerikanischen Jugendlichen zwischen zwölf und einundzwanzig Jahren nicht regelmäßig ausreichend Bewegung. Nur neunzehn Prozent aller High-School-Schüler(innen) ist an fünf Tagen die Woche für zwanzig oder mehr Minuten in irgendeiner Form von Sportunterricht aktiv. Etwa vierzehn Prozent der Jugendlichen berichten, dass sie sich in neuerer Zeit nicht körperlich betätigt hätten. Beim weiblichen Geschlecht ist die Untätigkeit weiter verbreitet (vierzehn Prozent) als beim männlichen (sieben Prozent), und sie findet sich bei Afro-Amerikanerinnen stärker (einundzwanzig Prozent) als bei den Weißen (zwölf Prozent). Das Engagement für körperliche Aktivitäten jeder Art nimmt mit zunehmendem Alter auffällig ab.

Die tägliche Teilnahme am Sportunterricht oder Sport-AGs bei High-School-Schüler(inne)n ist zwischen 1991 und 1995 von zweiundvierzig auf fünfundzwanzig Prozent gesunken. Und dennoch haben sich wohldurchdachte schulische Interventionsmaßnahmen in Richtung einer Förderung der aktiven Teilnahme am Sportunterricht nachweislich als wirksam erwiesen. Regelmäßige körperliche Betätigung war durchgängig positiv mit einer sozialen Unterstützung aus dem Familien- und Freundeskreis verknüpft.

Basierend auf meinen persönlichen und klinischen Erfahrungen empfehle ich meinen Klient(inn)en mit Essstörungen und Depressionen seit Jahren Bewegung. Schließlich werden viele Essstörungen von heftigen Emotionen sowie von Gelüsten nach bestimmten Nahrungsmitteln hervorgerufen, die von der Serotoninproduktion gesteuert werden. Da Bewegung bei beidem hilft, ist bei denen, die regelmäßig trainieren, eher eine Genesung von Essstörungen zu erwarten.

Ich gehe bis zu sieben Mal pro Woche Laufen, trainiere dreimal in der Woche mit Gewichten und praktiziere regelmäßig Hatha-Yoga. Bei meinen typischen Laufrunden fühle ich mich anfangs träge und bin nicht unbedingt »in Stimmung« dafür. In den ersten fünf bis zehn Minuten kommen mir meine Füße schwer vor und scheinen nicht recht darauf anzusprechen. Doch irgendwann während des Laufens atme ich tiefer, so dass meine Lungen die Luft voll aufnehmen können. Mein Körper lockert sich, und meine Schritte werden länger. Dann kommt der Punkt, an dem etwas Magisches eintritt und ich das Gefühl habe, mühelos durch die Luft zu gleiten.

Nach dem Laufen bin ich in Toplaune und dabei gelöst. Alles, was ich vor dem Laufen an Sorgen oder Bedenken gehabt haben mag, kommt mir nebensächlich vor. Ich habe das Gefühl, dass alles unter Kontrolle ist oder Gott überlassen bleibt. Dann frage ich mich oft, wie um alles in der Welt sich jemand gut fühlen kann, der nicht regelmäßig trainiert?

Motivation zu körperlichem Training

Ich bin realistisch. Ich weiß, dass die meisten ein körperliches Training langweilig, schmerzhaft und zeitaufwendig finden. Mir geht es oft ganz genauso! US-Zahlen zeigen, dass sich bei uns sechzig Prozent nicht genug bewegen. Andere Erhebungen zeigen, dass die Mehrheit von uns Gesundheit und eine attraktive Figur als wichtiges Ziel betrachten, und doch sind wir nicht bereit, auf dieses Ziel hinzuarbeiten.

Ich glaube, dass diese Gefühle von einem Prinzip des menschlichen Verhaltens herrühren, das psychologische Untersuchungen belegen konnten: Stellt man uns vor zwei Aufgaben – die eine wichtig, aber schwierig, die andere unwichtig, aber einfacher – so werden die meisten zuerst letztere Aufgabe ausführen. Danach ringen wir uns nie dazu durch, die Aufgabe mit der höheren Priorität durchzuführen, die vielleicht mehr Anstrengung verlangt. Also bleiben zahllose Bücher und Examensarbeiten ungeschrieben, Garagen unaufgeräumt und Kilometer »ungelaufen«, da es andere Dinge gab, die um unsere Zeit konkurrierten.
Ein Hauptgrund, warum wir die Erledigung wichtiger Aufgaben verschieben, ist die Tatsache, dass unser Ego (oder niederes Selbst) sich davor fürchtet, uns an unserem Daseinszweck arbeiten zu lassen. Jedes Mal, wenn wir an etwas arbeiten, das für uns oder andere ein besseres Leben bedeuten könnte, erhebt unser Ego Protest. Es verlegt sich auf »Verzögerungstaktiken« – Methoden der Zeitverschwendung, die dafür sorgen, dass wir uns nicht daran erinnern, wer wir sind und wozu wir auf die Erde kamen.
Das Dilemma für uns alle, und hier schließt sich der Kreis, ist, dass es für uns nahezu unmöglich wird, glücklich zu sein, wenn wir nicht an unserem Daseinszweck arbeiten. Wir fühlen uns leer und durchleben Schuldgefühle. Immer wenn wir Zeit verschwenden, nagt an uns innerlich die Erkenntnis, dass wir eigentlich etwas anderes tun sollten, das bedeutsamer und wichtiger ist.
Damit soll nicht gesagt werden, sich im Freundes- oder Familienkreis zu entspannen, sei Zeitverschwendung. Vielmehr ist sogar unser gesamtes Tun, das sich auf Liebe gründet, mit ein Teil unseres Daseinszwecks. Das Ego zieht uns zu auf Angst basierenden Handlungen wie Süchten und Obsessionen hin. Diese mindern unsere Energie und unser Selbstwertgefühl.

Warum körperliche Bewegung für Indigo-Kinder unverzichtbar ist

Indigo-Kinder merken es sofort, wenn sie sich körperlich oder emotional unwohl fühlen. Sie wissen ganz genau, wann sie »daneben« sind. Sie versuchen es mit Essen, Trinken, Rauchen, Shopping, Romanzen, Internet-Surfen, Videospielen und zwanghaftem Fernsehkonsum. Diese Aktivitäten verbessern anfänglich ihre Stimmung und verändern ihre Hirnchemie. Doch folgt auf diese Hochs immer unweigerlich das

niederschmetternde Tief. Also suchen die Indigos nach anderen Wegen, Zufriedenheit zu finden.
Aerobisches Training ohne Wettkampfcharakter ist eine der wenigen Variabeln, durch die Indigo-Kinder wirklich auf natürliche Weise ihre Stimmung steuern können. Ernährungsweise und Schlaf spielen eine zentrale Rolle bei der Minderung von ADS- und ADHS-Symptomen, doch dem körperlichen Training kommt eine Schlüsselrolle zu, da Kinder dann, wenn man sie zwingt, bestimmte Nahrungsmittel nicht mehr zu sich zu nehmen, obwohl sie weiterhin Gelüste nach ihnen haben, einen Weg finden werden, an sie heranzukommen und sie sich doch noch einzuverleiben. Wie Drogenabhängige, die versuchen, sich selbst den Stoff zu verschaffen, den sie brauchen, werden clevere Indigo-Kinder, die es nach Zucker verlangt... sich Zucker verschaffen. Wenn Ihre Kinder ihr Leben lang Junk Food zu sich genommen haben, ist es unrealistisch zu denken, dass Sie hier einschreiten und ihr Essmuster mit einem Schlag ändern könnten.
Und doch haben Sie eine realistische Chance, durch eine Mischung aus spiritueller Heilung (mit Hilfe von Engeltherapie und Gebeten) und dadurch, dass Sie Ihren Kindern helfen, das richtige Trainingsprogramm zu finden, diesen bei der Überwindung Ihrer Sucht nach Hamburger und Co. zu helfen. Personen, die regelmäßiges Training praktizieren, entwickeln ein Verlangen nach gesünderer Nahrung und verminderte Gelüste auf Ungesundes. Infolgedessen werden Ihre Kinder nicht mehr gegen ihren Appetit ankämpfen müssen, und Sie müssen keine Machtkämpfe mehr austragen, wenn es darum geht, was sie essen.
Studien zeigen ferner, dass körperliches Training die Schlafqualität verbessert und Schlaflosigkeit reduziert. Einzige Ausnahme: Training innerhalb von drei Stunden vor dem Zubettgehen. In diesem Fall kommt es zu einem zu starken Anstieg von Pulsfrequenz und Körpertemperatur, um problemlos einschlafen zu können.

Wie Sport Spaß macht

Aller Wahrscheinlichkeit nach werden Ihre Kinder Sport mit ihrem Turnunterricht an der Schule in Verbindung bringen. Da Indigo-Kinder tendenziell schüchtern, sensibel oder sogar unter einer Kontaktphobie leiden, ist der Turnunterricht für sie oft ein fürchterliches Erlebnis. Sportlehrer zwingen sie zum Rennen, und andere Kinder

hänseln oder tyrannisieren sie. Kein Wunder, dass sie Sport mit emotionalen Schmerzerlebnissen in Verbindung bringen.
Um Ihren Kindern zu helfen, diese Gefühle zu überwinden, wählen Sie eine Sportart, die Spaß macht, etwa ein Tandem zu mieten, ein Ruderboot mieten oder mit der Familie wandern gehen. Sie können Ihrem Kind ja vorschlagen, beim Training Musik zu hören. Wenigstens zwei größere Studien ergaben, dass dies das Gefühl reduziert, dass diese Aktivität eine Belastung sei und dass die Zeit dabei scheinbar schneller vergeht.
Normalerweise gehe ich im Freien Laufen, was eine großartige Idee für Indigos ist, da Studien zeigen, dass Sonne und frische Luft die Produktion der Wohlfühlchemikalien im Gehirn stimulieren, insbesondere die von Serotonin. Da ein Training des Herz-Kreislauf-Systems bereits für sich genommen die Serotoninausschüttung fördert, ist ein Training im Freien so, als erhielte man gleich die doppelte Dosis. Bei unfreundlichem Wetter allerdings benutze ich zu Hause das Laufband. Hierbei schaue ich mir zur Unterhaltung und als Ansporn gerne Musikvideos an.
Hier einige zusätzliche Möglichkeiten, Ihre Kinder zu einem Trainingsprogramm zu motivieren:

Besorgen Sie Ihren Kindern ein Abonnement für ein inspirierendes Monatsmagazin über Sport beziehungsweise Fitness, etwa *Runner's World*, *Shape*, *Fitness*, *Men's Fitness* oder *Yoga Journal*.[10]

Investieren Sie in ein gutes Paar Schuhe für die von Ihren Kindern gewählte Trainingsart sowie in kräftige Laufsocken.

Halten Sie Ausschau nach Sportgeschäften, die Artikel wie Fahrräder und Laufbänder zu Schnäppchenpreisen bieten.
Besuchen Sie mit Ihren Kindern Leichtathletikwettkämpfe, Basketballspiele oder ein Tennismatch (oder sehen Sie sich miteinander

10) Es existiert auch eine Vielzahl deutschsprachiger Zeitschriften zu Sport & Fitness, abzufragen etwa über www.web.de oder eine andere Suchmaschine. Auch kostenlose Online-Zeitschriften zum Thema sind en masse erhältlich (Anm. d. Übers.).

Sportereignisse im Fernsehen an), um ihr Interesse an Sport anzuregen.

Bieten Sie Ihren Kindern einen Anreiz für sportliche Betätigung, etwa ein kleines Extra zur Aufbesserung ihres Taschengelds oder eine neue CD aus dem Musikladen. Wichtig sind auch Komplimente zu ihren Bemühungen.

Ihr Indigo-Kind ist im Teenageralter oder älter? Investieren Sie in eine Familien-Mitgliedskarte für einen Fitness- oder Wellnessclub. Auf diese Weise verbringen Sie mehr Zeit zusammen und haben außerdem die Chance, beim Workout ganz in ihrer Nähe zu sein.

Das wahrscheinlich wertvollste Geschenk, das Sie Ihren Kindern machen können, besteht jedoch darin, selbst Sport zu treiben. Ob Sie es wissen oder nicht, Ihre Kinder beobachten alles, was Sie tun und reagieren darauf. Mitunter tun Ihre Kinder das genaue Gegenteil (Abgrenzung), dann wieder ahmen sie Sie nach. Meine Eltern haben schon immer eifrig Sport getrieben, und das war für mich mit Sicherheit eine Inspiration, gesund zu leben. Finden Sie heraus, zu welcher Tageszeit Ihr Energielevel am höchsten ist, und trainieren Sie dann zu dieser Zeit.

Asiatische Formen körperlicher Bewegung

Hatha Yoga, Tai Chi und andere östliche Bewegungsformen können für Indigo-Kinder besonders hilfreich sein, wenn es darum geht, Fokus und Konzentration zu erlangen. Außerdem lernen Indigos hierdurch, immer wieder zu ihrer Mitte zu finden, so dass sie ein Mittel zur Selbstregulierung haben, wenn sie durch etwas aus der Fassung gebracht werden. Durch den Einsatz von Atem und achtsamer Bewegung lernen Indigo-Kinder, ihre Gedanken und ihren Körper zu meistern.

Viele Yogacenter bieten Kurse für Kinder, Jugendliche und junge Erwachsene an. Ich konnte feststellen, dass Yoga bei der Meditation unterstützt und uns hilft, negative Denkmuster abzulegen. Besonders hilfreich ist Yoga für Menschen, die darüber klagen, Schwierigkeiten mit dem Meditieren zu haben, weil ihr Geist zu aktiv oder lärmig ist oder weil sie während der Meditation einschlafen. Als meine Söhne noch klein waren, meldete ich sie für einen Tai-Chi-Kurs an. Nicht genug damit, dass es ihnen großen Spaß machte – sofort kletterten auch ihre Noten höher!

Sie haben Bedenken, ob Ihre Kinder wohl die Motivation und Geduld aufbringen werden, mit einem Trainingsprogramm anzufangen oder es durchzuhalten? Dann wäre es eine gute Idee, den Himmel um Hilfe zu bitten. Hier ein mögliches Gebet:

»Lieber Gott, liebe Schutzengel meiner Kinder, bitte helft meinen Kindern, ein Körpertraining zu finden, das ihnen Spaß macht und mit dem sie etwas anfangen können. Bitte führe sie zu perfekter Klarheit darüber, welche Art von Training am besten zu ihrer Persönlichkeit und unserem Lebensstil passen würde. Helft mir, meine Kinder im Hinblick auf die sportliche Betätigung zu motivieren, aber nicht zu kontrollieren; sie zu inspirieren, ohne mich einzumischen.
Ganz herzlichen Dank und Amen.«

ACHT

Natürliche Kinder in einer unnatürlichen Welt

Alle paar Jahre kommt ein Film über einen neuen »Kaspar Hauser« oder »Mogli« in die Kinos – über jemanden, der in der Wildnis aufgewachsen ist oder den es für länger dorthin verschlagen hatte, und der sich dann in die moderne Gesellschaft einzugliedern versucht. So zum Beispiel spielte Tom Hanks in dem Film *Cast Away – Verschollen* einen Mann, dem es Schwierigkeiten macht, wieder seinen Platz in der Welt zu finden, nachdem er für Jahre auf einer einsamen Insel gestrandet war. Ein ähnliches Motiv finden wir in Filmen, in denen jemand durch eine Zeitreise ins Heute befördert wird.
Diese Filme zeigen gewöhnlich, wie ungeschickt ein Mensch, der bislang ein sehr einfaches Dasein geführt hat, sich anstellt, wenn er mit unserer komplexen, technologisch orientierten Gesellschaft zurechtkommen muss. Indigo-Kinder stehen in gewisser Hinsicht vor ähnlichen Herausforderungen. Ja, sie haben sich an die Computertechnologie angepasst, aber im Großen und Ganzen haben sie mit weltlichen Dingen »nicht viel am Hut«.

Verbindung mit der Natur

Unsere Seele dürstet danach, eine Verbindung mit der Welt da draußen, im Freien, in der Weite erfahren zu können. So oft bringen wir unsere Tage in geschlossenen Räumen zu, in Gebäuden mit Neonlicht und laufender Klimaanlage. Es können Tage vergehen, ohne dass wir Gras oder einen Baum berühren. Studien zeigen, dass der menschliche Körper Sonnenlicht und frische Luft braucht. Nicht genug damit, dass eine optimale Gesundheit von uns regelmäßige Aufenthalte im Freien verlangt. Es wirkt sich ebenso darauf aus, wie gut wir uns konzentrieren, wie aufmerksam wir sind und wie wir schlafen, was Dutzende von Studien belegen konnten.

Da körperliche Bewegung für das Wohlergehen von Indigo-Kindern grundlegend ist, ist es am besten dies durch Trainieren im Freien zu kombinieren. Auf einem Laufband zu trainieren, ist etwas ganz anders, als draußen in der Natur zu laufen. Zum einen kommen bei einem

Training im Freien mehr unterschiedliche Muskeln zum Einsatz. Zum anderen wird, da Sonnenlicht, frische Luft und Bewegung allesamt die Serotoninausschüttung anregen, bei einer Betätigung im Freien die Produktion dieses »Wohlfühlhormons« am stärksten angekurbelt.
Vor allem Indigo-Kinder, zu deren Lebensaufgabe es gehört, der Umwelt zu helfen, brauchen die Verbindung zu Mutter Natur. Sie brauchen vielleicht Zeiten des Alleinseins, in denen sie Spaziergänge durch die Natur unternehmen und nachdenken können. Sollten Sie in Ihrem Wohnumfeld Wege haben, die das ermöglichen, ermutigen Sie Ihre Indigo-Kinder getrost, das zu tun! Dort ist die wahre Kirche, der wahre Tempel, das wahre Klassenzimmer, in dem Ihre Indigo-Kinder lernen und beten. Sollten Sie in einer Stadt ohne ein Fleckchen Natur im Umfeld wohnen, könnten Sie Ihre Indigos ja vielleicht regelmäßig zu Verwandten mit einem Bauernhof zu Besuch schicken, oder Sie melden sie für ein Zeltlager an.
Gabrielle Zale, die sich mit Jugendkunst, Musik und Psychodrama beschäftigt, erinnert sich, welchen Einfluss es auf einige ihrer Schülerinnen und Schüler hatte, in der Natur zu sein:

Die Mädchen in meinem Zentrum malten als Gruppenprojekt ein wunderschönes Bild. Das Thema der einzelnen Gruppenbilder war immer das gleiche: »Frieden«. Eine Gruppe schuf ein Bild mit einer Winterlandschaft, bei der sie die friedvollen Farben Blau und Lavendel verwendeten. Es gab viel Schnee, einen munter dahinplätschernden kleinen Bach und einen farbenfrohen Baum. Jedes Mädchen leistete seinen Beitrag zu dem Gesamtgemälde. Das Bild wurde im Empfangsbereich aufgehängt.
Eines Tages fragte ich die Mädchen: »Sagt mal, wenn ihr in diesem Gebäude hier einen Platz einrichten könntet, der ganz für euch allein wäre, wie würdet ihr ihn dann haben wollen?« Hier die Worte, die sie daraufhin gebrauchten: »Etwas mit einer friedvollen Atmosphäre«, »Einen Ort zum Ausspannen«, »Einen neutralen Ort« und »Etwas, wo man Ruhe hat zum Zeichnen oder Malen.« Daraufhin unternahmen wir eine Wanderung in die Berge und sammelten dort Kiefernzapfen, Holzstücke und Steine. Ich konnte feststellen, dass diese Kinder sehr naturverbunden waren und aufblühten, wenn sie in Berührung mit der Energie von Mutter Erde waren.

Ultrasensible Indigo-Kinder
Vielleicht frustriert es sie, dass Sie oft den Eindruck haben, mit Ihren

Indigo-Kindern könne man unmöglich zusammenleben. Scheinbar bringt sie aber auch wirklich alles aus der Fassung.
Aber betrachten Sie es einmal aus der Perspektive der Indigos: sie spüren Dinge so intensiv, dass es sie mitunter schmerzt. Sie werden von den Gefühlsregungen überschwemmt, mit denen andere sie anstecken, von daher vermeiden sie vielleicht intime Situationen, die ein Gespräche unter vier Augen begünstigen würden. So zum Beispiel kann es passieren, dass sie sich verschließen wie eine Auster, sobald sie im Sprechzimmer des Psychologen oder der Psychologin sind, da sie intuitiv wissen, dass die betreffende Person eine Persönlichkeitsstörung aufweist. Sie absorbieren die angstbestimmten Gedankenformen anderer, und diese verstopfen dann ihr System. Sollten Sie das Gefühl haben, dass genau das womöglich bei Ihren Kindern der Fall ist, seien Sie darauf bedacht, dass sie die Staubsaugertechnik aus Kapitel vier lernen.
Indigo-Kinder neigen dazu, sehr wählerisch zu sein, wenn es um den Komfort ihrer Kleidung und Schuhe geht. Mein Sohn Chuck zog sich, als er klein war, ständig aus. Er beklagte sich darüber, wie unbequem »normale« Kleidung sei und verbrachte sein Leben in Sweatshirts und Schlabberhosen. Selbst da überdehnte er noch den Halsausschnitt seines Sweatshirts, damit er möglichst locker anlag.
Auf ähnliche Weise beschweren sich manche Indigo-Kinder darüber, dass an der Innenseite eingenähte Etiketten ihre Haut reizen oder jucken.
Viele Indigo-Kinder entwickeln Allergien. Kunstfasern und Pestizidrückstände an der Baumwolle können Juckreiz, Nesselausschlag und Hautrötungen, Asthma und Angststörungen auslösen. Sollten Sie den Verdacht haben, dass dies bei Ihren Kindern der Fall sein könnte, versuchen Sie es mit Kleidung aus chemisch unbehandelter Baumwolle aus kontrolliertem biologischen Anbau. Die Hautempfindlichkeit von Indigo-Kindern kann ferner zu allergischen Reaktionen auf Waschmittel führen (ausgenommen sind solche, die man in Bioläden und dergleichen erhält).

Unnatürliche Zusatzstoffe

Da Indigo-Kinder derart sensibel sind und Schwierigkeiten haben, synthetisch gewonnene und unnatürliche Chemikalien zu verkraften, müssen Sie, um Ihren Kindern zu helfen, eventuell Ihre Haushaltsputzmittel umstellen.

Kinder sind anfälliger für die negative Wirkung von Umweltgiften als Erwachsene, so die National Academy of Sciences und die American Academy of Pediatrics. Beide Organisationen sagen, dass toxische Chemikalien Verhaltensprobleme auslösen oder verschlimmern können.
Zudem haben siebzehn wissenschaftliche Doppelblindstudien ergeben, dass ADHS-Symptome abnehmen oder verschwinden, wenn Lebensmittelfarbstoffe und andere Nahrungsmittelzusätze vom Speisezettel gestrichen werden.
Wie schon an früherer Stelle erwähnt, sind viele Indigos hellsichtig, und diese Fähigkeit bezieht auch olfaktorische Wahrnehmungen, den Geruchssinn, mit ein. Es ist ein Instinkt, den Mutter Natur uns geschenkt hat, damit wir verdorbenes Essen meiden und vor Gefahren (wie etwa Feuer) gewarnt werden. Als wir uns in Sachen Sicherheit zusehends weniger auf unsere Instinkte verließen und immer mehr auf Technik und staatliche Kontrollen, verloren wir den Kontakt mit unserem Geruchssinn.
Wir selbst waren in der Lage, den Geruch schweren Parfüms in unserem Eau de Cologne und unseren Putzmitteln zu ertragen und konnten sogar zu dem Schluss kommen, dass wir diese Düfte »mochten«. Indigo-Kinder dagegen, mit ihren intakten Instinkten und ihrem noch im Naturzustand befindlichen Geruchssinn zeigen keine Toleranz für künstliche Gerüche. Sie brauchen duftstofffreie Reinigungsmittel oder solche, die mit natürlichen Blütenessenzen aus biologischem Anbau hergestellt werden.
Barb, seit neunzehn Jahren an der Grundschule tätig, stellt fest:

Die Kinder haben sich seit dem Anfang meiner Laufbahn drastisch verändert. Als ich mit dem Unterrichten anfing, hörte ich kaum jemals etwas von Ritalin. Heute haben wir in epidemischem Ausmaß Kinder, die dieses Medikament nehmen, damit sie mit dem Schulsystem fertig werden – oder sollte ich besser sagen, damit das Schulsystem mit ihnen fertig wird?
Angesichts größerer Klassen und neuer Anforderungen des Lehrplans werden diese Kinder zwangsweise in eine Belastungssituation hineinkatapultiert, mit der sie nicht umgehen können. Auch ihre Lehrkräfte wissen nicht, wie sie mit ihnen fertig werden sollen.
Durch ihr Verhalten teilen diese Kinder uns eindeutig mit, dass sie frische Luft, Bewegung, gesunde Nahrung und Zeit zum Spielen statt Zeit fürs Fernsehen

brauchen, dazu die Aufmerksamkeit ihrer Eltern und weniger Stress. Mir ist noch nie ein Kind begegnet, das sich ohne Grund »daneben« benimmt. Wir als die Erwachsenen in ihrem Leben haben von diesen Indigo-Kindern, deren Weisheit weit über ihre Lebensjahre hinausgeht, viel zu lernen… wenn wir uns nur entscheiden, ihnen Gehör zu schenken.

Entgiftung unseres Körpers

Von den Engeln kommen Impulse, wir sollten unseren Körper entgiften, und Sie und Ihre Indigo-Kinder werden vielleicht sogar feststellen, dass Sie intuitiv etwas drängt, Ihre Ernährung und Lebensweise umzustellen. Es handelt sich um sehr reale Botschaften, die Sie von Ihren Schutzengeln erhalten. Sie phantasieren nicht nur.

Die Engel bitten uns, mit dem, was wir essen, trinken und mit unserem Körper in Berührung bringen, nicht länger Schadstoffe aufzunehmen. Solche Toxine senken unser Energieniveau und machen uns träge. Außerdem blockieren sie unsere Fähigkeit, klare Botschaften aus dem Himmel zu empfangen und stören unser spirituelles Wachstum.

Die wesentlichen Schadstoffe, die uns die Engel zu vermeiden bitten, sind folgende:

> **Fleisch, Geflügel und Fisch, sofern mit Hormonen und Pestiziden verseucht.** Da buchstäblich alle tierischen Fleischsorten und sonstigen tierischen Produkte (Milch, Eier, Käse und so weiter) Rückstände von Hormonen und Pestiziden aufweisen, sollten Sie vielleicht eine vegetarische oder fast vegetarische Ernährung in Betracht ziehen (bei der Sie tierische Erzeugnisse ein- oder zweimal pro Woche von Ihrem Speisezettel streichen). Sollten Sie das Gefühl haben, unbedingt tierische Produkte zu sich nehmen zu müssen, kaufen Sie »biologisch-organische« Milchprodukte und Freilandgeflügel, hormonfreies Fleisch und Eier von freilaufenden Hühnern. Diese Produkte sind in Naturkostläden erhältlich, und mit ihnen phantastische Ersatzprodukte für Fleisch und Geflügel, wie etwa Seitan, Glutan, Tempeh und Tofu. Das Vegetariertum hat sich in den letzten fünf Jahren ein gutes Stück weiter entwickelt. Sollten Sie diese Art von Vegetarierkost schon länger nicht mehr probiert haben, versuchen Sie es getrost noch einmal – die angebotenen Produkte sind mittlerweile sehr delikat und kaum von Fleisch- und Wurstprodukten zu unterscheiden.[11]

Pestizide auf Obst und Gemüse. Versuchen Sie sich komplett von Erzeugnissen aus kontrolliertem biologischen Anbau zu ernähren. Bitten Sie Ihr Lebensmittelgeschäft, solche Produkte in sein Sortiment aufzunehmen, oder suchen Sie sich einen Bioladen oder Obst- und Gemüsestand beziehungsweise Biobauern in der Nähe, der organisches Obst und Gemüse verkauft. Sollten Sie es jedoch einfach nicht vermeiden können, Obst und Gemüse aus konventionellem Anbau zu essen, waschen Sie es mit Bragg's Apfelweinessig ab, so ein Tipp von Vimala Rogers, Autorin von *Vegetarian Meals for People On-the-Go* (Hay House, 2002) – es ist ein phantastisches und zudem natürliches Mittel zur Beseitigung von Pestiziden.

Schadstoffe in Getränken. Die Engel bitten uns, unseren Alkohol- Koffein- und Teein- sowie Kohlensäurekonsum einzustellen oder beträchtlich einzuschränken. Trinken Sie Quellwasser statt »Trinkwasser«, da die Engel uns drängen, Wasser in einer möglichst naturbelassenen Form zu uns zu nehmen. Nehmen Sie frischgepresste Fruchtsäfte zu sich, weil die Lebenskraft der Früchte zwanzig Minuten nach dem Auspressen aus diesen entweicht. Fruchtsaftkonzentrate oder gekühlte Fruchtsäfte enthalten gesunde Vitamine, sind aber nicht so lebensspendend wie frisch gepresster Saft.

Nitrate. Vermeiden Sie geräucherte Fleischprodukte wie etwa Frühstücksfleisch, Würste und Schinkenspeck. Es gibt wunderbare Imitate aus Soja, die wie echt aussehen, schmecken und riechen.

11) Um bei hiermit Unerfahrenen Enttäuschungen zu vermeiden, hier folgender Hinweis: Entscheidend für den Geschmack ist immer, wie diese Erzeugnisse gewürzt werden. Deshalb gibt es mittlerweile auf dem deutschen Markt in Bioläden (Kühlregal) beispielsweise in Kunststoffpackungen eingeschweißt fleischloses und sehr schmackhaft gewürztes »Pfannengyros«, »Kalbfleisch«, etc. Bei ungewürzt gekauftem Seitan bewirkt Anbraten mit Zwiebeln und Pilzen oder eine würzige Soße – zum Beispiel mit Rotwein und Wildgewürz – wahre (Geschmacks-)Wunder. Auch Einlegen nach Sauerbratenart ist möglich. Als Hackfleischersatz gibt es zum Beispiel Sojagranulat oder getrocknete Sojawürfel für »Gulasch«– Letztere aus Geschmacksgründen vor der Verwendung am besten in gut gewürztem Wasser einweichen. Aus ökologischen Gründen (die Herstellung ist sehr aufwendig und ein großer Sojabedarf begünstigt Monokulturen) führen nicht alle Naturkostläden diese Produkte, so dass zu überlegen ist, ob der »Geschmack nach Fleisch« unbedingt das höchste Kompliment sein muss, das man einem vegetarischen Gericht machen kann (Anm. d. Übers.).

Viele Supermärkte haben diese Produkte inzwischen in ihr Sortiment aufgenommen, ebenso wie die meisten Bioläden.[12]

Schadstoffe in Toilettenartikeln. Meiden Sie Natriumlaurylsulfat[13], einen Nitratkatalysator, sowie Propylenglykol, einen industriellen Gefrierschutz. Lesen Sie die Angabe der Inhaltstoffe auf Ihren Lotion-, Zahncreme-, Make-up- und Shampooverpackungen. Weleda stellt einige der wenigen Zahncremes her, die kein Natriumlaurylsulfat enthalten (die »Pflanzenzahncreme« und »Calendulazahncreme« des Herstellers ist ausgezeichnet). Wunderbare zusatzfreie Body Lotion erhalten Sie zum Beispiel von Aubrey. In Naturwarenläden findet sich eine große Bandbreite schadstofffreier Produkte, aber achten Sie darauf, sich die Inhaltsstoffe anzusehen, denn einige dieser sogenannten Naturprodukte enthalten Natriumlaurylsulfat und andere Schadstoffe.

Schadstoffe im Haushalt. Vermeiden Sie Cocamide DEA, DEA, Natriumlaurylsulfat, Talg und synthetische Duftstoffe. In Naturwarenläden[14] erhalten Sie natürliche und wirksame Reinigungs- und Waschmittel. Verzichten Sie auf Bleichmittel und gebleichte Papiererzeugnisse, etwa bei Servietten und Küchenrollen.

Umweltverschmutzung. Bitten Sie, wenn Sie rauchen, Ihre Engel um Hilfe dabei, Sie von dem Verlangen danach zu erlösen. Meiden Sie Abgase und Passivrauchen. Achten Sie darauf, im Wohn- und Arbeitsbereich täglich zu lüften, damit die Luft weiter zirkuliert. Achten Sie bei der Entscheidung, wo Sie wohnen, arbeiten, einkaufen oder Freizeitbeschäftigungen nachgehen wollen auf den Faktor Umweltverschmutzung. So zum Beispiel sagten mir die Engel, als ich

12) Eine Liste von Lebensmittelherstellern und -händlern, die laut Mitteilung an die Umweltorganisation »Greenpeace« keine Gentechnik bei Soja bzw. in Lebensmitteln generell einsetzen wollen, finden Sie unter: www.muenchen-info.com/kultur/keg/genliste.htm#Green (Anm. d. Übers.)
13) In der Regel auf der Verpackung in englischer Sprache als »Sodiumlaurethsulphate« gekennzeichnet (Anm. d. Übers.).
14) Im deutschsprachigen Raum zum Beispiel bei den Spinnrad-Filialen, ersichtlich unter www.spinnrad.de (Anm. d. Übers.)

einmal auf der Suche nach einem Haus war, bei einer bestimmten Immobilie ganz klar, ich solle sie nicht nehmen, da sie zu nahe an der nächsten Autobahn läge. »Du wirst innerlich vergiftet, wenn du so viele Abgase mitbekommst«, sagten sie mir unmissverständlich.

Sie können Ihre eigene Entgiftung beschleunigen, indem Sie viel Flüssigkeit zu sich nehmen und für ausreichend Schlaf, Bewegung und frische Luft sorgen. Auch »Weizengrassaft«[15], in einigen Saftbars und Bioläden erhältlich, kann Metalle und Umweltgifte schnell aus Ihrem Körper ziehen.

Auf die Gefahr hin, dass das Nachfolgende außerordentlich esoterisch klingen mag: Die Engel sagen, dass sie derzeit mit uns daran arbeiten, die »Schwingungsfrequenz unseres Körpers zu erhöhen. Wie die Saite einer Violine je nach der gespielten Note schneller schwingt und höher klingt, beginnen auch wir selbst uns auf der Tonleiter aufwärts zu bewegen. Wir tun dies, um mit der beschleunigten Schwingungsfrequenz der Erde Schritt zu halten.

Das bedeutet nicht, dass wir uns während des Tages schneller bewegen, oder dass wir stärker beschäftigt oder gehetzter werden. Die höhere Schwingungsfrequenz bedeutet, dass wir weniger dicht und sensibler für die höheren, feineren Frequenzen des Reichs der Engel werden. Es bedeutet, dass wir intuitiver, kreativer und auf natürliche Weise energiegeladen werden.

Sollten Sie den Drang verspüren, bestimmte Nahrungsmittel oder Getränke von Ihrem Speisezettel zu streichen, so bitten Sie Ihre Schutzengel im Geist, Sie von Ihren Gelüsten zu heilen (und auch Ihre Indigos), so dass Ihnen das Produkt nicht fehlen wird. Sie werden staunen, wie leicht Sie schadstoffreiche Nahrungsmittel und Getränke aufgeben können, wenn Sie die Engel um Hilfe dabei bitten. Woche für Woche begegnen mir Menschen, die mir sagen, dass die Engel ihr Verlangen nach Alkohol, Zucker, Weißbrot, Schokolade, Cola, Nikotin und anderen Giften merklich vermindert hätten. Ich konnte an mir selbst das gleiche erfahren, denn meine Gelüste nach Hamburger & Co sowie nach Kaffee verschwanden vollkommen.

Hier ein wunderbares Gebet für Sie:

15) Siehe hierzu die deutschsprachige Website www.weizengras.de (Anm. d. Übers.)

»Liebe Engel, bitte umgebt mich mit eurer heilenden Energie und helft mir, mein Verlangen nach ungesundem Essen und Trinken zu heilen. Bitte beseitigt mein Bedürfnis nach schädlichen Stoffen und helft mir, die Motivation zu haben, mich gesund zu ernähren und gesunde Getränke zu mir zu nehmen. Bitte führt mich beim Einkaufen, Zubereiten und Verspeisen von Nahrung, und leitet mich an, wie ich leben kann, ohne mich selbst oder die Umwelt zu vergiften.
In großer Liebe danke ich euch.«

Indigo-Kinder und Tiere

Aufgrund ihrer intuitiven Natur entwickeln Indigo-Kinder gewöhnlich starke Bande zu ihren Haustieren. Oft beobachtet man eine wortlose, telepathische Kommunikation zwischen Kindern und Tieren. Ihren Kindern die Möglichkeit zu bieten, ein Tier aufzuziehen und für es zu sorgen, kann sie in vielerlei Hinsicht bei ihrem Wachstum unterstützen.

So zum Beispiel erzählte mir eine Frau namens Jennifer, die bereits mehrere Workshops von mir besucht hat, welchen Einfluss ein zahmes Kaninchen auf ihre Indigo-Tochter Shelby hatte. Jennifer berichtete:

Meine sechsjährige Tochter Shelby ist hochgradig sensibel. Letztes Jahr verloren wir ein heiß geliebtes Haustier, unser Zwergkaninchen Belle. Als Belle gestorben war, wurde sie von Shelby, ihrer älteren Schwester Missy und mir beerdigt. Während unserer Beerdigungszeremonie sprachen wir über Gott, den Himmel und darüber, ob wir das Kaninchen Belle wohl noch einmal wiedersehen würden.
Shelby versuchte nach Kräften, Missy zu trösten, die sehr aufgelöst war. Shelby zeigte keine Trauer, sie vergoss nicht einmal eine Träne. Das machte mir schon Sorgen, bis sie Missy gegenüber bemerkte: »Belle will nicht, dass du traurig bist – kannst du sie nicht sehen? Sie ist nicht mehr krank, und sie hat Engel zu dir geschickt, damit du dich besser fühlst und nicht mehr traurig bist.«
Ich war schockiert, aber sehr zufrieden, als ich das hörte. Shelby glaubte wirklich daran, dass die Engel da waren, und sie beschrieb sie in allen Einzelheiten. All das war für Missy tröstlich. Shelby unterhält sich auch heute noch mit

Belle und den Engeln, und wir alle erleben den Tod dadurch als viel weniger beängstigend.

Haustiere bereichern ganz gewiss unser Leben. Dennoch ist oft elterliche Aufsicht gefragt, um sicherzustellen, dass Ihre Kinder die eingegangene Verpflichtung einhalten, mit dem Hund Gassi zu gehen und ihn zu füttern oder täglich das Katzenklo zu säubern. Mitunter verlieren Indigo-Kinder das Interesse an ihren Haustieren und überlassen die Verantwortung dann ihren Eltern. Kluge Eltern sprechen mit den Kindern an dieser Stelle liebevoll, aber bestimmt darüber, dass sie dem Haustier gegenüber eine Verpflichtung eingegangen sind. Hierdurch lernen die Indigo-Kinder etwas über langfristige Bindungen – eine nützliche Voraussetzung, wenn irgendwann Heirat und Elternschaft näher rücken.

Ihren Kindern zu vermitteln, gut zu Tieren zu sein, ist eine Investition in ihre Zukunft. Studien zeigen, dass gewalttätige Kriminelle oft in ihrer Kindheit Tiere misshandelt haben. Wenn ich am Strand entlang gehe, sehe ich manchmal Kinder oder Jugendliche hinter den Möwen herlaufen. Ihr Gesichtsausdruck zeigt, dass es ihnen Spaß macht, die Vögel aufzuscheuchen. Was die Kinder jedoch nicht wahrnehmen, ist, dass ihr Treiben für die Vögel Terror pur ist.

Ich lege großen Wert darauf, immer bei Kindern stehen zu bleiben, die die Möwen jagen und ihnen zu erklären, dass die Vögel unsere Freunde sind und dass wir sie nicht ängstigen sollten. Gewöhnlich zeigt mir der Verlauf dieser Gespräche, dass ich wahrscheinlich die erste erwachsene Person bin, die mit ihnen jemals über den Umgang mit Tieren gesprochen hat. Ich wünschte, alle Eltern würden das bei sich zu Hause tun.

Hier noch etwas zu einem Punkt, der ebenfalls hiermit zusammenhängt: Wenn Ihre Kinder Ihnen sagen, sie wollten aus Tierliebe Vegetarier werden, brauchen Sie sich keine Gedanken zu machen, ob sie genügend Eiweiß oder Nährstoffe bekommen. Becky Prelitz, staatlich anerkannte Diätassistentin und Co-Autorin unseres Buches *Eating in the Light* (Hay House 2001), erklärt, dass Vegetarier ausreichende Mengen an Eiweiß, Vitaminen und Mineralstoffen erhalten, sofern sie ergänzend Vitamine und Mineralien sowie als Ersatz für tierische Produkte Bohnen, Nüsse, Sojamilch und Tofu zu sich nehmen.

Indigo-Kinder und aktiver Umweltschutz
Wie die Lichtarbeiter(innen) haben Indigo-Kinder eine Lebensaufgabe, die damit zusammenhängt, der Welt zu helfen. Sie können Ihre Indigos dabei unterstützen, von einem Gefühl der Leere geheilt zu werden und ihnen vermitteln, sie können sehr wohl etwas Positives ausrichten, indem Sie ihnen einige einfache Methoden beibringen.
Nehmen Sie zum Beispiel, wenn Sie mit Ihren Kindern in der Natur spazieren gehen, immer eine Plastiktüte mit. Sammeln Sie unterwegs Müll ein (vor allem aus Kunststoff und Metall, da dieser lange braucht, um sich biologisch abzubauen). Machen Sie Ihren Kindern darüber hinaus mit dem Recycling von Artikeln aus Haushalt und Küche vertraut. Bitten Sie Ihre Indigos etwa, leere Salatdressingflaschen und andere wiederverwertbare Artikel auszuspülen, die vor ihrer Entsorgung in die Recycling-Tonne oder den Gelben Sack grob gereinigt werden müssen. Seien Sie kreativ, wenn es darum geht, sich noch mehr Wege auszudenken, wie Sie und Ihre Kinder dazu beitragen können, dass Mutter Erde gesund wird.

NEUN

Wie Nahrungsmittel sich auf die Stimmung von Indigo-Kindern auswirken

Bestimmt ist Ihnen schon längst aufgefallen, dass die Stimmung Ihrer Kinder und ihr Energielevel auch stark davon beeinflusst wird, was sie essen und trinken. Nahrungsmittel mit Zusätzen wie etwa Konservierungsmittel und Lebensmittelfarbstoff zeigen eine messbare Auswirkung auf ADHS-Symptome, so eine von Dr. Marvin Boris, Kinderarzt in einem New Yorker Hospital, durchgeführte Doppelblindstudie. Nach der Studie kam Boris zu dem Schluss:

Ernährungsfaktoren können bei der Entstehungsgeschichte von ADHS bei der Mehrheit von Kindern eine maßgebliche Rolle spielen. Es macht erheblich mehr Sinn, den Versuch zu starten, die Ernährungsweise der Kinder umzustellen, bevor man sie mit einem stimulierenden Medikament behandelt. Gesundheitsorganisationen und medizinisches Fachpersonal sollten anerkennen, dass bestimmte problembelastete Kinder sehr von einer Meidung bestimmter Nahrungsmittel und Zusätze profitieren können.

In einer Londoner Studie an achtundsiebzig Kindern mit ADHS-Symptomen maskierten Wissenschaftler Nahrungsmittel, die Zucker, Lebensmittelzusätze und Farbstoffe enthielten dergestalt, das sie »natürlich« aussahen. Hierdurch würden die Wissenschaftler sagen können, ob die alleinige Erwartung der Kinder, dass ein Nahrungsmittel industriell verarbeitet sei, ihr hyperaktives Verhalten auslöste. Doch die Kinder, die verarbeitete Nahrung zu sich nahmen, ob in maskierter Form oder offen, zeigten alle unmittelbar danach Hyperaktivität. Die Wissenschaftler folgerten aus der Studie, dass es Ärzte und klinisch Tätige dringend davon zu überzeugen galt, den Eltern Glauben zu schenken, wenn diese berichteten, dass Nahrungsmittel das Verhalten ihrer Kinder änderten.

Die Indigo-Kinder wissen Bescheid

Indigo-Kinder verspüren stark den inneren Antrieb, glücklich, gesund

und voller Frieden sein zu wollen. Sie wollen nicht hyperaktiv oder lethargisch sein, aber sie wissen gleichzeitig auch nicht, welche Schritte sie unternehmen könnten, um sich besser zu fühlen. Also entscheiden sie sich für kurzfristige Behelfsmaßnahmen, die ihren Geist und Körper vorübergehend beruhigen.

Indigo-Kinder, die mit nahrhafter Kost experimentieren, entwickeln in der Regel eine eigene Motivation, sich auch weiterhin gesund zu ernähren. Was sie dazu brauchen ist lediglich, dass wir Erwachsene ihnen Informationen zu derartigen Nahrungsmitteln geben und sie für die Kinder zugänglich machen. Mir macht es große Sorgen, dass an den meisten amerikanischen Schulen Fast-Food-Ketten das Mittagessen liefern. Kinder jedoch, die gelernt haben, dass Fast Food zu einem niedrigen Energiepegel und negativen Empfindungen führt, werden sich dafür entscheiden, ein gesundes Mittagessen von zu Hause mitzunehmen.

Indigo-Kind Alec erinnert sich noch, wie seine schlechten Ernährungsgewohnheiten von früher sich auf ihn auswirkten: »Ich aß damals tonnenweise Süßes und war ständig ausgepowert; ich hatte zu nichts Energie und war immer müde. Ich war sehr launisch, und die kleinste Kleinigkeit machte mich froh oder traurig. Ich hatte das Gefühl, mich nicht so recht unter Kontrolle zu haben. Ich war oft deprimiert und wusste gar nicht, warum. Heute, wo ich mehr Obst und Gemüse esse, bin ich besser drauf.«

Nachdem er mit verschiedenen Ernährungsweisen experimentiert hatte, kam Alec zu dem Entschluss, dass er sich bei vegetarischer Ernährung am besten fühlte. Er sagt: »Fleisch bewirkt, dass ich mich schwer und benommen fühle. Es macht mich aggressiver. Ich habe gelesen, dass bei einem Tier, das getötet werden soll, vermehrt Adrenalin ausgeschüttet wird. Wenn man es isst, bekommt man dann einiges davon mit.«

Ein anderes Indigo-Kind, Christopher, berichtet von ähnlichen Erkenntnissen, wenn es darum ging, wie seine Mahlzeiten ihn beeinflussten:

Als ich noch jünger war, gaben meine Eltern mir Hamburger und Pommes frites von McDonald's und anderen Fast-Food-Lokalen. In meiner Kindheit die ganze Zeit Fast Food zu essen, stellte die Weichen dafür, dass ich im Eiltempo durch das Leben raste! Mittlerweile habe ich herausgefunden, dass

Pizza zwar gut schmeckt, aber hinterher ist mir regelrecht schlecht. Ich bekomme Bauchschmerzen und bin ganz »schräg drauf«, es sei denn, ich gehe zum Tanzen, um die negative Energie wieder loszuwerden. Was ich wirklich mag, sind Smoothies[16] *und Fruchtsäfte. Mit ihnen fühle ich mich gut, und sie geben mir viel Energie.*

Christopher meint, Ritalin wäre unnötig, wenn die Kinder ihre Ernährung veränderten. Er sagt:
Kinder, die Ritalin nehmen, sollten sich viel ausgewogener und insbesondere von Vollwertkost ernähren. Das wird helfen, das Problem zu lösen. Ich denke, dass ADS durch eine schlechte, unausgewogene Ernährung hervorgerufen wird. Zu viel Zucker und Koffein oder Teein.

Christopher hat aus erster Hand die negativen Auswirkungen von ungesundem Essen auf ihn und seine Schulfreund(inn)en miterlebt. Er sagt weiter:
Ich bin mir sicher, dass es da noch bessere Lösungen als Ritalin gibt. Ich denke, eine ausgewogenere Ernährung hilft dabei, sich zu konzentrieren, besonders wenn man weißen Zucker und Weißmehl weglässt.
Ja, es gibt ADS wirklich, aber ich denke, es kommt von schlechter Ernährung und davon, dass die Energie zu sehr aufbraust, statt allmählich freigesetzt zu werden. Wenn man diese hohen Energiespitzen hat, die man aus verarbeiteten Nahrungsmitteln wie Zucker gewinnt, fällt es sehr schwer, sich zu konzentrieren. Eine ausgewogenere Ernährung hilft dabei, dieses Problem zu beheben. Ritalin ist nicht nötig.
Wenn ich so viel frisches Obst und Gemüse und so viel lebendige Nahrung wie möglich esse, fühle ich mich wirklich gut. Ich habe viel Energie, wenn ich mich so ernähre. Immer wenn ich in großen Mengen gekochtes Essen zu mir nehme oder große Mengen Alkohol trinke, fühle ich mich nicht gut.

Ein anderes Indigo-Kind, sein Name ist Ryan, pflichtet dem bei. Er sagt, ihm sei noch nie aufgefallen, wie sehr seine Ernährungsweise sich auf seine Stimmung auswirkt, bevor er zu einem Akupunkteur ging:
Der Akupunkteur setzte mich auf eine Diät, bei der auf Zuckeraustauschstoffe

16) Dickflüssige Shakes, in der Regel mit pürierten Früchten und Sojamilch/Milch (Anm. d. Übers.).

oder gebleichten Zucker verzichtet werden musste. Nachdem ich sie lange Zeit praktiziert hatte, merkte ich, wenn ich Derartiges aß, dass es sich nicht richtig anfühlte. Man steckt etwa Unnatürliches in den Körper, und damit funktioniert der Körper nicht. Nachdem ich anfing, natürliche Nahrungsmittel und gesunde Sachen zu mir zu nehmen, fiel mir auf, dass industriell verarbeitete Nahrung und unnatürliches Essen sich wirklich darauf auswirken, wie ich mich fühle.

Viele Kinder (und Erwachsene) lassen die Finger von gesunder Ernährung, weil sie »gesund« mit einer faden, eintönigen Kost in Verbindung bringen. Dabei hat Vollwerternährung sich im Laufe der letzten zehn Jahre zu etwas entwickelt, das superlecker und wohlschmeckend sein kann. Viel dazu beigetragen hat die immense Palette neu hinzugekommener Nahrungsmittel aus biologischem Anbau sowie die der Erzeugnisse, durch die sich Fleisch und Wurst sinnvoll ersetzen lassen. Wir haben das Glück, in einer Zeit zu leben, in der es in den meisten Städten und teilweise auch in Vorstadtgegenden Naturkostläden gibt. Zum Teil bieten sie Fertigmenüs zum Mitnehmen, eine Salatbar und mittags ein warmes Gericht an, so dass man gesunde Küche auch genießen kann, ohne selbst unbedingt ein Fünf-Sterne-Koch zu sein. Mein Buch »Eating in the Light« bietet Tipps dazu, wie Sie Ihre Familie mit vegetarischer und gesunder Ernährung vertraut machen können.

Die spirituelle Energie von Nahrungsmitteln

Ihre Indigo-Kinder reagieren außerordentlich sensibel auf Geschmäcker, Gerüche und Aussehen also sind sie zwangsläufig wählerisch in Sachen Essen. Glücklicherweise können sie von dieser Sensibilität auch profitieren, indem sie in sich hineinhorchen, um die Stimmung ihres Körpers und seine Energieschwankungen wahrzunehmen. Wenn ihnen wie Alec, Christopher und Ryan die Verbindung zwischen ihrer besseren Befindlichkeit und ihrer Ernährung auffällt, werden sie innerlich motiviert sein, sich besser zu ernähren.

Die spirituelle Natur Ihrer Indigo-Kinder drängt sie innerlich, auf einer hohen spirituellen »Frequenz« zu leben. Je höher die Frequenz eines Menschen, desto mehr hat er im Hinblick auf seine übersinnlichen und spirituellen Gaben der Heilung erreicht. Sie können solche Menschen bei ihrer Lebensaufgabe unterstützen, indem Sie ihnen helfen, ihre spirituelle Frequenz zu erhöhen. Ein Hauptbeitrag zu

diesem Unterfangen besteht darin, Ihren Indigos etwas über die spirituelle Energie von Nahrungsmitteln zu vermitteln.
Alles hat eine »Lebenskraft«. Man könnte sie sich als die Kraft denken, die bewirkt, dass die Atome umherwandern. Die Nahrung bildet da keine Ausnahme. Einige Nahrungsmittel haben mehr Lebenskraft als andere. Wenn ein Gemüse oder eine Frucht noch am Baum oder Strauch hängt und reift, befindet sich die Lebenskraft dieses Nahrungsmittels auf dem Höchststand. Wenn Sie die frisch gepflückte, am Baum oder Strauch gereifte Frucht oder dieses Gemüse zu sich nehmen, führen Sie sich damit eine große Portion Lebenskraft zu. Infolgedessen wird Ihnen auffallen, dass Ihre Energie und Stimmung unmittelbar nachdem Sie davon gegessen haben, einen positiven Schub erhalten. Je mehr Nahrungsmittel mit einem hohen Maß an Lebenskraft Ihre Indigo-Kinder zu sich nehmen, desto höher wird ihre spirituelle Frequenz sein.
Die Faktoren, die die Lebenskraft in Nahrungsmitteln reduzieren, sind unter anderem:

Kochen, Einfrieren, Einkochen, Gefriertrocknen, in der Mikrowelle erhitzen und im Dampfkochtopf garen. Alles, was die Lebenskraft in einem Menschen abtöten würde, tötet auch die Lebenskraft in Obst, Getreide und Gemüse. Fragen Sie sich im Zweifelsfall: »Wie wäre das für mich selbst – würde ich den Prozess wohl überleben, dem ich dieses Lebensmittel aussetze? Wenn Ihre Antwort »nein« lautet, wissen Sie, dass auch die Lebenskraft des Lebensmittels beeinträchtigt wird.

In den Mixer geben und Pressen. Die Lebenskraft bleibt in Obst und Gemüse nach dem Pressen nur für zwanzig Minuten erhalten. Deshalb sind frische Fruchtsäfte für Ihr Indigo-Kind wesentlich besser als welche aus der Dose oder Flasche.

Zusätze. Zucker, Weißmehl, Lebensmittelfarbstoffe und Konservierungsmittel hat man allesamt mit ADHS-typischen Verhaltensweisen in Verbindung gebracht. Diese Zusätze haben außerdem keine Lebenskraft und entziehen auch gesunder Nahrung ihre Lebenskraft.

Pestizide. »Pestizid« bedeutet vom Wort her »Schädlingstötung«, und genau diese aggressive Energie findet sich in Obst, Gemüse, Getreide und Öl, sofern wir nichts unternehmen, um die Rückstände zu beseitigen. Fleisch aus dem Supermarkt ist regelrecht verseucht von solchen Pestiziden. Es ist viel besser, von vorn herein nur Waren aus biologischem Anbau oder Fleisch aus artgerechter Tierhaltung zu kaufen. Sie sind zwar teurer, dafür aber werden sich anderweitige Ausgaben Ihrerseits reduzieren (etwa für Arzneimittel, ärztliche Behandlungen, psychologische Betreuung, Shopping-Orgien, Junk-Food-Käufe und Diätprogramme). Dazu kommt, dass biologisch-organische Nahrungsmittel so viel besser schmecken als gewöhnliche Produkte, dass Ihre Kinder motiviert sein werden, auch Lebensmittel zu verzehren, die ansonsten verderben würden.

Nehmen Sie Ihre Kinder mit zu einem örtlichen Treffen von Vegetariern oder Umweltschützern. Oft kommt es bei den Kindern besser an, wenn sie eine andere Autoritätsperson als die Eltern über Fakten in punkto Essen aufklärt. Und dennoch muss man sagen, dass unsere Kinder ihr Essverhalten letztendlich durch Beobachtung von uns Erwachsenen erlernen.
Und denken Sie daran: Wenn Sie Lichtarbeiter sind, werden auch Sie davon profitieren, sich von einer Nahrung zu ernähren, die reich an Lebenskraft ist.

Hypoglykämie oder ADHS?
»Das alles überragende Grundproblem, auf das ich bei Kindern mit Verhaltensproblemen stoße, ist eine bestehende Unterzuckerung oder Hypoglykämie«, so Dr. Mary Ann Block, Autorin von *No More Ritalin*. Sie führt die Verhaltenssymptome einer Hypoglykämie auf und beschreibt, es handle sich um »das Kind, das morgens nach dem Aufwachen oder vor dem Mahlzeiten unruhig oder reizbar ist, und nach dem Essen fühlt es sich besser; und das Kind mit dem Jekyll-und-Hyde-Syndrom, das in der einen Minute lieb ist und dem es bestens geht, und das dann in der nächsten Minute aus heiterem Himmel unruhig, wütend und reizbar wird.«
Dr. Block sagt: »Die Behandlung für Hypoglykämie ist einfach: Stellen Sie die Ernährung des Kindes um. Achten Sie darauf, dass es nie hungert, und streichen Sie raffinierte Kohlenhydrate wie Süßigkeiten, Kuchen, Pasteten und Softdrinks vom Speisezettel.«

Mein Sohn Chuck wird leicht unterzuckert, wenn er zu lange ohne Essen auskommen muss. Chuck hat schon ganz eigenständig herausgefunden, wie er es anstellen kann, seinen Blutzuckerspiegel hoch zu halten, indem er regelmäßig gesunde Kleinigkeiten zu sich nimmt. Er meidet Koffein und Teein, Schokolade und Zucker. Wenn sein Blutzuckerspiegel absinkt, wird Chuck schlapp und ist leicht auf die Palme zu bringen. Aber er erkennt, dass seine gedämpfte Stimmung und sein niedriger Energiepegel vorübergehender Natur sind und mit dem Essen zusammenhängen, also misst er dem keine große Bedeutung bei. Er wertet es einfach als Signal, zu essen. Sobald er das tut, normalisieren sich seine Energie und seine Stimmung im Handumdrehen.

Ich stimme Frau Dr. Block zu, was Ihren Rat angeht, darauf zu achten, dass zur Hypoglykämie neigende Kinder keinen Hunger entwickeln, selbst wenn es einem nicht gelegen kommt. Sie schreibt dazu:

Am besten sorgt man dafür, dass das Kind mit Unterzuckerungssymptomen nicht länger als zwei Stunden ohne Essen auskommen muss. Wenn Ihr Kind dieses Problem hat und Ihnen sagt, dass es hungrig sei, das Abendessen wird aber erst in dreißig Minuten auf dem Tisch stehen, ist man leicht versucht, das Kind so lange warten zu lassen. Ich würde Ihnen eindringlich nahe legen, dass Sie dann sofort etwas zu Essen für Ihr Kind organisieren. Lassen Sie es nicht bis zum Abendessen warten. Wenn Kinder mit Hypoglykämie Hunger bekommen, müssen sie etwas essen, und zwar sofort!

Dr. Block schlägt vor, dass man den Kindern eine kleine Zwischenmahlzeit gibt, etwa Studentenfutter, Nüsse oder ein Brot mit Erdnussbutter, was ihren Blutzuckerspiegel schnell stabilisieren wird und dabei vermeidet, dass sie hinterher keinen Appetit mehr auf das Abendessen haben.

Was gibt es zum Frühstück?

Dass das Frühstück die wichtigste Mahlzeit am Tag sei, ist ein Klischee. Und doch ist es für Kinder mit ADHS-Symptomen ein Allgemeinplatz, der große Auswirkungen hat. Untersuchungen zeigen immer wieder, dass Kinder, die morgens frühstücken, bei Tests besser abschneiden, in der Schule weniger fehlen und sich länger konzentrieren können, dazu neigen sie weniger zu Depressionen und Hyperaktivität. Wenn Ihre Indigo-Kinder also frühstücken – vor allem, wenn es sich um ein gesundes Frühstück handelt – werden Sie wahrscheinlich erhebliche

Verbesserungen im Hinblick auf ihre Stimmung, ihren Energiehaushalt und ihr Konzentrationsvermögen feststellen.

Eine Befragung aus jüngerer Zeit ergab, dass neunundsiebzig Prozent der Acht- und Neunjährigen täglich frühstücken. Das ist nicht schlecht, obwohl ich wünschte, es käme näher an die Hundertprozentmarke. Doch je älter die Kinder werden, desto wahrscheinlicher ist es, dass sie das Frühstück ausfallen lassen. In der gleichen Befragung fand man heraus, dass von den zwölf- und dreizehnjährigen nur noch achtundfünfzig Prozent regelmäßig frühstücken.
Sie können Ihren Indigo-Kindern zu einem guten Start in den Tag verhelfen, indem Sie Vorratskammer und Kühlschrank mit einer ganzen Palette gesunder Frühstücksartikel füllen. Wenn Ihre Kinder zum Frühstück Reste vom Vorabend essen möchten, ist das besser, als wenn sie das Frühstück ausfallen lassen. Und ein Stück Pizza vom Vorabend zum Frühstück ist unendlich viel besser als eine Schale voll mit den handelsüblichen massiv zucker- und lebensmittelfarbstoffhaltigen Frühstückscerealien!
Meine Indigo-Stieftochter Catherine frühstückt nicht gern, ist jedoch andererseits gereizt und schlecht gelaunt, wenn sie diese Mahlzeit überspringt. Sie weiß auch, dass sie täglich ein Nahrungsergänzungspräparat mit Vitaminen und Mineralstoffen zu sich nehmen muss (übrigens für Indigo-Kinder generell eine gute Idee). Allerdings hat Catherine Schwierigkeiten mit dem Schlucken großer Vitamintabletten.
Wir haben das Problem gelöst, indem wir immer die Zutaten für sämige Mixgetränke im Haus haben. Auf diese Weise kann sie sich ein schnelles und gesundes Frühstück zubereiten. Wir kaufen im Naturkostladen Proteinpulver und achten darauf, dass es mit Vitaminen und Mineralstoffen angereichert ist. Außerdem vergewissern wir uns, dass es nur Fruchtzucker enthält und keinen Industriezucker, keine Lebensmittelfarbstoffe oder Konservierungsmittel.
Catherine gibt dann kalte Vanille-Sojamilch, eine Banane und einen Portionslöffel Proteinpulver in den Mixer. Es dauert keine fünf Minuten, und sie hat einen Frühstückstrunk, den sie mit in die Schule nehmen kann.
Hier noch einige andere Ideen für ein schnell zubereitetes und gesundes Frühstück:

Tofu-Rührei (man zerbröselt dazu weichen Tofu und vermischt ihn mit seinen Lieblings-Omelette-Zutaten)[17]
Vollwertbrot, -brötchen oder -toast mit Erdnussbutter oder ungezuckertem Fruchtmus
Sojawürstchen, Tofu-Aufschnitt oder vegetarischer Brotaufstrich (schmecken bemerkenswert ähnlich wie »normale« Würstchen oder Wurst)
Nur mit Fruchtzucker gesüßtes Vollwertmüsli mit frischen Früchten
Jogurt mit frischen Früchten und gehackten Nüssen
Vollkornwaffeln aus dem Reformhaus (einfach kurz toasten)
Obstsalat
ein Frühstücksburrito[18]

Bei den Frühstückszutaten geht es darum, alles zu vermeiden, was Zuckerraffinade, Lebensmittelfarbstoff, Konservierungsstoffe, Koffein oder Teein sowie Süßstoff enthält. Sie können Ihren Kindern beibringen, die Angaben zu den Inhaltsstoffen von Lebensmitteln und Getränken zu studieren, damit wohl informierte Verbraucher aus ihnen werden.

Als mein Sohn Grant noch jünger war, brachte ich ihm bei, die Zutatenliste zu studieren und vor allem »Phosphorsäure« zu meiden. Dieser sehr gebräuchliche Inhaltsstoff von colaartigen Getränken und Nahrungsmitteln entzieht unserem Körper Magnesium, wenn wir ihn mit den Speisen und Getränken zu uns nehmen. Der Wissenschaftler

17) Tofu (= zu einem Block gepresster Sojabohnenquark – Achtung, es gibt auch festere Varianten als »Aufschnitt« oder flache Bratstücke, die sich hierfür weniger eignen!), schmeckt nur gewürzt (da ansonsten ziemlich geschmacksneutral) mit etwas fein gehackter Zwiebel, Pfeffer, Salz und Paprikastückchen, evtl. frische Kräuter oder Pilze hinzugeben. Eine appetitlich gelbe Färbung erhält man durch Zugabe von Kurkuma (Gelbwurz). Dieses Gewürz ist in Asienläden erhältlich, der Tofu in Bioläden und einigen Reformhäusern, zum Teil auch bereits in Kaufhäusern und Supermärkten im »Bio«-Regal (Anm. d. Übers.).

18) Tex-Mex-Spezialität: Sehr dünnes, gerolltes Fladenbrot mit verschiedensten Füllungen, das mittlerweile gelegentlich auch im deutschsprachigen Raum erhältlich ist (jedoch in Folie verschweißt und von eher zweifelhaftem Nährwert). Einheimische Alternativen könnten jedoch auch Vollkornbrötchen oder Brotsorten sein. Als fleischlose Brotbeläge wunderbar geeignet sind Avocadoscheiben mit Kräutersalz und Pfeffer, Tomatenscheiben und selbstgemachte vegetarische Brotaufstriche und Marmeladen (Anm. d. Übers.).

Dr. med. Kenneth Weaver von der East Tennessee State University fand heraus, dass eine Dose mit 12 oz (354,84 ml) Cola 36 mg Phosphorsäure enthält und dass diese dem Körper 36 mg Magnesium entzieht. Wie Sie bald lesen werden, leiden die meisten Indigo-Kinder unter einem Magnesiummangel.

Da ich unbedingt verhindern wollte, dass Grant unter einem Magnesiummangel litt, gab ich ihm jeden Tag einen Dollar, wenn er es schaffte, den ganzen Tag lang keine phosphorsäurehaltigen Produkte zu essen oder zu trinken. Das Ergebnis war verblüffend und definitiv die sieben Dollar in der Woche wert!

Ich konnte beobachten, wie er spontan die Inhaltsangaben auf Lebensmitteln und Getränken studierte, wenn wir zusammen einkaufen gingen. Er begann Erfrischungsgetränke aus Wasser und Fruchtaromen[19] zu trinken an Stelle von Limonade und vermied statt lediglich der Phosphorsäure alle Konservierungsstoffe. Obwohl er mittlerweile erwachsen ist und kein geldlicher Anreiz für ihn mehr besteht, liest Grant noch immer die Etiketten auf Lebensmitteln und Getränken, um eine Aufnahme von Phosphorsäure zu vermeiden.

Nahrungsergänzungen und ADHS-Verhaltensweisen

Der Wissenschaftler Stephen Schoenthaler, der sich im großen Maßstab mit Populationen beschäftigt hat, die Häftlinge, jugendliche Straftäter sowie Schülerinnen und Schüler umfasste, fand heraus, dass der IQ von Kindern nach Einnahme von Vitamin- und Mineralstoffpräparaten anstieg, während ihre Delinquenz signifikant nachließ. Ein anderer Forscher, Dr. Richard Carlton, fand heraus, dass Vitamin- und Mineralstoffpräparate signifikante Verbesserungen im Hinblick auf die schulischen Leistungen und das Verhalten bewirkten.

Carlton berichtete: »Einige Kinder gewannen innerhalb des ersten

19) Beschränkt nachahmenswert: Ernährungsbewusste Leserinnen und Leser hierzulande hätten den Jungen bestimmt eher angeregt, Apfelsaftschorle oder andere Fruchtsaft-Mixgetränke zu sich zu nehmen, statt Wasser mit einem stark überzukkerten Konzentrat, das in aller Regel noch dazu mit künstlichen Farb- und Aromastoffen versetzt ist und somit nach eigener Aussage der Autorin für Indigo-Kinder schädlich. Dies als Ermutigung, gegebenenfalls in unserer eigenen Kultur viel reichlicher vorhandene Alternativen zu den hier angegebenen zu nutzen und die Vorschläge/Lösungsansätze der Autorin als von ihrem eigenen kulturellen Hintergrund geprägt zu sehen (Anm. d. Übers.).

Behandlungsjahres drei bis fünf Jahre, was ihr Textverstehen anging, und alle Kinder in Förderklassen erreichten das reguläre Klassenziel, wobei ihre Noten sich erheblich verbesserten.« Als einige der Schülerinnen und Schüler, mit denen sich Carlton beschäftigte, mit der Einnahme von Vitaminen und Mineralien aufhörten, verschlechterten sich ihre Noten sofort. Carlton fiel auch auf, dass die Schülerinnen und Schüler, die Vitamine und Mineralstoffe als Nahrungsergänzung nahmen, geselliger wurden und besser gelaunt wirkten.

Die Stoffe, die den Schulkindern am meisten halfen, waren Magnesium, Vitamin B6, Vitamin C, Thiamin, Folsäure und Zink. Es wurde festgestellt, dass Mangan (nicht zu verwechseln mit Magnesium) bei einigen Kindern Gereiztheit und Konzentrationsstörungen hervorrief, also wurde es aus der Studie herausgenommen.

Hyperaktive Kinder weisen niedrigere Serotoninwerte auf als Kinder, die nicht hyperaktiv sind, so eine Studie, die im *Pediatrics Journal* veröffentlicht wurde. Ein niedriger Serotoninspiegel kann zu Lethargie, Depressionen und Essensgelüsten führen. Als die Forscher hyperaktiven Kindern etwas Vitamin B6 gaben, stiegen ihre Serotoninwerte signifikant an. In einer weiteren Studie verglich man den Serotoninspiegel von Kindern, die Vitamin B6 erhielten, mit dem bei einer anderen Gruppe von Kindern, die Ritalin erhielten. Nur bei der B6-Gruppe fanden sich erhöhte Serotoninwerte, und diese positiven Ergebnisse hielten noch lange nachdem die Gruppe kein Vitamin B6 mehr erhielt vor.

Kinder, die ergänzend Magnesium erhielten, zeigten in einer Studie an Sieben- bis Zwölfjährigen im Vergleich zu Kontrollgruppen, denen man Placebos verabreichte, eine signifikante Abnahme ihrer Hyperaktivität. Da Cola und vieles an industrieller Fertignahrung Phosphorsäure enthält, die dem Körper Magnesium entzieht, ist es unabdingbar, dass Sie die Angaben der Inhaltsstoffe lesen und die Finger von Phosphorsäure lassen.

In einer Untersuchung fand man heraus, dass fünfundneunzig Prozent der ADHS-Kinder einen Magnesiummangel aufwiesen. Eine andere ergab, dass es den ADHS-Kindern nicht nur an angemessenen Mengen von Magnesium fehlte, sondern auch an Eisen, Kupfer und Kalzium. Die Forscher leiteten hieraus den Schluss ab, dass es nötig sei, hyperaktiven Kindern zusätzliche Spurenelemente zu verabreichen. Mit anderen Worten, wir müssen dafür sorgen, dass hyperaktive Kinder täglich

Vitamin- und Mineralstoffpräparate erhalten, die Magnesium, Eisen, Kupfer und Kalzium enthalten.

Fettsäuren und kindliches Verhalten

Viele neue Studien zeigen, dass Kinder, die als ADHS-gestört diagnostiziert wurden, ferner einen Mangel an essenziellen Fettsäuren aufweisen. Sie haben im Kühlregal Ihres Bioladens vielleicht schon Flaschen mit »Leinöl« gesehen und sich gefragt, wozu dieses Öl wohl gut war. Nun, viele reichern ihre Speisen mit einer Verschlusskappe Leinöl am Tag an. Es ist eine einfache Möglichkeit, sicherzustellen, dass Sie ausreichend essenzielle Fettsäuren zu sich nehmen.

Zu den Symptomen eines Mangels an essenziellen Fettsäuren gehören übermäßiger Durst, häufiger Harndrang, Stellen mit sehr trockener, schuppiger Haut und Hautgrieß auf dem Armrücken. In einer Studie fand man heraus, dass vierzig Prozent der untersuchten Jungen mit ADHS-Symptomen auch diese Symptome aufwiesen. Einige Experten gehen davon aus, dass ADHS-Verhalten ein Symptom von Mangelerscheinungen im Hinblick auf essenzielle Fettsäuren darstellt.

Dabei ist dieser Mangel so leicht zu beheben! Kaufen Sie einfach Leinöl, Hanföl oder Sojaöl. Geben Sie täglich einen Teelöffel davon in den Salat, ein Mixgetränk oder andere Speisen, die ihre Kinder zu sich nehmen. Und wo Sie schon dabei sind, sollten Sie auch gleich sich selbst einen Teelöffel voll in Ihr eigenes Essen geben. Ihr Haar und Ihre Haut werden einen ganz neuen Glanz gewinnen, und das sind die zusätzlichen Kalorien und Gramm Fett definitiv wert!

Lebensmittelfarbstoff, Zucker, Konservierungsstoffe und Zusätze

Zwischen Lebensmittelfarbstoff und Konservierungsmitteln ließen sich wissenschaftlich Verbindungen zu den für ADHS und ADS kennzeichnenden Verhaltensweisen herstellen. Mindestens siebzehn Doppelblindstudien ergaben einen Zusammenhang zwischen Lebensmittelfarbstoffen einerseits und Hyperaktivität und Schlafstörungen andererseits, besonders bei jüngeren Kindern. In einer Studie schliefen hundertfünfzig von zweihundert Kindern (also fünfundsiebzig Prozent) besser und waren weniger leicht reizbar und unruhig, nachdem man ihre Ernährung auf Produkte umgestellt hatte, die frei von künstlichen Farbstoffen waren. Eine andere Studie ergab, dass sich das Verhalten von Kindern veränderte, nachdem sie zu einer lebensmittelfarbstofffreien Ernährung übergegangen waren, und dass die Verbesserung lange anhielt.

Über die Rolle von Zucker als Auslöser von ADHS wird kontrovers diskutiert. Einige Untersuchungen ergaben keine Zusammenhänge zwischen Zucker und hyperaktivem Verhalten, und diese Untersuchungsergebnisse machten in den Medien viel Furore. Betrachtet man sich jedoch das methodische Vorgehen bei jenen Studien, die abstreiten, dass Zucker an der Entstehung von Hyperaktivität beteiligt ist, stößt man auf einige verwirrende Variabeln. Studien dagegen, die im Hinblick auf diese Faktoren streng kontrolliert sind, belegen durchgängig eine ausgeprägte Korrelation zwischen Zuckerkonsum und Hyperaktivität. Und die meisten Eltern werden Ihnen sagen, dass sie bei ihren Kindern definitiv Verhaltensveränderungen feststellen, nachdem die lieben Kleinen ihren Nachtisch verspeist haben.
So zum Beispiel gaben Forscher von der Yale University Kindern Weißzucker und verglichen den Adrenalinspiegel in ihrem Blut nach dem Zuckerverzehr mit dem vor dem Zuckerverzehr. Dabei entdeckten sie, dass der Adrenalinspiegel nach dem Zuckerverzehr um das Zehnfache in die Höhe schoss! Adrenalin ist, wie Sie wissen, der chemische Stoff, der bei Gefahr oder angesichts eines bevorstehenden Kampfes unser Herz schneller schlagen lässt. Kein Wunder also, dass Ihre Kinder nach Verzehr eines Schokoriegels wie wild geworden durch die Wohnung rennen und ein nervtötendes Geschrei veranstalten! Und um dem Ganzen noch die Krone aufzusetzen, fanden die Yale-Wissenschaftler ferner heraus, dass die Kinder nach dem Zuckerkonsum leicht reizbar und angespannt waren sowie Schwierigkeiten hatten, sich zu konzentrieren.

In anderen universitären Studien stieß man auf eine Verbindung zwischen Aggressivität und unsozialem Verhalten bei Kindern einerseits und Zuckerkonsum andererseits. Als New Yorker Schulen Lebensmittelfarbstoffe und -zusätze aus dem Schulessen verbannten, erlebten sie den dramatischsten Anstieg der schulischen Leistungen, den man jemals in einem Schulbezirk verzeichnet hatte.
Zwei Studien an inhaftierten gewalttätigen und aggressiven Jugendlichen zeigten einen drastischen (siebenundvierzig bis siebenundsiebzig Prozent) zahlenmäßigen Rückgang aggressiver und krimineller

Handlungen sowie der Suizidversuche, als die Betreffenden Mahlzeiten ohne Zucker und Lebensmittelzusätze erhielten.
Es ist auch nicht angebracht, das Ganze zu rationalisieren und sich zu sagen: »Na ja, solange es nur ein kleines bisschen Lebensmittelfarbstoff ist, wird es meinen Kindern nicht schaden.« In einer Studie wurde die Hyperaktivität von Kindern untersucht, nachdem diese einen einzigen Keks gegessen hatten, der Lebensmittelfarbstoff enthielt. Innerhalb einer Stunde nach Verzehr dieses einen Kekses zeigten die Kinder eine gesteigerte Hyperaktivität. In einer anderen Studie stieß man auf eine verminderte Leistungsfähigkeit hyperaktiver Schülerinnen und Schüler noch Stunden nach einer Aufnahme von Lebensmittelfarbstoff.

Als ich die Ergebnisse dieser Studien einer Frau namens Tammy berichtete, deren Söhne alle beide ADHS-Kinder sind, sagte sie: »Puh, ich wette, dass das ganze Fast Food, das wir so essen, wirklich mit zu ihren Problemen beiträgt!« Ich war froh, dass Tammy diesen Zusammenhang sah, von daher betrübte und überraschte mich ihre nächste Äußerung.
»Aber was soll ich machen?« fragte sie achselzuckend. »Ich bin so mit den Kindern beschäftigt, dass ich dann, wenn es Zeit zum Abendessen ist, gerade noch die Zeit und Energie habe, Fast Food auf den Tisch zu stellen.«
Ich hörte mir mitfühlend an, was Tammy erzählte und erinnerte mich dabei daran, wie mir selbst zumute gewesen war, als meine beiden Söhne noch klein waren. Dann fragte ich vorsichtig: »Sag mal, wenn deine Kinder ruhiger und weniger aktiv wären, würdest du dich dann weniger ausgepowert fühlen und hättest mehr Zeit?«
»Klar«, nickte sie.
»Gut, dann schlage ich dir ein Experiment vor«, sagte ich daraufhin. »Nur ein paar Kilometer von dir entfernt gibt es einen großen Naturkostladen, der auch Mittagsmenüs zum Mitnehmen anbietet. Die haben dort wirklich leckere warme Mahlzeiten. Du kannst dort also gesundes Fertigessen kaufen, dass dir selbst, deinem Mann und deinen Kindern bestimmt schmecken wird. Probier's mal eine Woche, und dann sagst du mir, was passiert ist, okay?«
»Aber Bioartikel sind doch viel teurer, oder? Wir sind wirklich knapp bei Kasse, musst du wissen«, erwiderte Tammy.
»Wie man's nimmt. Einerseits ist es vielleicht teurer, biologisch-orga-

nische oder gesunde Nahrungsmittel zu kaufen. Aber lass mich einmal anders fragen: Meinst du nicht, dass die Hyperaktivität deiner Kinder dich anderweitig Geld kostet? Für Medikamente zum Beispiel oder für Sachen, die du ihnen kaufst, damit sie ›zufrieden sind‹? Und was ist mit dem Preis, den du im Hinblick auf den Frieden in euren vier Wänden zahlst, und den Auswirkungen auf deine Ehe?«
Tammy versicherte mir daraufhin, dass sie es einmal probieren wolle. Als ich sie das nächste Mal wiedersah, fiel sie mir stürmisch um den Hals. »Ich kann es noch gar nicht fassen, was das ausmacht!« sagte sie. »Die Kinder sind viel zufriedener und viel ruhiger, und das hilft ganz klar auch der Beziehung zwischen meinem Mann und mir. Endlich bekomme ich sie rechtzeitig ins Bett. Sie schlafen jetzt nachts durch! Ich hatte ja nie gedacht, wie sehr unsere Essgewohnheiten sich auf alles auswirken. Ich wollte, ich hätte das schon vor Jahren ausprobiert!« Dann tätschelte Tammy ihren Bauch, der sich über ihrem bald zu erwartenden Nachwuchs wölbte. »Das Kleine hier wird vom ersten Tag an nur gesunde Nahrung bekommen!«, sagte sie.
Ich sagte Tammy, dass ich ähnlich positive Auswirkungen bei meinen Söhnen erlebt hatte, als ich sie biologisch-organisch zu ernähren begann. Da mein ältester Sohn und mein Mann noch Fleisch aßen, wechselte ich von Fleisch aus dem Supermarkt dazu über, nur noch Fleisch von Tieren aus artgerechter Haltung aus dem Bioladen zu kaufen.
»Fleisch vom Supermarkt ist nämlich voller Hormone und Pestizide, die sich auf die Gesundheit und das Verhalten deiner Familie auswirken«, erklärte ich Tammy. »Diese Tiere werden ihr ganzes Leben lang misshandelt. Sie wachsen in einem winzig kleinen Pferch auf, in dem sie sich nicht einmal hinlegen oder umdrehen können. Und wie sie dann geschlachtet werden, ist eine Szene, die direkt aus einem Horrorfilm stammen könnte. Die Schmerzen und das ganze Leid und Elend erzeugen eine Energie, die auch in das Fleisch übergeht. Wenn wir Fleisch aus dem Supermarkt essen, nehmen wir buchstäblich diese Energie in uns auf. Es setzt unsere energetische Frequenz herab.«

Die konventionell wirtschaftenden Bauern verabreichen ihrem Vieh Wachstumshormone, damit die Tiere größer werden. Studien zeigen jedoch, dass diese Hormone im Fleisch bleiben, und wenn wir dieses Fleisch zu uns nehmen, nehmen wir damit gleichzeitig Hormone zu uns, die uns womöglich aggressiv machen. Die Tiere fressen Getreide, das

schwer mit Pestiziden belastet ist, und diese Pestizide gehen in das Fleisch des Tieres sowie in die Milchprodukte über.
Und dann gibt es da noch die Umweltprobleme! Wir stehen kurz davor, dass bei uns das Wasser knapp wird. Und der größte Wasserverbrauch rührt von der Haltung der Rinder, die uns Fleisch, Milchprodukte und Leder liefern. Um nur ein Pfund Rindfleisch erzeugen zu können, braucht man rund 9,463 Liter Wasser. Da es so viele Alternativen zu Rindfleisch, Milch und Leder gibt, haben wir den Eindruck, Mutter Erde helfen zu können, indem wir Rindererzeugnisse vermeiden.
Meine Söhne wurden behutsamer und weniger aggressiv, als ich sie mit organischen Produkten sowie Fleisch und Milchprodukten von artgerecht gehaltenen Tieren zu ernähren begann. Sie schienen leichter zugänglich, und mir fiel auf, dass wir emotional auf einer tieferen Ebene in Kontakt kamen. Ich habe den Eindruck, dass sie allein durch diese eine Veränderung in unserer Ernährungsweise mitfühlender geworden sind.

Ayurveda und das Essverhalten von Indigo-Kindern

Auch Alec Bridges, Ayurveda-Student und Lehrer, ist ein Indigo-Kind. Ich dachte mir, er wäre besonders qualifiziert dafür, Ihnen zu helfen, Ihre Indigo-Kinder besser zu verstehen, indem Sie ihre jeweilige Veranlagung begreifen, wie sie innerhalb von Ayurveda beschrieben wird. Hier sein Beitrag:

Ayurveda ist das medizinische System, das sich aus meditativen Erfahrungen entwickelte, die die Seher oder Rishis des alten Indien, die Zugang zur höchsten Wahrheit hatten, vor etwa fünftausend Jahren an sich erlebten. Ayurveda (wörtlich übersetzt: »Wissenschaft vom Leben«) birgt unendlich viel Weisheit in sich, aber ich werde hier nur auf das eingehen, was an dieser Stelle relevant ist.

Dem Ayurveda zufolge gibt es drei Grundkonstitutionen oder Doshas. Sie basieren auf den fünf Elementen Äther (Raum), Luft, Feuer, Wasser und Erde. Die drei Doshas heißen Vata, Pitta und Kapha. Wir alle tragen bis zu einem bestimmten Grad Elemente aller drei Doshas in uns, meist jedoch ist es so, dass ein oder zwei davon dominieren. Jeder Mensch kommt mit seiner ureigenen Mischung von Vata, Pitta und Kapha auf die Welt. Diese Kombination nennt man Prakruti. Wörtlich übersetzt bedeutet das »Natur«. Um das Optimale aus seinem Leben zu machen, ist es am besten, wenn wir uns unser Gleichgewicht im Hinblick auf die eigene Prakruti bewahren.

Vata. *Das Vata-Dosha besteht aus den Elementen Äther und Luft. Menschen mit einer Vata-Veranlagung haben im Allgemeinen eine schnelle Auffassungsgabe und sind kreative Denker. Sie lernen sehr schnell Neues, aber sie vergessen Dinge auch ebenso schnell wie sie sie lernen. Vata ist das Prinzip der Bewegung und als solches grundlegend für alle körperlichen und geistigen Funktionen. Kommt es jedoch aus dem Gleichgewicht, so neigt dieser Aspekt, Vata, zu fehlender Erdung. Die Attribute von Vata sind: trocken, leicht, kalt, rau, fein, beweglich, klar und sich verteilend. Die Jahreszeit, in der Vata sich am ausgeprägtesten zeigt, ist der Herbst. Immer wenn sehr trockene Luft herrscht oder wenn es sehr windig oder kalt ist, heißt es für Vata-Personen besonders aufpassen.*

Befindet sich eine Vata-Person innerlich im Gleichgewicht, so ist sie sehr gedankenklar, kreativ, inspiriert und flexibel. Ist sie aus dem Gleichgewicht, so wird sie dazu neigen, nervös zu werden, unter Ängsten und Furchtsamkeit zu leiden, sich Sorgen zu machen, vergesslich zu sein und geistig sehr zerstreut (Letzteres ist wichtig in Zusammenhang mit ADHS). Kommt es zu einer übermäßigen Entstehung von Gasen, so ist das ein gutverlässliches Zeichen dafür, dass Vata aus dem Gleichgewicht ist. Der hauptsächliche Sitz von Vata im Körper ist der Unterleib, vor allem der Dickdarm; von dort kommen auch die Gase.

Eine weitere Vata-Region ist der untere Rückenbereich, Vatas müssen also besonders vorsichtig auf diese Gegend achten. Noch eine weitere Vata-Region sind alle Gelenke des Körpers. Gelenke sind Punkte, an denen Bewegung stattfindet, also findet sich Vata – das Prinzip der Bewegung – besonders stark in den Gelenken. Die meisten Formen von Arthritis gehen auf viel Vata in den Gelenken zurück. Zur Arthritisvorbeugung ist es wichtig, täglich einfache, sich wiederholende Bewegungen durchzuführen, die jedes Gelenk trainieren. Auch Leinöl ist besonders gut dafür, dass die Gelenke immer gut geölt und gesund bleiben, und überhaupt ist es ganz allgemein gut für Vatas.

Hiermit genug zum Thema Ungleichgewicht. Sprechen wir nun darüber, wie man Vata wieder ausgleicht. Im Grunde geht man dabei so vor, dass man immer das genaue Gegenteil von dem Vata-Attribut anwendet, das gerade aus dem Gleichgewicht ist. Wenn Sie sich zum Beispiel sehr ausgetrocknet fühlen, trinken Sie Wasser. Wenn Ihnen kalt ist, essen Sie etwas scharf Gewürztes oder ziehen eine Jacke über.

Hier einige Dinge, die Sie tun können, damit Vata im Gleichgewicht bleibt:

Halten *Sie sich warm. Nehmen Sie wärmende Speisen zu sich (»The Ayurvedic Cookbook« von Amandea Morningstar und Urmila Desai enthält tonnenweise phantastische Rezepte zum Ausgleich aller Doshas).*[20]
Vorsicht *mit Rohkost und Bohnen.*
Warme, *feuchte und ölige Nahrung ist sehr gut für Vatas, ebenso Sesamöl und Ghee (geklärte Butter).*[21]
Am besten *für Vatas sind Speisen mit süßem, saurem und salzigem Aroma, solange es sich bei der Süße um natürliche Fruchtzuckersüße handelt, und nicht um raffinierten Weißzucker.*
Leben Sie *in einem warmen, feuchten Klima, etwa in den Tropen.*
Gehen Sie sparsam mit Ihrer sexuellen Energie um *– vor allem die Männer. Eine Erschöpfung des sexuellen Energielevels resultiert in einer sehr niedrigen Vitalität und führt zu extremer geistiger Trägheit und Mattigkeit. Vatas weisen von den drei Doshas in der Regel die geringste Menge an sexueller Energie auf und verlieren sie am leichtesten.*
Und zu guter Letzt (sehr wichtig): *Schaffen Sie sich einen geregelten Tagesablauf und eine bestimmte Routine. Vatas neigen dazu, sich vom Wind tragen zu lassen, wo er auch hinweht, und dies wird sie im Übermaß aus dem Gleichgewicht bringen wie nichts anderes.*
Vatas sind gewöhnlich grazil und sehr zart gebaut. Sie sind oft vom Typ her dunkler als die anderen Doshas. In der Regel ist das Verdauungsfeuer bei ihnen am schwächsten, also hilft es ihnen beim Erhalt ihres inneren

20) Es gibt auch wunderbare deutschsprachige Bücher zum Thema, sehr empfehlenswert ist etwa »Ayurveda. Typgerecht kochen«, von Anne Bühring und Petra Räther, Gräfe und Unzer,
ISBN 3-7742-2808-6 (Anm. d. Übers.).
21) Herzustellen durch Schmelzen und Köcheln der Butter im Topf bei geringer Hitze. Je nach Menge der Butter dauert es 20-60 Minuten, bis das Wasser verkocht ist und auf der Oberfläche ein Schaum entsteht. Nicht umrühren oder abschöpfen. Sobald sich der Schaum verfestigt hat und sich am Topfboden eine hellbraune Kruste bildet, obere Schaumschicht abschöpfen und das klare Butterschmalz vorsichtig durch ein mit Küchenkrepp oder einem Tuch ausgelegte Sieb gießen. Der weiche Belag am Boden wird weggeworfen. Diese »geklärte Butter«, auch »Butterschmalz« oder »Ghee« genannt, ist sehr haltbar. Wem dies zu viel Mühe macht: Fertigprodukte wie Butaris aus dem Kühlregal des Supermarkts erfüllen notfalls den gleichen Zweck, enthalten aber laut Angaben von Anne Bühring und Petra Räther in »Ayurveda. Typgerecht kochen«, S. 21, chemische Zusätze (Anm. d. Übers.).

Gleichgewichts sehr, leichtverdauliche Kost zu sich zu nehmen. Vatas ermüden auch schneller als die anderen Doshas, dabei sind sie ironischerweise die ersten, die aufspringen und anleiern, was immer anzuleiern ist. Genau das ist noch ein weiterer Faktor, der beachtet werden sollte: Wissen, wann es genug ist. Vatas werden immer etwas tun wollen. Sie sind tendenziell rastlose Gemüter, werden aber manchmal merken können, dass sie, wenn sie einfach nur zu Hause bleiben und sich ausruhen, plötzlich mehr Energie haben. Vata ist immer das erste, was im Körper aus der Balance kommt. Menschen mit viel Vata müssen hier also besonders vorsichtig sein.

Pitta. *Das Pitta-Dosha setzt sich aus den Elementen Feuer und Wasser zusammen. Die Attribute von Pitta sind heiß, ölig, scharf und durchdringend, hell, beweglich, flüssig und sauer riechend.*
Gewöhnlich treten an Pittas am ehesten ihre heißen und feurigen Eigenschaften in Erscheinung. Sind sie aus dem Gleichgewicht, neigen sie zu Wutausbrüchen, Eifersucht, heftigem Konkurrenzverhalten und zu einem sogenannten Typ-A-Verhalten.[22] *Sind sie im Gleichgewicht, sind sie großartige Führungspersönlichkeiten. Sie übernehmen leidenschaftlich gerne Verantwortung für sich selbst und mitunter für andere, sie sind sehr gut organisiert, sehr entschieden und haben große Willenskraft.*
Die Jahreszeit, zu der Pitta am höchsten ist, ist der Spätfrühling und Sommer. Pitta blüht in einem kühlen, trockenen Klima besonders auf. Pitta ist das Prinzip der Verdauung und Absorption. Die zentralen Pitta-Orte im Körper sind Magen und Dünndarm. Ist das Gleichgewicht gewährleistet, fördert dies eine sehr gute Verdauung und Nährstoffaufnahme. Aus dem Gleichgewicht geraten, kann der Pitta-Typ unter einem übersäuerten Magen leiden oder es kann sogar zu Magengeschwüren führen.
Hier einiges, was Sie zum Pitta-Ausgleich tun können:

Sorgen Sie *dafür, dass Sie kühl bleiben.*
Leben Sie *in einem kühlen, trockenen Klima.*

22) Diese Bezeichnung entstand bereits in den Sechzigerjahren und kennzeichnet einen psychischen Menschentyp mit einer leistungsorientierten, feindselig-aggressiven Grundhaltung, der stets in Zeitnot ist und mit anderen konkurriert und überproportional häufig von Herz- und Gefäßerkrankungen betroffen scheint (Anm. d. Übers.).

Vermeiden *Sie einen Überschuss an Ölen, Gebratenem oder Fritiertem, Koffein, Salz, Alkohol, rotem Fleisch und scharfen Gewürzen.*
Nehmen Sie *viel frisches Obst und Gemüse zu sich.*
Meiden Sie *sauer, salzig und/oder scharf schmeckende Speisen*
Essen Sie *Speisen mit süßem, bitterem und herbem Geschmack.*
Lernen Sie, *Ihre Gefühle auf eine positive und konstruktive Weise auszudrücken.*

Eine Pitta-Person hat im Allgemeinen einen mittelmäßig stabilen Körperbau und einen sehr athletischen Körper. Der Pitta-Typ ist eher hell, er hat blondes oder rotes Haar, einen hellen Teint, blaue oder grüne Augen und Sommersprossen. Pittas haben viel Durchhaltevermögen und Vitalität, und das brauchen sie auch, da sie so stark unter Dampf stehen.
Wenn Pittas eine Zeitlang nichts mehr gegessen haben, ist Vorsicht angebracht; ihr starkes Verdauungsfeuer kann sich wirklich schnell in Gereiztheit oder Ärger wandeln, wenn keine Nahrung da ist, die es aufsaugt.
Das Allerwichtigste im Hinblick auf Pitta und ADHS ist, seinen Gefühlen Ausdruck zu verleihen. Das ist für den Pitta-Typ sehr wichtig. Wird der kreative Ausdruckswillen von Pittas unterdrückt, so kann sich das unausgedrückte Gefühl in ein Geschwür oder einen kochenden Kessel der Wut verwandeln. Geben Sie Ihren Kindern den Raum, sich auszudrücken. Wichtig ist, dass der Ausdruck konstruktiv und positiv ist. Ein unausgeglichenes Pitta ist anfällig für Wut und Ärger, das ist also etwas, auf das es zu achten gilt. Wut, sei es mit Worten oder körperlich ausgedrückt, tut der Welt selten gut. Bringen Sie Ihr Pitta unter Kontrolle und drücken Sie sich positiv aus.
Der Pitta-Typ ist ebenso zu Liebe fähig und dazu, intensiv zu inspirieren, wie er wütend und eifersüchtig werden kann.

Kapha. *Kapha setzt sich aus den Elementen Erde und Wasser zusammen. Hauptattribute von Kapha sind: schwer, langsam, kalt, ölig, schleimig, dicht, weich und statisch. Menschen mit einer Kapha-Konstitution haben einen massiveren Körperbau. Kaphas neigen stark zu Übergewicht. Sie haben einen hellen und leuchtenden Teint, mit weicher, fettiger Haut. Gewöhnlich haben sie dickes, dunkles, fettiges und gewelltes Haar und ihre Augen sind groß, dunkel und auffallend schön.*
Der Kapha-Typ ist, sofern im Gleichgewicht, sehr gut geerdet. Aus dem Gleichgewicht gebracht, ist er zu sehr geerdet. Kaphas können dann unter Trägheit, Depressivität, Antriebsarmut leiden und schlafen zu viel. Von

allen Doshas kommt der Kapha-Typ mit der geringsten Schlafmenge aus, dabei ist er es, der am liebsten schläft.
Kaphas sind mit Stärke, viel Durchhaltevermögen und einer insgesamt hohen Vitalität gesegnet, sofern sie sich im Gleichgewicht befinden. Im Allgemeinen lernen sie langsam, vergessen jedoch einmal Gelerntes nur selten. Sie sind gut im Geldverdienen und darin, Geld zu halten. Sie neigen zu Habgier und dazu, an Dingen zu kleben. Das liegt an ihrer besonderen Energie. Sie tun sich schwer damit, überschüssige Pfunde loszuwerden sowie überhaupt generell, Dinge loszulassen. Sie können sehr dickköpfig sein und dazu neigen, sich in eingefahrenen Gleisen zu bewegen. Befinden sie sich im Gleichgewicht, so sind Kaphas sehr zuverlässig, liebevoll, mitfühlend, stark, geerdet, diszipliniert und ausdauernd.
Hier einige Dinge, mit deren Hilfe sich Kapha im Gleichgewicht halten lässt:

Suchen Sie *sich jeden Tag viel körperliche Betätigung. Der Kapha-Typ ist von allen am ehesten in der Lage, ein anstrengendes Training durchzuhalten.*
Vorsicht *bei fetthaltigen Speisen, meiden Sie Gebratenes und Fritiertes.*
Nehmen Sie *Speisen zu sich, die warm, leicht und trocken sind.*
Meiden Sie *süß, salzig und sauer schmeckende Speisen.*
Essen Sie *Speisen mit einem scharfen, bitteren und/oder herben Geschmack. Rohkostsalate sind für den Kapha-Typ ausgezeichnet.*
Haben Sie keine Angst *vor Veränderungen und Spannendem.*

Am höchsten ist Kapha im Winter und frühen Frühjahr. Das ist für den Kapha-Typ die Zeit, in der es für ihn am wichtigsten ist, auf seine Ernährung zu achten. Kaphas fühlen sich am meisten im Gleichgewicht, wenn sie in einem trockenen, heißen Klima leben, etwa in der Wüste.
Worauf es bei Kaphas und im Hinblick auf ADHS am meisten ankommt, ist ihr Mangel an Motivation und ihre Trägheit. Das Beste, was man hier tun kann, ist jeden Tag für tüchtiges Training zu sorgen. Hatha Yoga ist für Kaphas hervorragend, aber nicht die sachten Formen. Etwas wie Ashtanga-Yoga oder Bikram-Yoga ist perfekt, sobald man sich daran gewöhnt hat, Hatha-Yoga-Übungen zu absolvieren. Kaphas haben die meiste Kraft und das größte Durchhaltevermögen, von daher fällt es ihnen viel leichter als dem Vata- oder Pitta-Typ, energisch zu trainieren.
Ebenfalls gut für den Kapha-Typ ist es, früh aufzustehen und früh zu Bett zu gehen. Zu viel Schlaf wird bewirken, dass der Kapha-Typ sich ebenso müde

fühlt, wenn nicht sogar noch müder, als ohne genügend Schlaf. Bis spät in die Nacht aufzubleiben, ist allerdings keine Lösung.

Zum Umgang mit Gelüsten nach bestimmten Nahrungsmitteln
Für viele mit ein Grund dafür, gesunde Kost zu meiden, ist ihre Überzeugung, dass gesundes Essen geschmacksneutral, fade oder langweilig sei. So geben viele Menschen entgegen ihrer guten Vorsätze ihren Gelüsten nach Süßigkeiten oder Junk Food nach, ohne zu erkennen, dass es köstliche und dabei gleichzeitig gesunde Alternativen gibt.
Das erste Jahrzehnt meiner psychotherapeutischen Laufbahn verbrachte ich damit, Menschen mit Essstörungen zu behandeln. Ich leitete ambulante und stationäre Kliniken für Essstörungen und schrieb diverse Bücher zum Thema. Meine Doktorarbeit befasste sich mit der Verbindung zwischen Kindesmissbrauch und der Entstehung von Essstörungen – eine Arbeit, die zur Grundlage für mein Buch *Losing Your Pounds of Pain* (Hay House 1995) wurde.
Mein Buch *Constant Craving* (Hay House 1995) beschäftigt sich eingehend mit der gesamten wissenschaftlichen und empirischen Forschung zum Verlangen nach bestimmten Nahrungsmitteln. In ihm werden die physischen, emotionalen und spirituellen Gründe dafür erklärt, warum es uns nach bestimmten Speisen verlangt.
Hier mein Passus zum Verlangen nach Zucker:
Mehrere Forscher haben sich mit dem angeborenen Verlangen nach Süßem beim menschlichen Neugeborenen beschäftigt. Man ließ Neugeborenen die Wahl zwischen einer gesüßten Flüssigkeit und klarem Wasser. Was meinen Sie, welche Flüssigkeit die Babys vorzogen? Nun, selbst Säuglinge, die gerade einmal einen Tag alt waren, tranken mehr, wenn man ihnen süße Flüssigkeiten anbot. Und damit noch nicht genug: je süßer und konzentrierter die Flüssigkeiten, desto mehr Flüssigkeit nahmen die Babys zu sich. Einige Wissenschaftler schließen aus Untersuchungen wie dieser, dass wir bereits mit einer Vorliebe für Süßes auf die Welt kommen.
Unser menschlicher Appetit auf Süßes könnte in grauer Vorzeit bei unseren Primatenvorfahren entstanden sein. Affen und andere Primaten zeigen eine Präferenz für süße Früchte gegenüber allen anderen Arten von Nahrung. Einige Wissenschaftler spekulieren, dass Früchte für unsere in Höhlen wohnenden Vorfahren eben ein sicherer Kalorien- und Energielieferant waren und dass wir infolge unseres Überlebensinstinkts eine natürliche Affinität zu Süßem entwickelt hätten. Dem gleichen Gedankengang zufolge

»wussten« wir, wenn wir als Sammler durch die Wildnis zogen, dass Süße gleichbedeutend mit Reife war. Tatsache ist, dass sämtliche Tiere lieber Süßes mögen als alle anderen Arten von Nahrung. Studien mit Pferden, Bären und Ameisen ergeben eine ihnen alle gemeinsame Liebe zu zuckersüßem Futter.
Unsere instinktive Suche nach süß schmeckenden Früchten ist in der heutigen Zeit verfälscht worden, sie verkam zu Gelüsten nach Schokoriegeln und Co. Ein Grund für diese »modernen« Gelüste ist die Tatsache, dass die meisten Lebensmittelgeschäfte gar keine wirklich süßen Früchte führen. Wir haben eine riesige Palette an Produkten zur Auswahl, doch ist ein Großteil davon künstlich gereift, geschmacklos und nicht süß genug, um uns zufrieden zu stellen.

Es gibt mehr als einen Grund, im Bioladen einkaufen zu gehen, wo wir Obst bekommen, das am Baum gereift und süß ist. Erzeugnisse aus biologisch-organischem Anbau haben immer mehr Geschmack, Vitamine und Mineralstoffe als konventionell angepflanzte Produkte. Ja, sie kosten etwas mehr, aber wie oft ist Ihnen schon Ihr Gemüse oder Obst aus konventionellem Anbau in der Gemüseschale vergammelt, weil niemand es aufaß? Es wurde deshalb nicht gegessen, weil es nach nichts schmeckte und unappetitlich war. Wenn Sie jedoch eine Schüssel mit Beeren, Weintrauben oder Karotten auf Augenhöhe Ihrer Kinder in den Kühlschrank stellen, werden Ihre Kinder motiviert sein, davon zu kosten. Und wenn sie erst einmal feststellen, dass sie schmecken, werden sie diese auch weiter essen.
Zudem werden Sie mit Freude merken, was für ein Unterschied es ist, wie Ihre Kinder reagieren, wenn Sie sie mit in den Naturkostladen nehmen. Kein Gebrüll, wenn Sie ihnen die Leckereien verweigern, die an den meisten Supermarktkassen zu finden sind, da Bioläden in Kassennähe meist gesunde Kleinigkeiten in den Auslagen haben. Sie brauchen auch keine Machtkämpfe mit Ihren Kindern vor dem Regal mit den Frühstückscerealien auszutragen, wenn sie etwas wollen, dass Lebensmittelfarbstoff und Zucker pur ist.

Empfindungen, Gelüste und Engeltherapie
Viele unserer Gelüste stellen einen unbewussten Wunsch dar, uns selbst quasi eine Arznei zu verabreichen. Jedes Nahrungsmittel, nach dem es uns heftig verlangt, verfügt über bestimmte stimmungs- und

energieverändernde Eigenschaften, durch die sich die Neurochemie unseres Gehirns sowie unser Blutdruck und unsere Pulsfrequenz verändert. Wenn wir ein Verlangen nach einem Nahrungsmittel oder Getränk haben, liegt das oft daran, dass unser Körper spürt, dass wir aus dem Gleichgewicht sind (zum Beispiel wegen einer Lebenssituation, die uns aus dem Konzept bringt). Unser Körper verlangt nach einem Nahrungsmittel, das eine Homöostase, ein Gleichgewicht, erzeugt.

Wenn Menschen mir erzählen, nach welchen Speisen es sie verlangt, sagt mir das eine Menge darüber, was sich in ihrem Leben gerade abspielt. Es gibt vorhersehbare Muster, nach denen das Verlangen nach bestimmten Lebensmitteln mit bestimmten Daseinsproblemen zusammen hängt. Wir können uns von dem Verlangen nach diesen Speisen heilen, indem wir uns direkt mit der Lebensfrage auseinandersetzen. Ignorieren wir das Daseinsproblem, werden unsere Gelüste uns weiter verfolgen.
Auf der folgenden Seite sind einige weit verbreitete Gelüste, die auch bei Indigo-Kindern anzutreffen sind, in Gegenüberstellung mit dem jeweiligen Daseinsproblem. (Eine vollständige Aufstellung mit Hunderten von Gelüsten samt ihrer Bedeutung findet sich in meinem Buch *Constant Craving*).

Begehrte Speisen & Getränke	Bedeutung der Gelüste
Bier	Der Wunsch, Ängste außen vor zu lassen. Wir wollen mehr Liebe, Spaß und Anerkennung.
Cerealien & andere Frühstücksartikel	Hinausschieben; Versuch der Vermeidung, seine täglichen Aufgaben in Angriff zu nehmen.
Cheeseburger	Ein Gefühl der inneren Leere oder Unzulänglichkeit macht uns Angst, wir fühlen uns deprimiert. Versagensängste.
Käse (herzhaft)	Sich erschöpft und ausgelaugt fühlen. Ein Verlangen nach Trost und Erneuerung. Mattigkeit.

Chips	Stress oder bange Sorge, begleitet von dem Bedürfnis, die Last seiner Sorgen zu erleichtern. Auch ein Verlangen nach Bestätigung.
Schokolade	Verlangen nach Romantik und Liebe.
Kaffee	Ausgelaugtheit von einer Beschäftigung mit Dingen, die für Sie bedeutungslos sind oder Sie einschüchtern. Sich ausgebrannt fühlen, Ressentiments oder Enttäuschung in der Arbeit.
Cola light	Ein Verlangen, sich satt und energiegeladen zu fühlen. Auch ein Wunsch nach aufregenden romantischen Empfindungen.
Cola (normal)	Der Versuch, sich die eigene Motivation und Energie zu erhalten, während man gegen innerlichen Stress ankämpft.
Eis	Der Versuch, sich bei Niedergeschlagenheit zu beruhigen und zu regenerieren.
Pommes Frites	Sich unsicher oder leer fühlen.
Nüsse	Zu viel Stress und nicht genug Spaß. Der Wunsch nach Spielerischem.

Engelstherapie bei Gelüsten nach Speisen

Ich war jahrelang schokoladensüchtig und verspeiste meine tägliche Ration Schokolade. Besonders ausgeprägt war mein Verlangen nach Schokolade unmittelbar bevor ich meine Tage bekam. Als die Engel mir mitteilten, dass ich die Schokolade aufgeben sollte, um meine spirituelle Frequenz zu erhöhen, war ich traurig und bedrückt. Sie erklärten mir, dass der Zucker sowie die anregende Substanz Phenylethylamin (P.E.A.) mich davon abhielt, spirituelle Informationen von höheren Ebenen zu erhalten. Sie sagten, die Schokolade sei in Wirklichkeit »pseudo-göttliche Liebe« und dass es mich nach ihr verlangte, weil ich eigentlich ein Verlangen nach Gottes Liebe hätte. Das klang nachvollziehbar, aber ich fragte mich dennoch, wie ich es denn anstellen sollte, auf etwas zu verzichten, wonach es mich doch tagtäglich verlangte.

Ich sprach zu den Engeln: »Ich würde die Schokolade ja gerne aufgeben, wenn ich nicht ein solches Verlangen danach hätte.« Und sie gaben

zurück: »Heißt das, dass du uns bittest, dir bei der Aufgabe deines Verlangens behilflich zu sein?« Da wurde mir klar, dass die Engel meine Einwilligung brauchten, bevor sie mir helfen konnten. Auch hier gilt also Gottes Gesetz des freien Willens, das besagt, dass nicht einmal der Schöpfer eingreifen kann, sofern wir ihn nicht um Hilfe bitten.
Also sagte ich zu den Engeln: »Ja, bitte helft mir und heilt mich davon. Bitte befreit mich von meinen Gelüsten nach Schokolade.« Am nächsten Tag wollte ich keine Schokolade mehr. Ich habe sie seit diesem Tag im Jahr 1996 auch nie mehr gewollt. Selbst als ich mir im Kino den Film *Chocolat* ansah, hatte ich während oder nach der Filmvorstellung absolut kein Verlangen nach Schokolade.

Ich habe diese Methode seitdem an meine Workshopteilnehmer(innen) und Vortragsbesucher(innen) weitervermittelt. Viele haben mir erzählt, dass die Engel sie von ihren Gelüsten nach Schokolade, Alkohol, Zigaretten und anderen Substanzen oder bestimmten Verhaltensweisen geheilt hatten, die ihrer Gesundheit oder ihrem Glück im Wege standen.

Sie können Engel zu Ihren Indigo-Kindern hinsenden und darum bitten, dass diese himmlischen Wesen dabei helfen, Ihre Kinder von ihren Gelüsten zu heilen. Die Engel »dürfen« sich bei anderen insoweit einmischen, wie Sie von einer Situation mitbetroffen sind.
Hier ein Beispiel für ein Gebet in dieser Sache:

»Ich bitte Gott und euch Heilengel, vor allem Erzengel Raphael, zu meinen Kindern zu gehen und sie von jedem Verlangen nach Essen oder anderen Substanzen zu befreien, das ihrer Gesundheit, ihrem Glück oder Daseinszweck im Wege steht. Ich bitte um euer Eingreifen in dieser Angelegenheit in dem Maße, in dem ich selbst von ihr betroffen bin. Ich übergebe nun die gesamte Situation in eure Hände und weiß, dass sie hiermit bereits Heilung gefunden hat. Ich danke euch.«

ZEHN

Ventile für die Kreativität von Indigos

Indigo-Kinder, Hochbegabte, Kinder, bei denen die Diagnose »ADS« oder »ADHS« gestellt wurde sowie erwachsene Lichtarbeiterinnen und Lichtarbeiter weisen fast immer eine Dominanz der rechten Gehirnhälfte auf. Wissenschaftliche Studien zur Durchblutung und der Aktivität im Gehirn von ADHS-Kindern zeigen, dass sie stärker vom Sehzentrum des Gehirns Gebrauch machen als von jenem Hirnlappen, in dem das logische Zentrum angesiedelt ist.

Dies bedeutet, dass ihre Interaktionen mit der Welt primär über ihre rechte Gehirnhälfte laufen, deren Schwerpunkt auf Visionen und Gefühlen liegt und die eine Verbindung zu nicht sprachlichen Gebieten wie Kunst, Musik, Mathematik, Philosophie, Psychologie und übersinnlichen Fähigkeiten aufweist. Menschen, bei denen die rechte Gehirnhälfte dominiert, können hervorragende Schriftsteller(innen) und Sprecher(innen) abgeben, vorausgesetzt, sie lernen, wie sie ihre geistigen Bilder und starken innerlichen Empfindungen in Worte übertragen können.

Die linke Gehirnhälfte hingegen beschäftigt sich mehr mit Worten, und eine stärker von der linken Gehirnhälfte bestimmte Person wird von Natur aus versiert in Grammatik und Vokabular sein. Ein solcher Mensch ist gewöhnlich ordentlich und leistet Anweisungen von Autoritätspersonen gerne Folge und begrüßt diese Anweisungen sogar.

Der Mensch, bei dem die rechte Gehirnhälfte dominiert, ist stark intuitiv und richtet sich nur nach »wohlmeinenden Autoritäten« – und auch dann nur vorausgesetzt, dass er die Motivation und Ziele der Autoritätsfigur versteht und auf sie vertraut. Solche Menschen lernen über das Sehen, und sie kommen mit Diagrammen, Tabellen, Dias und Demonstrationen besser zurecht als damit, etwas zu lesen oder einen Vortrag dazu zu hören.

Da Menschen mit einer Dominanz der rechten Gehirnhälfte sehr scharfe Sinne haben, sind sie leicht abzulenken. Sie können das leiseste Ticken des Zeigers an der Schuluhr hören sowie den hellen Ton, der von den Neonröhren ausgeht. Jeffrey Freed, M.A.T, Autor von *Zappelphilipp und Störenfrieda lernen anders*, berichtete über einen Jungen namens Herb, der über ein außerordentlich feines Gehör verfügte. Ihm erging es wie einer Person, die ein Hörgerät trägt, das sehr laut eingestellt ist, so dass die Geräusche überlaut klingen. Wenn jemand sich mit Herb in ganz normaler Gesprächslautstärke unterhielt, ging Herb davon aus, dass sein Gegenüber ihn anschrie. Das mag erklären, warum Ihre Indigo-Kinder in Verteidigungsstellung gehen, wenn Sie mit ihnen reden.

Indigo-Kinder und erwachsene Lichtarbeiterinnen und Lichtarbeiter hören gewöhnlich einen ganz hohen Ton in einem Ohr. Es handelt sich um eine Frequenz, die ihre Führer und Engel ihnen schicken, um ihnen zu helfen. Es unterstützt sie dabei, ihre Emotionen und Gedanken auf eine Stufe über dem Problembewusstsein des rasenden Verstandes zu heben. Außerdem trägt das Geräusch verschlüsselte Informationen in sich, die nonverbal für sie heruntergeladen werden. (Sollten Sie dieses Geräusch übrigens hören und es stört sie, so können Sie Ihre Engel im Geist bitten, es leiser zu stellen, und sie werden dieser Bitte gerne entsprechen.)

Schwerhörige klagen oft, dass ihr Hörgerät für sie eher ein Fluch sei als ein Geschenk. Hilfsmittel dieser Art bewirken, dass sie alles gleich laut hören, statt nur das, was sie mit ihrem Gehör anpeilen wollen. Die Folge davon ist, dass viele Menschen ihr Hörgerät nicht einsetzen. Sie entscheiden sich lieber dafür, sich von allen Geräuschen abzuschneiden, als von Lärm überwältigt zu werden. Bei familiären Zusammenkünften mag es also den Eindruck erwecken, als seien diese Individuen lustlos oder ungesellig. In Wirklichkeit jedoch sind sie nur schwerhörig.

Der gleiche Prozess trifft auf Indigo-Kinder zu, die von optischen, akustischen und emotionalen Reizen überschwemmt werden. Sie schotten sich ab, indem Sie sich entweder in ihr Schneckenhaus zurückziehen oder sich aggressiv abreagieren.

Visuelle Lehrmittel sind bei der Arbeit mit Indigo-Kinder eine großartige Hilfe. Haushaltskürzungen haben an vielen Schulen zu einer Beschneidung des Kunstunterrichts geführt, doch gibt es viele Engel unter den Lehrern, die in ihre eigene (oft nicht gerade übervolle) Tasche greifen, um Material für den Kunstunterricht zu bezahlen. Bei einem Teil der Lehrerinnen und Lehrer dominiert die linke Gehirnhälfte. So hatten sie im Schulsystem Erfolg. Die von der linken Gehirnhälfte dominierten Individuen sind außerordentlich gut organisiert, halten sich an die Regeln und sind konzentrierte Zuhörer. Oft nehmen sie jedoch an, dass andere genau auf die gleiche Weise lernen und dass jeder glücklich wäre, wenn er doch auch nur ein solch organisiertes Leben führen würde. Sie erkennen nicht, dass ihre Methoden für Menschen, die Informationen visuell verarbeiten, mehr oder weniger unwirksam sind.

Hungrig nach Kreativität

Indigo-Kinder brauchen ein Ventil, über das sie ihre kraftvolle Energie ausdrücken können. Körperliches Training ist ein Weg, Dampf abzulassen, damit sie nicht explodieren wie ein Dampfkochtopf. Kreativität ist ein weiterer Weg. Beide sind sehr wichtig. In vielen meiner Sessions melden sich die Engel bei mir und regen an, dass Indigo-Kinder sich mit einer Art von künstlerischem Projekt befassen. Welches, spielt keine Rolle: Perlenschmuck basteln, ein Kinderzimmer dekorieren, Fotografie, Tanz, Musik, Sandburgen bauen, Kritzeleien oder kreatives Kochen.

Gabrielle Zale ist Kunst- und Musiktherapeutin und arbeitete elf Jahre lang mit Kindern. 1995 eröffnete sie den Bereich Kunsttherapie an einem Wohn- und Therapieprojekt für Jugendliche, und sie erinnert sich, wie positiv sich die Künste auf die in Schwierigkeiten steckenden Teenager auswirkten:

Die Kinder, mit denen ich im Rahmen des Wohn- und Therapieprojekts arbeitete, waren und sind nach jeder heute bekannten Definition Indigo-Kinder. Indem ich ihnen half, sich kreativ auszudrücken, konnte ich mit diesen Kindern, die solchen Missbrauch erlebt hatten und so gestört waren, dass sie es normalerweise nicht einmal schafften, sich auch nur für ein paar Minuten zu konzentrieren, tagtäglich Wunder erleben.

Ich konnte feststellen, dass der eine Aspekt, den die Kinder mehr als alles andere wollten, Frieden war. Außerdem stellte ich fest, dass sie es mehr als alles andere brauchten, die Schätze zu finden, die tief im Innern verborgen sind und ihnen durch Kreativität und Phantasie Ausdruck zu verleihen … Gesang, Tanz, Malerei und Theater. Schon das allein begann ihr Verhalten völlig umzudrehen.

Sie bastelten und bemalten ihre gesamten eigenen Requisiten für ein Stück, das ich für sie geschrieben hatte und in dem es um viele der großen Indianerhäuptlinge ging. Sie sangen wunderschöne folkloristische und spirituelle Gesänge zu Frieden und Liebe. Ich hatte in Anbetracht der Musik, die sie

gewöhnlich hörten – Heavy Metal, Hard Rock – nicht erwartet, dass sie diese Art von Songs mögen würden, aber ich sah jeden von ihnen aus dem Herzen heraus singen und tanzen.
Außerdem konnte ich miterleben, wie sie mit einem Mal Verantwortung übernahmen und vertrauenswürdig wurden, als ich ihnen teures Equipment und Requisiten anvertraute. Diese Kinder schulterten die Verantwortung voller Freude und Begeisterung, weil ich mein Vertrauen in sie gesetzt hatte.
Der Wohnheimleiter fragte mich, ob ich im Begriff sei, eine »Pollyanna«[23] zu werden, da ich mit den Kindern nie über negative Punkte sprach. Ich sagte ihm, ich hoffe es sogar, denn Pollyanna sei, wie ich Marianne Williamson einmal sagen gehört hatte, »eine Wunderarbeiterin« gewesen. Sie sah das Beste in anderen, und genau das bekam sie auch von ihnen zurück.
Ich stelle fest, dass Indigo-Kinder auf Wahrheit ansprechen und die Lügen in unserem System verabscheuen. Ich habe sehr feste Grenzen, was sie angeht, aber ich zeige immer auch Einfühlungsvermögen und Mitgefühl. Ich merke, dass diese Kinder diese Art der Korrektur und Kontrolle akzeptieren und darauf reagieren.
Erhält die Energie der Indigo-Kinder keine positive Richtung, so kann sie auf sehr negative, destruktive Weisen eingesetzt werden, und genau das geschieht heute an unseren Schulen.
Ich habe bei all diesen Indigos komplette Kehrtwendungen erlebt, wenn sie ihre Kreativität und Phantasie anwenden. Sie versenken sich dann ganz in ihrem Tun und fließen frei. Sie verlieren fast ihre gesamten Launen und fließen aus dem Herzen heraus. Sie werden mitfühlend und haben ein angeborenes Gefühl, als Ganzes zusammenzuwirken. Soweit zu dem, was ich in all diesen unterschiedlichen Projekten beobachten konnte, die ich schon geleitet habe.

Ein Indigo-Mädchen namens Dawn sagt, dass jede Art des kreativen Selbstausdrucks, insbesondere Malen oder Musikhören, sie in eine gute Stimmung versetzt. Sie sagt, wenn sie schöpferisch tätig sei, fließe ihre Energie auf eine Weise, bei der sie sich gut fühle.
Wie zuvor von mir erwähnt, scheinen Indigo-Kinder ein höheres Maß an Anregungen zu brauchen als andere Kinder. Vielleicht liegt es ja

23) Ein amerikanischer Kinderbuchklassiker (auch von Disney verfilmt) über ein Waisenkind, das alle, denen es begegnet, mit seinem Optimismus und frohen Naturell ansteckt (Anm. d. Übers.).

daran, dass die Indigos eine harte Mission erwartet. Unabhängig von der Frage nach dem »Warum« jedoch brauchen die Indigo-Kinder ihnen gesundheitlich zuträgliche Quellen der Anregung wie Musik, Gartenarbeiten, Yoga, Singen, Tanz und so weiter. Wenn Indigo-Kinder keinen Zugang zu kreativen Ventilen und sonstiger gesunder Stimulation haben, schaffen sie sich gewöhnlich ihre eigene Form der Stimulation. Also reagieren sie sich vielleicht ab, um auf sich aufmerksam zu machen, oder sie sorgen für eine hochgradig dramatische Krise, die ihnen das Gefühl gibt, etwas ganz Besonderes zu sein.

Der Lernstil der Indigo-Kinder

Menschen mit einer Dominanz der rechten Gehirnhälfte, wie etwa Indigo-Kinder und erwachsene Lichtarbeiter und Lichtarbeiterinnen, lernen mehr durch das, was sie sehen als durch das, was sie hören. Marianne erzählte mir, dass ihr Indigo-Sohn Brad solange, bis sie seinen visuell orientierten Lernstil begriff, nicht gut in der Schule zurecht kam. Sie erinnert sich daran wie folgt:

Er versuchte immer, eine Liste von Wörtern, die es zu buchstabieren galt, phonetisch und durch ständiges Wiederholen oder Schreiben der Worte auswendig zu lernen. Doch so sehr Brad sich auch bemühte, er konnte bei seinen Rechtschreibtests nicht mehr als ein »befriedigend« erreichen.
Dann begann ich mich mit Brad darüber zu unterhalten, wie er Informationen verarbeitete. Beinahe zufällig entdeckte ich, dass Brad dann, wenn er sich etwas merken will, das zu Merkende vor seinem geistigen Auge »sieht«. Das brachte mich auf eine Idee. Statt Brad beim bloßen Memorieren zu helfen, begann ich mit ihm zu trainieren, sich einzuprägen, wie die zu buchstabierenden Worte aussahen. Die Erfolge waren erstaunlich!
Den nächsten Rechtsschreibtest bestand er zu hundert Prozent. Ich konnte sehen, dass es auch wirklich sein Selbstvertrauen hob. Nun verwendet er die gleiche visuelle Erinnerungstechnik für Hausaufgaben in Mathematik, Geschichte und Staatsbürgerkunde. Er prägt sich einfach alles, was er sich merken muss, mit seinem visuellen Gedächtnis ein. Dann schließt Brad während der schulischen Tests einfach die Augen und »liest« das Material an den Bildern vor seinem geistigen Auge ab.

Marianne sagte, dass sie dabei sei, Brad zu einer Schule umzumelden, in der die unterschiedlichen Lernstile bei Kindern zur Kenntnis genommen werden. Die meisten traditionellen und öffentlichen Schulen basieren auf einem von der linken Gehirnhälfte dominierten, linearen Lernansatz, also kann es sein, dass Sie etwas nachforschen müssen, um eine Schule zu finden, die anerkennt, das ADHS in Wirklichkeit ein Anzeichen für ein Kind mit einer Dominanz der rechten Gehirnhälfte in einer von der linken Gehirnhälfte dominierten Schule ist.

Wie Marianne können auch Sie feststellen, welcher Lernstil bei Ihren Kindern vorliegt, indem Sie ihnen Fragen dazu stellen, wie sie sich Dinge merken oder wie sie denken. Einige Beispiele wären:

Fragen Sie Ihre Kinder, wenn Sie sie beim Tagträumen beobachten, behutsam, woran sie gerade denken. Fragen Sie sie, ob sie den Tagtraum in erster Linie vor sich sehen, oder ob sie sich auf Gedanken konzentrieren. Tagträume, die visions- oder gefühlsorientiert sind, verweisen darauf, dass beim Denken eher die rechte Gehirnhälfte zum Einsatz kommt.

Fragen Sie Ihre Kinder, nachdem Sie zusammen einen Film oder eine Fernsehsendung gesehen haben: »Was hat dir daran am besten gefallen?« Stellen Sie bei ihren Antworten fest, ob sie am meisten darauf geachtet haben, wie Szenen im Film oder die Schauspieler aussahen (so denken die »Rechtshirner«), was sie dabei empfunden haben (rechte Gehirnhälfte), was die Botschaft des Films war (linke Gehirnhälfte) oder was sie daraus gelernt haben (linke Gehirnhälfte).

Sollten Sie feststellen, dass Ihre Indigo-Kinder bevorzugt die rechte Gehirnhälfte einsetzen, ist es wichtig, ihnen bei der Ausbildung ihres von Natur aus vorhandenen eidetischen Gedächtnisses zu helfen. Seien Sie darauf bedacht, diese Gabe zu verstärken. Sie können gewiss sein, dass ihre visuelles Orientierungsvermögen ein besonderes Werkzeug ist, das ihnen auf vielen Gebieten des Lebens eine Hilfe sein wird.

ADHS oder kreativ?

In dem Buch *Die Indigo-Kinder* schrieb ich über die Ähnlichkeiten zwischen hochbegabten und kreativen Kindern einerseits und Kindern, die fälschlicherweise als ADHS-gestört diagnostiziert werden andererseits. Ich wurde in meiner Kindheit als »hochbegabt« eingestuft und kam in Sonderklassen, dazu übersprang ich ein Schuljahr. Ich bin so dankbar, dass damals die Diagnose »ADHS« noch nicht existierte, ansonsten hätte man mir womöglich Medikamente verabreicht, statt mich in eine Förderklasse zu versetzen.

Diese Klassen nährten meine Seele auf eine tiefe, befriedigende Weise. Die Lehrer hatten immer Unterrichtsstunden, Spiele und Aktivitäten für uns parat, die unser kreatives Denken herausforderten. Wir spielten mit der ganzen Klasse Wortspiele, was unsere sozialen Fähigkeiten unterstützte. Ich kann es Ihnen nur wärmstens empfehlen, Ihre Indigo-Kinder auf Kreativität und Hinweise auf eine vorliegende Hochbegabung prüfen zu lassen, selbst wenn sich diese Möglichkeit nicht in ihren Noten spiegelt. Bei vielen Indigo-Kindern, die sich im regulären Unterricht langweilen, zeigt sich ihr Hang zur Genialität erst dann, wenn sie in Förderprogramme gesteckt werden, die auf ihre Fähigkeiten abgestimmt sind.

Die Wissenschaftlerin Dr. Bonnie Cramond hat sich ausgiebig mit den Ähnlichkeiten zwischen Kindern beschäftigt, die hochgradig kreativ sind, und solchen, denen der Stempel »ADHS« aufgedrückt wurde. Dr. Cramond verweist auf eine Untersuchung an Kindern mit der Diagnose ADHS, bei denen Wissenschaftler herausfanden, dass ungefähr die Hälfte von ihnen in ihren Leistungen in Sachen Kreativität über der Siebzig-Prozent-Marke lagen. Und zweiunddreißig Prozent der ADHS-Kinder lagen im Hinblick auf ihre Leistungen im kreativen Bereich über der Neunzig-Prozent-Marke. Leider überprüfen nur sehr wenige Psycholog(inn)en und Psychiater(innen) bei der Beurteilung von Verhaltensweisen, die auf ADHS oder ADS schließen, ob Kriterien für eine »Hochbegabung« vorliegen.

Bonnie Cramond stieß auf wissenschaftliche Untersuchungen, die ergaben, dass bei beiden Gruppen (den hochgradig kreativen und den ADHS-Kindern) folgende Tendenzen bestehen:

Sie neigen dazu, den Unterricht zu stören und durch ihr Verhalten Aufmerksamkeit zu erheischen.

Sie werden von den Lehrkräften nicht so geschätzt wie Kinder, die sich konformer verhalten.

Sie neigen zu Verhaltensweisen, die von einem Streben nach Nervenkitzel oder Sensationen geprägt sind. Wissenschaftler glauben, dass Sensationslust einen kreativen Menschen dazu bringen kann, neue Erfahrungen zu entdecken, die er (oder sie) dann in seine Ideen und Erfindungen mit einbauen kann. Außerdem korreliert Risikobereitschaft (so ähnlich wie die Sensationslust) mit unternehmerischem und finanziellem Erfolg. Dieser Wesenszug erklärt vielleicht auch, warum sich Indigo-Kinder leicht zu langweilen beginnen, sobald sie »kapiert« haben, was ihnen jemand vermitteln will.

Sie sind leicht »unaufmerksam«. Sie hängen Tagträumen nach, sind in Gedanken mit neuen Ideen beschäftigt und damit, ihrer inneren Eingebung und spirituellen Führung nachzuspüren, und dabei blenden sie Gespräche oder Aktivitäten aus, die für sie nicht nach Wahrheit schmecken oder sich nicht mit dem decken, wofür sie sich begeistern können.

Sie weisen bekanntermaßen ein hohes Maß an »Übererregbarkeit« auf oder eine Neigung zum Herumzappeln und zur Hyperaktivität.

Sie sind oft leidenschaftlich und haben Temperamentsausbrüche.

Sie sind häufig unbeholfen im sozialen Miteinander. Sie können schüchtern, defensiv oder distanziert sein, da sie sich anders fühlen als andere und es leichter ist, allein zu bleiben als Hänseleien ausgesetzt zu sein.

Dr. Cramond folgerte: »Vielleicht ist das wichtigste Unterscheidungsmerkmal zwischen Individuen, die ihre geistige Beweglichkeit und Schnelligkeit in der Entwicklung neuer Ideen zu schöpferischen Zwecken einsetzen können und solchen Individuen, die stören und unproduktiv sind, das jeweilige Talent und die Gelegenheit, die Energie und ihre Ideen auf kreative Weise auszudrücken. Von daher ist es grundlegend wichtig, dass Sie Ihren Indigo-Kindern Möglichkeiten zu kreativer Betätigung bieten und sie mit Blick auf ihr »Anderssein« unterstützen.

Hier der Kommentar des Indigo-Kindes Dawn:

Sich selbst kreativ auszudrücken, ist wirklich wichtig, um seine tiefen Gefühle zum Ausdruck zu bringen. Versuche, wann immer du kannst, etwas zu zeichnen oder zu malen – und wenn es bloß Linien sind. Niemand außer dir wird es sehen. Schreibe ein Gedicht oder einen Brief an jemanden, mit dem du reden musst. Das wird dir helfen, mit bestimmten Dingen in deinem Leben zurechtzukommen. Du musst jeden Tag etwas Kreatives machen, damit sich etwas löst. Ansonsten baut sich immer mehr auf, bis es dann explodiert.

ELF

Was Indigo-Kinder sich von uns wünschen

In den meisten Büchern, die ich bei meinen Recherchen zu ADS, ADHS und Lernbehinderungen durchforstete, fand sich hervorragendes Material aus Wissenschaft und Medizin. Viele dieser Publikationen waren voll von Fallstudien, und doch überraschte es mich, dass nur sehr wenige Bücher Material direkt von den Kindern selbst enthielten.
Folglich beschloss ich, hier Gedanken der Indigo-Kinder mit einzubeziehen. Ich bat meine Indigo-Stieftochter Nicole, die Befragungen hierzu durchzuführen. Ich wusste, dass die Indigo-Kinder ehrlicher sagen würden, was sie im tiefsten Herzen empfanden, wenn sie eine fast Gleichaltrige vor sich hatten.
Nicole fragte Indigo-Kinder aus den unterschiedlichsten Verhältnissen und Altersgruppen: »Was würdet ihr den Erwachsenen gerne sagen, was helfen würde, dass wir besser miteinander klar kommen?« Die Jugendlichen und jungen Erwachsenen begrüßten diese Chance, das Wort zu ergreifen und uns etwas zu lehren. Hier ihre weisen Worte, von denen wir alle profitieren und lernen können:

Alec (einundzwanzig Jahre)

Frage: Was sollten die Erwachsenen deiner Meinung nach wissen, damit sie besser mit Kindern zurecht kommen?
Antwort: Sie sollten wissen, dass es Dinge gibt, die wir als junge Leute durchaus können. Erwachsene neigen dazu, zu denken, aufgrund ihrer Erfahrung wüssten sie alles besser. Es spielt keine Rolle, wie lange man etwas schon macht; worauf es ankommt ist, was man gemacht hat. Damit will ich nicht sagen, dass alle Erwachsenen unrecht haben, aber sie wissen nicht immer den Weg. Sie sollten uns besser aus unseren Erfahrungen klug werden lassen als aus ihren Worten. Sie sollten uns Entscheidungen fällen lassen, denn wir werden nicht gut darin, Entscheidungen zu fällen, wenn andere sie für uns treffen.
Frage: Was würdest du am Verhalten von Erwachsenen verändern, wenn du könntest?
Antwort: Sie sollten nicht so festgefahren sein. Ich kenne viele Erwachsene, die denken, dass das alles ist. Für sie ist ihre Art, Sachen

zu erleben und anzugehen, selbstverständlich. Sie sitzen irgendwann fest. Sie sollten erkennen, dass sie etwas ändern können, wenn sie nicht glücklich damit sind. Ich sehe eine Menge Leute, die in einem Job hängenbleiben, der ihnen nicht wirklich gefällt, und sie passen nicht gut auf sich auf, und dann wundern sie sich, warum sie sich gar nicht so super fühlen. Sie könnten besser auf sich aufpassen, sich besser ernähren und sich einen Job suchen, der ihnen gefällt. Aber sie wollen keine Veränderung, weil sie das nämlich schon so lange tun und es ihnen schwer fällt, das Muster zu durchbrechen. Es ist zur Gewohnheit geworden. Sie haben es lange Zeit geübt, und wenn man etwas übt, wird man irgendwann richtig gut darin.

Frage: Welche Werte haben dir deine Eltern unter anderem vermittelt?

Antwort: Die Sachen von anderen und andere Leute zu achten. Auf mich aufzupassen. Bei dem, was ich mache, mein Bestes zu geben und zu tun, was ich zu tun vorhabe, und das gut.

Frage: Welche Botschaft würdest du Erwachsenen gern übermitteln?

Antwort: Lasst die Kinder bis zu einem gewissen Grad selbst entscheiden. Bestrafung bringt nichts. Gebt ihnen Erklärungen – schreit sie nicht an, versohlt ihnen nicht den Hintern. Lasst sie üben, ihre eigenen Entscheidungen zu treffen, denn sie sind diejenigen, die selbst entscheiden werden, wenn sie älter sind. Wenn sie es nicht frühzeitig üben, werden sie dumme Entscheidungen fällen. Ich kenne so viele Kinder, die so strenge Eltern hatten, und sobald die Kinder aus dem Haus waren, machten sie dann alle möglichen idiotischen Sachen, und sie schadeten sich selbst, da sie nicht gelernt hatten, für sich zu entscheiden.

Frage: Welche falschen Vorstellungen haben die Erwachsenen im Hinblick auf euch?

Antwort: Meine Großeltern gehen nicht davon aus, dass ich wüsste, was gut für mich ist. Sie wollen, dass ich zur Schule gehe und meinen, ich müsste eine Ausbildung machen. Aber die Zeiten sind schwierig. Sie sind immerhin siebzig. Man braucht heute keine systematische Schule mehr zu durchlaufen. Die Menschen sind heute anders, aber es hat nicht den Anschein, dass sich das Schulsystem entsprechend verändert hat, um den Bedürfnissen der Kinder entgegenzukommen. Ich glaube nicht, dass man dazu gezwungen werden sollte, etwas zu lernen, für das man sich nicht interessiert. Bildung müsste doch größtenteils darin bestehen, zu tun, was man mit Interesse tun will.

Dawn (zwanzig Jahre)

Frage: Was sollten die Erwachsenen deiner Meinung nach wissen, damit sie besser mit Kindern zurecht kommen?

Antwort: Sie müssen aufhören, so viele Erwartungen in Kinder zu setzen und sollten sie auf natürliche Weise wachsen und sie selbst werden lassen, statt sie in ein System hineinzuzwingen

Frage: Was würdest du am Verhalten von Erwachsenen verändern?

Antwort: Ich denke, die Mehrheit der Erwachsenen ist zu sehr auf Geld aus, und das nimmt ihr ganzes Leben in Anspruch, und sie achten nicht auf die Dinge, die sie direkt vor Augen haben, wie etwa ihre Familie. Statt sich Zeit für ihre Familie zu nehmen, würden sie lieber Geld verdienen gehen, und das ist wirklich traurig.

Frage: Worin bestehen einige der falschen Vorstellungen, die sich Erwachsene von der Jugend machen?

Antwort: Eine der falschen Vorstellungen ist die, dass wir eine verlorene, planlos umherirrende Generation seien und kein Ziel hätten, und das glaube ich überhaupt nicht. Es gibt da draußen einige erstaunliche Kids, die diese Welt verändern werden. Anscheinend sind sich die Erwachsenen dessen gar nicht bewusst. Ich habe den Eindruck, sie halten uns für faul und denken, wir hätten keinen Antrieb.

Frage: Was meinst du: Wie haben deine Eltern dich und die Person, die du jetzt bist, beeinflusst?

Antwort: Meine Eltern haben mich so viel gelehrt. Sie sind für mich meine besten Freunde auf der Welt. Sie haben mich eine Menge harter Lektionen gelehrt, vor allem über Beziehungen, denn als Eltern waren sie so liebevoll und so bereitwillig, alle Energie hineinzustecken, die dafür nötig war. Zwei solche Kräfte in meinem Leben zu haben, hat mir das Gefühl gegeben, eine durch und durch komplette Person zu sein. Ich habe so viele Freunde, die nicht eine solche Beziehung zu ihren Eltern haben, und ich sehe, wie sie sind und dass ihnen deshalb bestimmte Dingen gefehlt haben. Meine Eltern haben in meinem Leben einen immensen Einfluss ausgeübt. Sie haben im Grunde dabei geholfen, meine eigene Ausgangsbasis auszubilden. Sie haben es mir erlaubt, frei zu sein im Hinblick auf mich selbst.

Frage: Was meinst du damit?

Antwort: Nicht viele Eltern finden es okay, wenn du nicht aufs College gehst, ohne dass sie versuchen, dich dazu zu nötigen und dich dazu zu bringen, Dinge zu tun, von denen sie meinen, dass sie gut für dich seien, statt Dinge, die du tun willst. Ich denke, das war schon enorm – diesen Trost zu haben: zu wissen, dass sie so sehr an mich glaubten, dass sie wussten, dass ich das nicht brauchte, dass ich schon in der Lage war, die entsprechenden Dinge in Gang zu setzen.

Frage: Sie haben also nicht dein Leben verplant?

Antwort: Genau. Ich sehe das so sehr bei einer Freundin von mir. Sie ist eine wunderbare Künstlerin. Sie befasst sich nicht gern mit diesem ganzen Kram aus der realen Welt. Ihre Eltern brachten sie dazu, das College zu besuchen, ihren Abschluss zu machen und später ihr Examen, weil das eben so von einem erwartet wurde. Und nun sagen sie ihr: »Du solltest hingehen und die Lehramtsprüfung ablegen, dann hast du etwas in der Tasche, worauf du zurückgreifen kannst.« Für mich ist das so traurig! Wenn ich mir die Bilder meiner Tochter ansehen würde und sehe, dass sie so beeindruckend sind, so ermutigte ich sie und unterstützte sie uneingeschränkt darin, mit ihnen anzufangen, was immer sie will. Wenn man eine Passion für etwas Derartiges hat, gibt es kein Halten. Es lässt sich nicht kontrollieren. Und sich zu zwingen, etwas zu tun, das man nicht tun will, ist für mich keine reale Perspektive. Ich verstehe einfach absolut nicht, warum man seinen Kindern das auferlegen sollte – sie dazu bringt, den Erwartungen zu entsprechen, die man selbst an sie stellt. Deshalb bin ich so dankbar dafür, dass meine Eltern das mit mir nie so gemacht haben. Es war in meinem Leben sehr wichtig.

Frage: Was für Erwartungen sind es, die Eltern ihren Kindern auferlegen?

Antwort: Dass man zum College geht, das ist in meiner Altersgruppe und in der Gesellschaft allgemein eine ganz vorrangige Erwartung, nicht nur bei den Eltern. Aber ich denke, der Druck der Eltern hängt mit der Gesellschaft zusammen und damit, was die Norm ist, was von jedem erwartet wird. »Du musst vier Jahre aufs College und ein Examen ablegen. Dann hast du Aussicht auf einen guten Job und darauf, fünfzig Riesen zu verdienen und darfst dann jeden Morgen zwei Stunden zu deiner Arbeitsstelle fahren und unglücklich sein.« Ich will mir keine Sorgen wegen Geld machen, aber wenn ich nicht viel habe, werde ich mich nach Kräften bemühen, mir deshalb keinen Stress zu machen und einfach nur glücklich zu sein, weil ich tue, was ich tun will, statt einen Job auszuüben, zu dem mich absolut nichts hinzieht.

Frage: Hast du eine Botschaft an die Erwachsenen?

Antwort: Vor allem die Eltern sollten eine sehr aktive, von Gesprächen getragene Beziehung zu ihren Kindern haben. Versucht wirklich hinzuhören auf das, was sie euch sagen, statt ihnen Dinge aufzuoktroyieren, die ihr für sie richtig findet. Würde das so gehandhabt, wären beide Beteiligten viel glücklicher. Diese Welt wird so stark vom Geld regiert, aber lasst es nicht zu, selbst auch vom Geld regiert zu werden. Sorgt dafür, dass eure Familie für euch Vorrang hat vor dem Geld. Für mich sind Beziehungen zueinander das Allerwichtigste auf der Welt; alles andere ist zweitrangig. Deine Beziehung zu dir selbst, deiner Familie, dem Freundeskreis sollte immer zuerst kommen, vor allem anderen.

Elizabeth (sechzehn Jahre)

Frage: Was sollten die Erwachsenen deiner Meinung nach wissen, um einfacher mit ihnen zurecht kommen zu können?
Antwort: Nicht so stark zu kontrollieren und die Kinder ihre eigenen Lernerfahrungen machen zu lassen.
Frage: Was müssen sie für sich selbst lernen?
Antwort: Alles ist leichter gesagt als getan, wenn jemand etwas also am eigenen Leib erlebt, hat es mehr Wirkung, als wenn es dieser Person bloß gesagt wird.
Frage: Was machen Erwachsene deiner Meinung nach falsch?
Antwort: Kinder nicht ihre eigenen Erfahrungen sammeln zu lassen. Freunde zu sehr zu be- und verurteilen. Der erste Eindruck ist nicht immer der beste, da er nicht zeigt, wer die Person ist. Ein Beispiel wäre eine Person, die sich anders kleidet, und die dann nach dem Aussehen beurteilt wird..
Frage: Welchen Einfluss haben deine Eltern darauf gehabt, wer du **bist?**
Antwort: Ich denke, sie haben mich in jeder Hinsicht beeinflusst. Deshalb ist es wichtig, dass Eltern bestimmte Dinge über ihre Kinder wissen. Als Eltern seid ihr ja die Menschen, mit denen die Kinder ständig zusammen sind, also ist Offenheit sehr wichtig. Seid ehrlich zu ihnen. Und ihnen nicht so sehr eure Meinung aufzudrängen, aber auch ihnen etwas beizubringen, sind sehr wichtige Werte. Einige wichtige Werte sind auch Freundschaft und Vertrauen und Verantwortung. Es ist wichtig, dass Eltern ihren Kindern Vorbild sind, und ihnen nicht zu sagen, was sie tun sollen.
Frage: Hast du eine Botschaft an die Erwachsenen?

Antwort: Wenn ich könnte, würde ich sie gerne einmal in die Haut eines Kindes stecken, damit sie erleben, wie es ist, Kind zu sein, denn ich habe den Eindruck, sie haben das vergessen. Wenn sie einen bestrafen oder bestimmte Dinge verbieten, erinnern sie sich anscheinend nicht mehr daran, welch enormen Einfluss es auf sie hatte, als ihre Eltern ihnen das antaten.

Adam (vierzehn Jahre)

Frage: Was sollten die Erwachsenen deiner Meinung nach wissen, damit sie leichter mit Jugendlichen in deinem Alter zurecht kommen?
Antwort: Dass sie nicht immer Recht haben. Ich denke, Erwachsene sind selbstgefällig, und sie halten an ihrer Meinung fest und sind dabei sehr eigensinnig, und selbst wenn sie denken, dass du Recht hast, werden sie es am Ende nicht zugeben, da du nur ein Drittel so alt bist wie sie.
Frage: Warum geben sie nicht zu, dass sie sich geirrt haben?
Antwort: Ich würde an ihrer Stelle ja auch nicht eingestehen wollen, dass ein Dreijähriger Recht hat – so sieht das aus ihrer Sicht wahrscheinlich aus.
Frage: In welcher Hinsicht würde es ihnen helfen, zuzugeben, wenn sie sich geirrt haben?
Antwort: Man könnte dann leichter mit ihnen reden.
Frage: Welche falschen Vorstellungen machen sich Erwachsene über deine Altersgruppe?
Antwort: Dass wir aus der Kontrolle geraten wären, verrückt, irgendwie auch etwas plemplem, schätze ich – als wäre uns alles zuzutrauen. Es ist unfair, Menschen in solche stereotypen Kategorien zu packen. In einigen Fällen ist es wahr, aber man darf jemanden nicht unter einem stereotypen Bild absortieren, bloß weil die Hälfte von ihnen so ist und die andere Hälfte nicht. Ich weiß, sie sind im Vergleich zu anderen viel verrückter, und wenn man Erwachsene als Maßstab nimmt, ist das unfair, denn Erwachsene leben ja schon viel länger und wissen viel mehr.
Frage: Was meinst du, warum sie Teenager für unterlegen halten?
Antwort: Es scheint, als würden Erwachsene denken, sie wüssten alle Antworten, und die meiste Zeit habe ich das einfach befolgt, und nun bin ich dazu gelangt, es mehr in Frage zu stellen – nicht nur Systeme als Ganzes – und ich kann Mängel an ihnen entdecken. Ich weiß, sie

werden sich nicht verändern. Wie das Schulsystem. Ich mag es nicht. Ich würde lieber hören, was die anderen Schülerinnen und Schüler denken, als mir anzuhören, was irgendein Typ vorne herunterleiert. Die Diskussionen würden viel besser verlaufen. Später im Leben wird man von Gleichaltrigen lernen, und die Lehrkraft könnte sich an dem Gespräch beteiligen. Aber ich habe es satt, mir tagtäglich von morgens bis abends, einen anderen Lehrer anzuhören.
Frage: Hast du dadurch etwas gelernt?
Antwort: Ja, aber alles, was man so erhält, ist ein Wissen, das ich mir vorher eingetrichtert habe, auf Kommando wieder hervorzuwürgen, und das bringt doch nichts. Es ist einfach, bei einem Test eine Eins zu bekommen, weil man sich nur merken muss, was der Lehrer gesagt hat, und das ist wirklich nicht sonderlich schwer. Ich habe oft den Eindruck, dass man klein gemacht wird dafür, wenn einem Fehler passieren. Dabei sind doch Fehler gerade die beste Möglichkeit, um aus ihnen etwas zu lernen.
Frage: Was würdest du statt dessen vorschlagen? Was sollten sie tun?
Antwort: Statt dass jemand vorne doziert, sollten sich alle an einen Tisch setzen und über das Thema, um das es gerade geht, diskutieren. Ich kenne Kids, die bei dem herkömmlichen Unterrichtsstil einfach einschlafen, und mir ist in manchen Unterrichtsstunden auch nach Einschlafen zu Mute. Es gibt noch die Möglichkeit, sich in den hinteren Reihen zu verstecken, was ich auch gerne tue, da das Ganze doch ganz schön langweilig ist. Bei einer gemeinsamen Diskussion können sich alle sehen und man muss mitmachen, man kann sich nicht einfach nach hinten verkrümeln und sich ausblenden.
Frage: Was würdest du am Verhalten von Erwachsenen ändern?
Antwort: Heranwachsende in ihrem Wachstum mehr zu akzeptieren, denn heute befindet sich unsere Welt ja genau im Übergang von einer Industrie- zu einer Technologiegesellschaft. Man sieht das bei solchen Zwanzigjährigen, die Millionen Dollar verdienen. Einige Eltern lernen von ihren Kindern mit Computern umzugehen. Die neue Generation versteht mehr davon, und wenn die alte Generation nicht zulässt, dass wir es ihr beibringen, wird sie immer im Hintertreffen sein.

Chris (zwanzig Jahre)

Frage: Was sollten die Erwachsenen deiner Meinung nach wissen, damit man leichter mit ihnen zurecht käme?

Antwort: Ich fände es toll, wenn sie das Leben nicht so ernst nehmen würden. Sie sollten mehr Spaß haben.
Frage: Gibt es irgendwelche Botschaften, die du Erwachsenen gerne übermitteln würdest, damit du mit ihnen besser klar kommst?
Antwort: Gut auf ihren Körper zu achten und so viel Yoga wie möglich zu machen.
Frage: Gibt es irgendwelche falschen Vorstellungen, die Erwachsene von dir und anderen in deinem Alter haben?
Antwort: Dass wir nicht wüssten, wovon wir reden. Aber wir wissen viel mehr als sie denken. Scheinbar werden die Erwachsenen allerdings immer offener, und das ist gut so.

David (einundzwanzig Jahre)

Frage: Was sollten die Erwachsenen deiner Meinung nach wissen, damit du besser mit ihnen zurecht kommst?
Antwort: Ich persönlich habe mit Erwachsenen keine Probleme. Aber ich denke, es gibt ganz allgemein das Problem, wie die Erwachsenen ihre Kinder »an die Hand nehmen« und wie sie ihre Kinder schützen, indem sie nicht zulassen, dass sie etwas für sich selbst herausfinden können. So lernt man doch am besten. Ich habe eine Menge gelernt – indem ich es mir selbst zusammengereimt habe. Wenn man die ganze Zeit über eine Person hat, die einen an der Hand führt, lernt man das nicht so gut.

Nicole (einundzwanzig Jahre)

Frage: Was sollten die Erwachsenen deiner Meinung nach wissen, damit man leichter mit ihnen klar kommt?
Antwort: Damit sie besser mit mir klar kommen, sollten sie zunächst einmal ihre Voreingenommenheiten im Hinblick auf mein Alter ablegen. Statt mich als Einundzwanzigjährige zu sehen, die ja keine Ahnung hat, was sie tendenziell gerne tut, sollten sie mich als Menschen sehen. Und offen für mich sein, vielleicht sogar von mir lernen, statt dichtzumachen, weil ich noch jung bin und angeblich nichts weiß.
Frage: Wenn du könntest – was würdest du am Verhalten von Erwachsenen ändern?
Antwort: Ich würde es gerne sehen, dass sie offener für Veränderung sind. Wenn sie sich nicht wohl fühlen, es nicht nur auf ihr Alter zu schieben. »Na warte, wenn du erst einmal so alt bist wie ich.« Das

bekomme ich so oft zu hören. Da sind sie, um die fünfzig, und es hört sich so an, als seien sie schon kurz davor, zu sterben, als gäbe es kein Zurück. Außerdem würde ich mir wünschen, dass die Erwachsenen offener wären dafür, Neues zu lernen. Wenn Erwachsene erst einmal in ein gewisses Alter kommen, meinen sie, sie hätten jetzt genug gelernt. Ich würde es vor allem gerne sehen, dass sie etwas an ihrer Engstirnigkeit ändern.

Frage: Welchen Einfluss haben deine Eltern darauf gehabt, wie du bist?

Antwort: Beeinflusst haben sie mich definitiv. Der wichtigste Punkt, für den ich ihnen danken möchte, ist die Freiheit, die sie mir gelassen haben. Sie haben mir erlaubt, zu sein, wer ich sein wollte, und das hat bewirkt, dass ich sie mochte. Es hat auch bewirkt, dass ich mich nicht gegen sie auflehnen wollte, und es hat zur Folge gehabt, dass ich ihre Gesellschaft genießen konnte. Ich sehe ein bestimmtes Verhalten an meiner Ma, und dann merke ich, wie ich es genauso mache. Und was meinen Pa angeht, so weiß ich, dass ich ihm so ähnlich bin. Ich hoffe, dass Eltern klar ist, wie sehr ihre Kinder ihnen einmal ähneln werden. Aber Kinder sind klüger als die Erwachsenen denken. Die Kinder werden nicht so sein, wie die Eltern es ihnen sagen, sondern so, wie ihre Eltern handeln.

Frage: Hast du irgendeine Botschaft, die du gerne zu Erwachsenen herüberbringen möchtest?

Antwort: Lasst den Kindern Freiheit. Lasst nicht zu, dass sie sich selbst schaden, aber kontrolliert sie nicht zu stark, denn Menschen kann man nicht kontrollieren. Sagt ihnen nie: »Wenn ich nicht gewesen wäre, hättest du es nie soweit gebracht.« Ihr habt euch dafür entschieden, Kinder zu haben, also solltet ihr sie als die wunderbaren Geschöpfe behandeln, die sie sind. Widmet euch euren Kindern mehr. Alle, die ich kenne, die überdreht sind und bei denen es manchmal nervig ist, sie um sich zu haben, sind so, weil sie von ihren Eltern keine Aufmerksamkeit bekommen haben. Sie wollen mehr Aufmerksamkeit. Und dann sehe ich andere, deren Eltern ihnen so viel Liebe und Aufmerksamkeit geschenkt haben und ihnen immer das Gefühl vermittelt haben, erwünscht zu sein, und sie sind weicher und scheinen nur so durch das Leben zu gleiten.

Liebe Erwachsene, vergesst eure eigene Kindheit nicht. Vergesst all die Dinge nicht, die ihr getan habt, als ihr jung wart. Für euch selbst sind

sie vielleicht erledigt, aber eure Kinder müssen erst noch da hindurch. Es ist einfach ein Prozess im Leben. Wenn ihr euren Kindern ihre Erfahrungen nehmt, dann nehmt ihr ihnen im Grunde ihre Kindheit, und dann müssen sie später noch einmal hindurch.
Ich habe einen Freund, der als strenggläubiger Zeuge Jehovas aufgewachsen ist – dort werden Geburtstage oder Weihnachten oder irgendetwas anderes dieser Art nicht gefeiert. Seine Eltern waren sehr streng. Er ist jetzt zu Hause ausgezogen, und nun spielt er verrückt. Er ist ständig auf Parties und nimmt jede Menge Drogen. Er konnte diese Dinge nie in einem geschützten Umfeld kennen lernen. Es ist so wichtig, nicht zu versuchen Menschen zu kontrollieren. Lasst sie einfach die Person sein, die sie sind.

Ryan (zwanzig Jahre)

Frage: Was würdest du am Verhalten von Erwachsenen ändern?
Antwort: Ich weiß nicht, ob sie das absichtlich machen, aber Erwachsene scheinen irgendwie nicht so recht zu wissen, was sie mit Jugendlichen anfangen sollen. Sie verhalten sich so unnahbar. Entweder sie verstehen dich nicht oder sie sagen dir ständig, was an dem, was du da gerade von dir gibst, falsch bzw. richtig ist. Als ich noch jünger war, hatte ich das Gefühl, die Erwachsenen wüssten nicht so recht, wovon ich überhaupt redete. Bei den meisten war es so, dass sie fast jedes Mal, wenn ich mit ihnen in Kontakt kam, versuchten, mir Ratschläge zu geben darüber, was richtig sei und was falsch. Sie sind so schnell mit Lösungen bei der Hand, dass es fast etwas Unwirkliches hat. Das ist auch nicht echt. Es ist, als würden sie Dinge sagen, die schon zuvor gesagt wurden oder von denen sie meinen, dass sie sie jetzt sagen sollten. Ich wollte, sie würden sich auf ihr eigenes Herz und ihre eigene Wahrheit verlassen, statt auf ihren Kopf. Erwachsene lügen auch viel.
Frage: Was meinst du, wie das kommt?
Antwort: Oft meinen Erwachsene, du wärst noch nicht reif genug, eine bestimmte Information zu verarbeiten, oder sie wollen nicht ganz ehrlich sein, weil sie denken, dass du es nicht verstehen würdest, oder sie haben Bücher darüber gelesen, wie man mit solchen Situationen umgeht. Ich weiß, dass sie sich die größte Mühe geben, aber aus irgendeinem Grund funktioniert es nicht.
Frage: Und wenn die Erwachsenen ehrlicher wären, würde euch das helfen?

Antwort: Ganz bestimmt. Besonders, wenn sie offener sind im Hinblick auf alles Mögliche, solange ihre Kinder noch kleiner sind. Wenn die Erwachsenen ehrlicher wären, würde alles viel einfacher.
Frage: Welche falschen Vorstellungen haben Erwachsene über dich oder junge Leute im Allgemeinen?
Antwort: Lange Zeit hatte es mit meinem Aussehen zu tun. Ich gestehe, dass ich eine Zeitlang ein etwas durchgeknallter kleiner Mann war, aber die Tatsache, dass sie sich nur dein Äußeres anschauen und deshalb nicht mehr nett zu dir sind, dir keine Chance geben – das ist traurig.
Frage: Wie wärst du lieber behandelt worden, und hätte dich das dazu gebracht, anders zu handeln?
Antwort: Wahrscheinlich nicht. Bis zu einem gewissen Grad machte ich das absichtlich. Man macht so auf sich aufmerksam, und irgendwie gefiel es mir, was die Leute so über mich dachten. Aha, der Typ da hat Probleme. Rückblickend betrachtet lag es an der Aufmerksamkeit, die ich von den Leuten bekam. Und heute will ich diese Art Aufmerksamkeit gar nicht mehr, die ich aufgrund meines Aussehens bekam.
Frage: Was hat sich geändert?
Antwort: Ich weiß es nicht. Ich hatte immer Piercings im Gesicht. Ich kam an einen Punkt, wo ich es hasste, wenn Leute mich ansahen. Ich konnte es nicht ausstehen. Vielleicht hat es einfach nur mit dem Erwachsenwerden zu tun, irgendwie aus einer Phase herauszuwachsen.
Frage: Hast du eine Botschaft an die Erwachsenen?
Antwort: Ich glaube, viele Erwachsene verlieren den Kontakt mit ihrem jüngeren Ich, wenn sie älter werden, und sie verlieren den Kontakt mit der jüngeren Generation. Sie haben sie nicht mehr um sich. Während sich die Zeiten ständig ändern, durchleben die Kids eine Menge an verschiedenem Kram. Vieles ist anderes, aber vieles ist auch gleich. Alle Kids durchleben die gleichen Dinge – es ist nur einfach eine andere Zeit. Die Erwachsenen vergessen, wie das war; sie vergessen, wie sie mit Jüngeren umgehen können.
Wenn sie wieder zu diesem jugendlichen Teil von sich selbst finden könnten, werden sie mehr das Gefühl haben, ganz zu sein. Sie werden diesen jugendlichen Teil von sich selbst wiedererkennen, da man ihn nie wirklich verliert. Es ist nicht so, als würde man aus ihm herauswachsen; man verliert ihn nur aus dem Blick wegen all der Verpflichtungen, die da kommen. Also verlieren ihn viele aus dem Blick, so dass sie sich schwer

tun, mit der jüngeren Generation, da sie das gar nicht mehr kennen; sie leben es nicht aus.
Sie verrennen sich so sehr in ihr Erwachsenendasein, dass sie vergessen, wie es ist, Spaß zu haben. Ich beobachte das an so vielen. Vergesst nicht, wie ein Kind denkt. Kinder urteilen nicht über andere.

Charles (zweiundzwanzig Jahre)

Frage: Was sollten Erwachsene über Indigo-Kinder wissen?
Antwort: Wahrscheinlich sind die Indigos die am meisten missverstandenen Mitglieder unserer Gesellschaft. In einer schnelllebigen Gesellschaft, die »jede Minute in Eile« ist, haben Erwachsene nicht die Zeit, die endlosen Fragen zu beantworten oder die hundertprozentige Aufmerksamkeit zu schenken, die Indigos brauchen. Also hat man wiederum den Indigo-Kindern das Etikett »Nervensägen« angeheftet. Offenbar sind die Indigos so konstruiert, dass sie das Potenzial haben, klüger und stärker zu werden als der Durchschnittserwachsene. Also muss man annehmen, dass sie hier sind, um einem höheren Zweck zu dienen. Und glaube mir, sie sind keine Unfälle (auch wenn manchmal vielleicht diese Wahrnehmung bestanden hat – aber das ist eine andere Geschichte).
Frage: Was meinst du, warum Erwachsene und Kinder manchmal nicht miteinander auskommen?
Antwort: Ich meine nicht nur, sondern ich weiß genau, warum Eltern und Kinder in der heutigen Zeit nicht miteinander auskommen. Die Eltern haben das Gefühl, dass die Kinder aus dem Ruder laufen, und die Kinder haben das Gefühl, dass ihre Eltern sie nie verstehen werden, nicht einmal in einer Million Jahren. Weißt du was? Beide haben recht. Die Indigos sind nicht mehr unter Kontrolle. Aber genau das ist das Schöne.
Sieh mal, du gehst die Straße hinunter und unterhältst dich mit Leuten, und überall bekommst du Klagen zu hören. Ich nehme an, du kennst das – die Regierung scheint Thema Nummer eins zu sein. Dicht gefolgt von Geld, Problemen zu Hause etc. Auch ich höre das den ganzen Tag, aber wer unternimmt etwas? Du? Ich glaube nicht.
Derzeit sehen wir uns alle gezwungen, uns so in unser Leben und unsere Ziele zu vergraben, dass wir zwar wissen, dass einiges auf unserer Welt viel besser sein könnte, aber wir richten uns in all dem ein und sagen: »Na ja, es könnte schlimmer sein.« Aber ihr braucht gar nicht

die Stirn zu runzeln, unsere Retter sind bereits hier. Wenn ihr eure Kinder nicht bändigen könnt, meint ihr da, der Staat kann es?

Frage: Wenn du alle Eltern von Indigo-Kindern in einem Raum zusammenbringen und nur ein paar Sätze zu ihnen sagen könntest, was würdest du da sagen?

Antwort: »Ich würde nie von euch erwarten, dass ihr uns versteht oder dass ihr denkt, man könnte das, was wir tun, tolerieren. Wir sind hier, weil wir damit einen wichtigen Zweck verfolgen, und obwohl ihr nicht sehen könnt, inwiefern es möglich sein sollte, von unseren Neigungen zu profitieren, werdet ihr es doch bald sehen. Es will zwar niemand unter euch darüber nachdenken oder es zugeben, aber ihr zieht Kämpfer und Kämpferinnen groß. Und das meine ich nicht im Sinne eines »Kampfes von Mann zu Mann bis zum bitteren Ende«.

Frage: Was ist deiner Meinung nach die Aufgabe von Indigo-Kindern?

Antwort: In fünfzehn bis zwanzig Jahren, wenn die Indigos ihren Beitrag zu unserer Gesellschaft leisten, wird etwas Wunderbares geschehen. Ihre Zahl wird bis dahin stärker wachsen und sie werden genug haben von unserem anmaßenden Staat. Stellt euch nur vor, wie das wäre, eine Gesellschaft voll von Menschen, die genau wie eure Kinder sind. Könnte einem fast Angst machen, oder? Diese Kinder werden ihr ganzes Leben lang die gleiche Abwehrreaktion gegenüber Autorität haben.

Wenn man sie als ADS- oder ADHS-gestört brandmarkt und ihnen Chemikalien wie Ritalin oder Imiparmin oder Dizipramin verabreicht, schränkt man sie nur vorübergehend in ihrem Handeln ein. Die Kinder können nichts dafür, dass sie so geboren wurden. Ihr und die Indigo-Kinder könntet friedlich miteinander leben. Aber dazu müsst ihr absolut den Zangengriff eurer Autorität lockern. Ich meine damit nicht, die Kinder um jeden Preis tun zu lassen, was immer sie tun wollen. Ihr müsst einfach nur erkennen, dass eure Kinder auf Rebellion programmiert sind. Je strenger ihr ihnen Fesseln anlegt, desto mehr werden sie sich auflehnen.

Frage: Schließlich bist du ja selbst ein Indigo-Kind – was würdest du den Eltern oder Lehrern von Indigo-Kindern raten?

Antwort: Indigo-Kinder wittern eine Lüge aus einem Kilometer Entfernung. Sie spüren es auch, wenn jemand durcheinander ist oder schlechte Absichten hat. Vielleicht tut ihr also am besten daran, euch einfach zu entspannen. Niemand hat gesagt, dass Kinderhaben einfach ist, und eure Kinder werden sich schon wieder beruhigen – irgendwann. Zeigt, wenn ihr mit euren Kindern redet, dass ihr es ehrlich meint. Schaut ihnen in die Augen; stoßt keine Drohungen aus und macht keine falschen Versprechungen. Erklärt ihnen, wie ihr euch angesichts ihres Tuns fühlt und inwiefern ihr von ihm betroffen seid. Erzählt ihnen nicht, dass sie ihr Leben vermurksen oder irgendetwas in dieser Art. Denkt einfach nur daran: wie es in den Wald hineinschallt, schallt es heraus. Negatives wird negativ beantwortet, Positives positiv.

Hunter (einundzwanzig Jahre)

Frage: Was sollten Erwachsene deiner Meinung nach wissen, damit ihr leichter mit ihnen zurecht kommen könntet?
Antwort: Es mag zwar sein, dass wir aufgrund der Tatsache, dass wir jünger sind als sie, bestimmte Dinge nicht wissen, aber wir wissen durch unsere Jugend dafür tonnenweise Sachen, die sie nicht wissen.
Frage: Was würdest du am Verhalten von Erwachsenen gerne ändern?
Antwort: Den Hang dazu, basierend auf unrichtigen Informationen Annahmen und Verallgemeinerungen aufzustellen.
Frage: Gibt es etwas, das du den Erwachsenen gerne sagen würdest?
Antwort: Versucht, vorgefasste Vorstellungen von dem was ich meine, wenn ich etwas sage, fallen zu lassen. Und auch: Bleibt locker. Schließlich läuft bei neunundneunzig Prozent der Leute auf dieser Erde am Ende das Leben ganz okay. Versucht euren Kindern nicht Sachen aufzuzwingen. Wenn sie wachsen, wachsen sie. Ihr könnt ihnen nur einen Schlafplatz geben und Essen und eure Liebe. Wir werden uns überlegen, was wir tun wollen, während wir es erleben. Wenn ihr uns unter Druck setzt und versucht, uns in eure Vorstellung davon, wie ihr uns haben wollt, hineinzuzwängen – einfach deshalb, weil Eltern andere Erwachsene bei einer Dinner Party beeindrucken wollen – macht ihr es uns damit schwer. Leute erzählen euch, was ihr Kind so machen will, also wollt ihr ihnen sagen, was euer Kind machen will. Tatsache ist aber, dass niemand so richtig weiß, was er oder sie will, bevor er oder sie achtzehn ist.

ZWÖLF

Indigo-Kinder und Astrologie

Wie schon in Kapitel drei erwähnt, können wir uns einen Teil unseres persönlichen Daseinszwecks in Erinnerung rufen, indem wir uns die Kennzeichen unseres Sonnenzeichens betrachten. Auch wenn es eine starke Vereinfachung ist, den Blick nur auf das Sonnenzeichen zu richten, so vermittelt uns dieses Grundelement doch eine Menge Einsichten.

Analog hierzu können Sie auch Ihre Indigo-Kinder verstehen, indem Sie sich einfach nur ansehen, was ihr Sonnenzeichen offenbart. Die Astrologin Michele Avanti erstellt seit vielen Jahren Horoskope für Kinder und ihre Familien. In diesem Kapitel präsentiert sie einige hieraus resultierende Erkenntnisse, die uns zeigen, wie wir je nach ihrem Sternzeichen am besten mit Indigo-Kindern arbeiten, sprechen und spielen. Natürlich könnten Sie, wenn Sie Ihre Indigo-Kinder noch umfassender verstehen wollen, ihr Horoskop erstellen lassen. Ein Horoskop zeigt Ihnen die einzelnen Planeten und Aspekte, die einen Einfluss auf die Persönlichkeit, das Verhalten und die Lebensaufgabe Ihrer Kinder haben.

Einführung in die Astrologie

Man befasst sich mittlerweile seit mindestens viertausend Jahren mit den Sternen. Antiken Aufzeichnungen zufolge studierten die Babylonier die Gestirne, um bestimmte Muster festzustellen und eine Verbindung zwischen diesen Mustern und weltlichen Ereignissen zu ziehen. Diese geometrischen Muster bezeichnete man später als ptolemaeisch, nach Ptolemaeus, einem hervorragenden Astrologen und Astronomen seiner Zeit.

Als die Astrologen beobachteten, wie diese Planeten die einzelnen Konstellationen durchliefen, fiel ihnen auf, dass jede Konstellation eine ganz bestimmte Wirkung auf den Planeten hatte. Ausgehend hiervon entwickelten sie ein Verständnis davon, welchen Einfluss nicht nur die Planeten, sondern auch die einzelnen Konstellationen hatten – und auch wie es um die Auswirkung der Planeten bestellt war, wenn man sie am Himmel zu geometrischen Mustern zusammenfügte.

(In der heutigen Astrologie heißen diese Muster Aspekte.) Im zwanzigsten Jahrhundert wurde uns die Bedeutung der Resonanz deutlich. Es handelt sich um die Reaktion eines Körpers auf einen anderen Körper – in Form von Klang, Magnetismus, Elektronik, Mikrowellen und so weiter. Vor dem zwanzigsten Jahrhundert hätte man jegliches Geschehen, das aus einer Resonanzreaktion resultierte, nicht verstanden und es als Magie betrachtet.
Im einundzwanzigsten Jahrhundert wird uns dieses neue Verständnis der Resonanz beim Studium und bei der Anwendung der Astrologie weiterhelfen. Wir werden in Erfahrung bringen, dass jeder Körper in unserem Sonnensystem auf der menschlichen DNS exakt in dem Moment, in dem ein Kind seinen ersten Atemzug tut (und eigentlich im Augenblick der Geburt eines jeden Geschöpfs auf der Erde) einen elektromagnetischen Abdruck hinterlässt. Während die Himmelskörper durch das All ziehen und ein geometrisches Muster erzeugen, das sich der persönlichen DNS einprägt, kommt es zu einer sofortigen Resonanz. Ich glaube, genau so funktioniert die Astrologie!

Für Eltern von Indigo-Kindern:

> **Von Anfang an das Wesen Ihrer Kinder zu verstehen**, wird Ihnen eine außerordentliche Hilfe sein, und hierin liegt die Bedeutung der Astrologie. Von dem Moment an, in dem ein Kind geboren wird, haben wir astrologisch betrachtet die Informationen zur Verfügung, die uns das rechte Werkzeug liefern, mit dem wir helfen können, das Wachstum und das Lernen eines jeden Kindes zu unterstützen.
>
> **Sie brauchen nichts als das Geburtsdatum Ihrer Kinder** und schon lassen sich die Planetenpositionen herausarbeiten, die Sie zum besseren Verständnis ihres Wesenskerns benötigen.

Die Elemente

Das erste Element ist das Feuer.

Es ist das Element der Kreativität.

Feuer ist ein aktives, kreatives Element. Das Feuer versteht nicht viel vom Stillsitzen, oder? Ständig flackert es und bewegt sich, und wenn man ihm die Chance gibt, ungezügelt weiterzubrennen, kann es ein ganzes Haus oder einige tausend Hektar Land in Brand setzen. Entspre-

chend gebändigt (diszipliniert), kann es Wärme und Licht spenden und gibt uns die Möglichkeit, mit seiner Hilfe unser Essen zu kochen. Entsprechend unter Kontrolle gebracht, kann es also zum Erhalt des Lebens beitragen.
Kinder, bei denen das Feuer in ihrem Horoskop vorherrscht, werden sehr aktiv sein, eventuell sogar überaktiv. Sie sitzen nicht gerne still. Sie sind gern im Zentrum der Aufmerksamkeit. Sie sind sehr kreativ und dramatisch, und oft könnte man sie als inspiriert bezeichnen. Diese Kinder haben das Bedürfnis, ständig etwas zu tun. Am besten geht man mit ihnen so um, dass man ihnen Dinge gibt, die sie auf Trab halten, sie inspirieren und kreatives Tun ermöglichen. Damit wird man ihrem Wesen gerecht.
Von Feuerkindern zu verlangen, sie sollten über einen langen Zeitraum still sitzen, wäre für sie eine enorme Herausforderung und würde ihnen keinen offensichtlichen Nutzen bieten. Sollte es unumgänglich sein, sie für länger zum Stillsitzen zu bringen, kann man sie am besten mit einer kreativen Arbeit beschäftigen, die ihre Bewusstseinsebene vor reizvolle Aufgaben stellt, dann gelingt es diesen Kindern, mit Ihnen zu arbeiten.
Die Feuerzeichen sind: Widder, Löwe und Schütze.

Das zweite Element ist die Erde.

Sie ist ein Element des Physischen, der Materie.

Die Erde ist sehr solide. Betrachtet man sich einen Haufen Erde oder einen Berg, so wird man dort nicht Aktives beobachten. Vielmehr sieht man etwas, das Ruhe und Sicherheit ausstrahlt, mit der Kraft und der Fähigkeit, uns zu nähren und Halt zu bieten. Durch menschliche Bemühungen organisiert, kann diese Erde wunderschön werden und aufblühen, wie bei einem Park oder Garten. Gibt man ihr Saatgut, Wasser und Zeit zum Wachsen, so sorgt die Erde für reiche Nahrung. Sind zuviele Keime vorhanden, werden einige davon nicht gedeihen, wobei die kräftigeren andere ersticken. Zu stark gewässert, sterben die Keimlinge ab, da die Erde verschlammt und die Wurzeln der Jungpflanzen nicht halten können. Bei zu wenig Wasser vertrocknet die Erde und wird hart und voller Risse, ohne pflanzliches Leben hervorzubringen. Lässt man ihr nicht genügend Zeit, so reifen die Pflanzen nicht heran, und dann tragen sie keine Blüten und Früchte.
In vieler Hinsicht beschreibt dies auch die Erdmenschen. Bei Erdper-

sönlichkeiten findet man keine schnellen Bewegungen. Sie denken tief nach und haben das Bedürfnis, sich sicher zu fühlen. Sie wollen Dinge besitzen, weil Besitz mit einer gewissen Sicherheit einhergeht. Sie sind loyal und zuverlässig, und es widerspricht ihrer Natur, plötzlich ihre Wurzeln auszureißen und sich weiterzubewegen. Wie der Erde selbst, kann man auch diesen Menschen die Saat von Ideen oder Orientierungshilfen einpflanzen, und sie dann mit Liebe und vielen Ermutigungen nähren. Danach heißt es einen Schritt zurückzutreten und ihnen die Zeit zu geben, die sie zu ihrem Wachstum brauchen. Gibt man ihnen zu viele Ideen oder gängelt sie zu sehr, fühlen sie sich überfordert, und dann gedeiht nichts von dem, was sie produzieren, sehr gut. Umsorgt man sie zu sehr, so werden sie von einem abhängig und schlagen keine Wurzeln, die es ihnen erlauben, eigenständig zu stehen. Zu wenig genährt, werden sie hart und leblos, und sie brauchen dann mehr Aufmerksamkeit (Dünger), um ihnen ihre Elastizität zurückzugeben und mehr Liebe (Wasser), um wieder zum Leben zu erwachen. Erdmenschen nehmen sich Zeit dafür, eine Arbeit gut zu machen. Sie sind ausdauernd wie die Erde selbst; sie geben selten auf.
Kinder, bei denen das Element Erde in ihrem Horoskop vorherrscht, brauchen Grenzen, um sich geliebt und sicher zu fühlen. Sie sollten nicht geschubst, sondern vielmehr geführt werden; man sollte ihre Wurzeln nicht ausgraben, ohne ihnen hinreichend Zeit für eine Umstellung auf die neue Situation zu geben, und bei plötzlichen Veränderungen sollte man ihnen die Möglichkeit geben, sich physisch auszudrücken. Wenn sie wütend sind, sollte man diesen Kindern einen sicheren Rahmen bieten, in dem sie sich körperlich ausdrücken können. Sie mögen sich dafür entscheiden, zu tanzen, Seil zu springen, einen Ball zu werfen, mit dem Hund um die Wette zu laufen oder etwas in Ton zu formen. Disziplin ist für sie ein Zeichen der Liebe. Sie müssen sich geborgen fühlen. Geben Sie ihnen Regeln, und wenn sie danach fragen, sagen sie ihnen, warum. Machen Sie ihnen Mut und geben Sie ihnen die Zeit, neue Ideen oder schwierige Punkte zu verarbeiten.
Die Erdzeichen sind: Stier, Jungfrau und Steinbock.

Das dritte Element ist die Luft.

Es ist das Element der geistigen Aktivität.

Die Luft ist ein sehr veränderliches Element. Sie kann eben noch heiß sein, und dann erkalten; sie kann sich bewegen, ja sie kann sogar die Form ändern. Luft kann zwischen Gas und Dampf pendeln. Sie kann klar oder dunstig sein. Man kann sie schwer einfangen oder festhalten. Sie ist selten reglos, doch manchmal still. Dann wieder kann sie knistern vor Statik oder plötzlich von furchterregenden Donnerschlägen erfüllt sein.

Ohne die Kraft der Atems – also der Luft – keine menschliche Kommunikation. Durch die Luft hält die Sopranistin ihren Ton, und durch die Luft ertönt das Geflüster auf der Bühne. Ohne Luft würden wir nicht leben, denken oder kommunizieren. Die Luft transportiert den Sauerstoff zu unserem Herzen und ist bei unserer Geburt das Zeichen unseres neuen Lebens. Der Sauerstoff in der Luft speist unser Gehirn und verleiht uns das Vermögen, zu denken und zu verstehen.

Kinder, bei denen die Luft dominiert, sind Denker. Sie sind gesprächig, voller Ideen und voll kreativer, zum Nachdenken anregender Energie. Sie debattieren flüsternd oder laut, mit unvermittelten, dramatisch-direkten Reaktionen. Selten schweigen sie für sehr lange Zeit. Sie wollen verstehen, was man ihnen sagt, und reagieren nicht unbedingt auf Befehle der Kategorie: »Mach das so und so!« Anders als die Erdkinder wollen Luftkinder keine Regeln, es sei denn, sie verstehen diese, und selbst dann kann es sein, dass sie das Gefühl haben, diese verändern zu müssen. Man sollte sich in Zusammenhang mit allem, was Luftkinder angeht, die Zeit nehmen, ihnen voll und ganz zu erklären, was, wie und warum. Geben Sie ihnen Zeit für Fragen, und erlauben Sie den Kindern dann, das Projekt in Angriff zu nehmen. Gehen Sie davon aus, dass viele Fragen kommen werden, und geben Sie diesen Kindern die Chance, die Antworten zu ergründen. Lassen Sie sie dazu beitragen, mit Ihnen gemeinsam die Regeln oder die Arten von Disziplin festzulegen, die sie binden. Diese Dinge werden ihnen sowohl die Herausforderungen als auch das Selbstvertrauen geben, die sie zu ihrem Wachstum brauchen.

Die Luftzeichen sind: Zwillinge, Waage und Wassermann.

Das vierte Element ist das Wasser.

Es ist das Element der Gefühle.

Der Mond bewegt die Meere im Rhythmus der Gezeiten, und da wir Menschen vorwiegend aus Wasser bestehen, bewegt er auch uns. Der Vollmond kann romantische, hellsichtige, sensible, leidenschaftliche und wütende Züge hervorlocken. Gibt man dem Wasser bestimmte

Parameter, so reagiert es auf verschiedene und doch durchgängig gleiche Weisen. Zielgerichtet wie im Fall des Bachlaufs, der plätschernd zum Meer eilt, strömt das Wasser munter perlend und gurgelnd dahin. In ein Gefäß gegeben, ist es still und friedlich. Durch Druck im Innern der Erde mit Wucht an die Oberfläche befördert, wird es zum herrlichen Spektakel, wie es als Geysir in die Höhe steigt. An eine felsige Klippe gelangend, die ihm Grenzen setzt, wird es zum Wasserfall – donnernd, laut und dramatisch sein Auftritt. In der Kälte schließlich wird es still, erstarrt, gefriert, wird fest und unbeweglich.
Kinder, bei denen Wasser vorherrscht, werden all diese Merkmale aufweisen. Sie sind sehr sensibel für die Empfindungen ihrer Umwelt. Gibt man ihnen einen sicheren Rahmen, sind sie friedvoll und beschaulich. Herrscht innerer Aufruhr, zeigen sie dramatische Reaktionen und können vor Wut spucken und explodieren. An ihre Grenzen kommend, durchbrechen sie dramatisch die Barrieren und entwickeln dabei mehr Kraft, als sie erwartet hätten. Versetzt man sie schließlich in ein Umfeld ohne die Wärme und Liebe, die sie brauchen, können sie den Mut verlieren und sich von der Welt überhaupt zurückziehen.
Wasserkinder wollen genährt und geliebt werden. Man sollte sie dazu ermutigen, ihre Gefühle zum Ausdruck zu bringen und Selbstvertrauen zu entwickeln. Ihre wesensbedingte Sensitivität verlangt nach Berührungserlebnissen, und man sollte sie anregen, mit ihren Händen schöpferisch tätig zu werden und sich mit Hilfe ihres Körpers auszudrücken. Sie brauchen mehr Umarmungen als Feuer- oder Luft-, und sogar noch etwas mehr als Erdkinder.
Die Wasserzeichen sind: Krebs, Skorpion und Fische.

Wie die Elemente zusammenwirken

Das Feuer wird von der Luft genährt. Die Erde nährt das Wasser. Das Feuer versengt die Erde. Die Luft wandert rund um die Erde. Die Luft mischt sich nicht mit dem Wasser. Das Wasser lässt das Feuer erlöschen. Die Erde lässt das Feuer erlöschen. Das Wasser kann die Luft nicht bezwingen. Die Erde kann die Luft ersticken.
Wollen wir also unseren Kindern helfen, gut zusammenzuarbeiten, so müssen wir die vorherrschenden Elemente in ihrem Horoskop kennen. Von einem Feuerkind zu verlangen, mit einem Wasserkind zu arbeiten, oder – noch schlimmer – mit einem Wasserlehrer, könnte zu katastrophalen Ergebnissen führen. Verstehen wir das Wesen unserer Kinder

und unserer selbst, so haben wir die besseren Voraussetzungen, die Bedürfnisse beider Seiten zu respektieren und ihnen gerecht zu werden.

Ein Blick auf die Sternzeichen

Nachfolgend skizziert Michele Avanti kurz das Wesen der einzelnen Tierkreiszeichen. Bitte beachten Sie, dass ein Kind, das seine Sonne oder seinen Mond in einem dieser Zeichen oder dort besonders viele Planeten und sensible Punkte stehen hat, mehr von den zu ihm gehörigen Eigenschaften aufweisen wird. Das dürfte Ihnen helfen, die Bedürfnisse der Kinder besser zu verstehen.

Widder

(20. März – 21. April)

Widderkinder lieben es, große, sofort ins Auge springende, preisgekrönte Projekte zu kreieren, die dafür sorgen, dass sie im Vordergrund stehen. Diese Kinder sind hochgradig aktiv und körperorientiert. Sie wollen gesehen und bestätigt werden für das, was sie erreicht haben. Sie sind sehr auf Auszeichnungen bedachte Individuen und blühen auf, wenn sie Preise erringen.
Ihr Körper ist für sie wichtig, und sie geben gerne mit ihm an. Diese Kinder tendieren dazu, sportlich und körperbetont zu sein. Sie wollen sich mit anderen messen. Sie können aggressiv sein, ja sogar explodieren, wenn sie in Rage sind. Wer Stille will, sollte ihnen Projekte geben, bei denen sie sich physisch betätigen können, und ihnen eine Belohnung versprechen, wenn sie es schaffen, sich zu konzentrieren oder etwas durchzuhalten. Sie sind nicht unbedingt gut in Sachen Disziplin, es sei denn, es handelt sich um eine Situation, die einen Körpereinsatz oder sportlichen Wettkampf verlangt, der in eine Form von Anerkennung mündet. Auch Kleidung ist für sie wichtig. Sie drücken durch ihre Kleidung ihre Persönlichkeit aus, und manchmal auch ihre Liebe zu Ihnen.
Gesundheitliche Problempunkte für Widder drehen sich um den Kopf. Die Bezeichnung »Großmaul« könnte für den Widder eigens geprägt worden sein, und sie verrät eine Menge über sie. Lehren Sie diese Kinder Demut. Wenn Sie zu dem Verständnis gelangen, dass wir alle gleich sind, aber einen unterschiedlichen Bewusstseinszustand aufweisen, werden die Kinder erkennen, dass Wetteifern nur den niederen Welten angehört. An manchen Tagen werden sie gewinnen und an

anderen verlieren, aber für die Seele gibt es keine Niederlage, da wir immer gewinnen, wenn wir das Leben erfahren! Das ist für den Widder der Schlüssel zu einer guten Gesundheit.

Stier

(21. April – 20. Mai)

Stierkinder können von allen am stursten sein. Stellen Sie sich einen Felsen vor. Sie brauchen schon Dynamit, damit sich etwas an ihm rührt. Genau dieser Vergleich trifft auf einen Menschen zu, bei dem das Sternzeichen Stier im Horoskop an prominenter Stelle steht. Diese Kinder lieben die Sicherheit fester Abläufe und sind loyal, gelegentlich im Übermaß. Man muss ihnen beibringen, loszulassen und Gott gewähren zu lassen. Veränderung ist für sie negativ besetzt, und sie müssen sich mit ihr erst anfreunden.

Beginnen Sie diese Kinder von Geburt an mit den Zyklen des Lebens vertraut zu machen und vermitteln Sie ihnen diese immer wieder. Helfen Sie ihnen, den Wechsel der Jahreszeiten zu feiern, damit sie lernen, ihre Aufmerksamkeit auf das zu lenken, was vor ihnen liegt statt auf das, was gewesen ist. Ermutigen Sie sie, sich an Dingen, die ihnen gehören, zu erfreuen, und dann einige davon wegzugeben, statt sie zu horten. Für Kinder dieser Art kann es eine sehr wertvolle Erfahrung sein, zum Beispiel bei einer Aktion zu Weihnachten mitzumachen, bei der Kinder ihre nicht mehr benötigten Spielsachen oder Kleidungsstücke an Bedürftige verschenken.

Stiere müssen zu einer erweiterten Sicht der Welt gelangen und dazu, ihre eigenen Schwächen zu erkennen, damit sie lernen, wie sie dann, wenn sie auf Stolpersteine stoßen, die Hilfe bekommen, die sie brauchen. Disziplin durch Routine fällt ihnen leicht, während sie mit allem Neuen zunächst einmal Schwierigkeiten haben. Stellen Sie für jeden Monat einen Plan über neue Möglichkeiten auf, die sie mit ihnen erkunden wollen, damit sie ihren Radius erweitern. Denken Sie daran, dass sie dickköpfig sind, spornen Sie sie also an, das Programm selbst zu entwickeln. So wird es zu ihrer eigenen Idee, statt zu Ihrer. Stiere lieben Rituale.

Sie sind vielleicht die berührungsempfindlichsten aller Tierkreiszeichen. Stiere sind sehr sensibel dafür, wie weich und bequem ihre Bettwäsche und Kleidung sind. Um ihnen zu helfen, Ängste zu durchbrechen, lässt sich alles gut einsetzen, was sie dazu bringt, sich wichtig zu fühlen.

Ermutigen Sie sie durch Lob, und da sie Fotos von sich selbst lieben, ist es eine gute Idee, die Kinder und ihre Werke zu fotografieren. Sie lieben übrigens Süßigkeiten, aber ich würde Ihnen empfehlen, diese Kinder nie mit Süßem zu belohnen, da es ihrer Gesundheit sehr abträglich sein kann und die Gefahr besteht, dass dies für sie in ihrem späteren Leben zu einer Krücke wird, wenn sie vor Situationen stehen, die an ihrem Selbstwertgefühl nagen. Da sie stark kinästhetisch veranlagt sind, neigen Stiere dazu, allzu sehr zu schlemmen oder kalorienreiche Getränke zu sich zu nehmen, was zu Gewichtsproblemen führen kann. Belohnungen für Stiere sollten Luxusartikel sein, Fotos oder Dinge, um den Körper zu verwöhnen.

Gesundheitliche Risiken für Stiere hängen mit dem Hals zusammen. Selbstausdruck ist wichtiger als Sicherheit und Luxus. Das ist für den Stier der Schlüssel zu einer guten Gesundheit. Bringen Sie Ihren Kindern bei, das Wort zu ergreifen, auch wenn sie Angst haben, dabei etwas zu verlieren. Erinnern Sie sie daran, dass ihre Engel ihnen helfen werden, die Worte entstehen zu lassen, selbst wenn sie darum bangen, etwas einzubüßen, was ihnen kostbar ist.

Zwillinge

(21. Mai – 20. Juni)

Zwillinge, das bedeutet Ideen, Ideen und noch mehr Ideen. Ihr Kopf ist eine unablässig im Wandel befindliche Palette von Ideen. Diese Persönlichkeiten sind so mit ihren Ideen beschäftigt, dass es ihnen schwer fällt, bei der Sache zu bleiben. Sie reden, reden, reden, und Sie fragen sich staunend, wann sie die Zeit zum Denken haben; aber in Wirklichkeit hören sie nie mit dem Denken auf.

Es kann vorkommen, dass sie nachts Schlafstörungen haben, da ihr Geist einfach immerzu in Aktion bleibt. Sie werden schon früh in ihrem Leben damit anfangen müssen, diesen Kindern beizubringen, wie sie abschalten und ihren Geist zur Ruhe bringen können. Empfehlenswert für sie ist aktive Meditation. Ebenfalls zu empfehlen ist es, Zwillingskindern beizubringen, an der Beantwortung ihrer eigenen Fragen zu arbeiten. Sie müssen erkennen, dass sie tatsächlich an eine höhere Kraft angeschlossen sind und über alle Antworten verfügen.

Es sind sehr drahtige, aktive Kinder. Sie interessieren sich nicht unbedingt für Sport, wohl aber für Musik, und das kann ihr größtes Kapital sein. Durch die Wahl geeigneter Musik und Ermutigung auf diesem

Gebiet können Sie Ihren Zwillingskindern helfen, sich zu entspannen und zu konzentrieren. Außerdem lieben sie Partys und Geselligkeiten aller Art. Diese lassen sich auch als Belohnung dafür einsetzen, bei einem Projekt zu bleiben und es zum Abschluss zu bringen. Diese Kinder lernen in ihrem jetzigen Leben etwas über Entscheidungsmöglichkeiten, und sie müssen begreifen, dass ihre innere Haltung zentral ist.
Gesundheitsrisiken bei Zwillingen betreffen öfters die Arme und die Lungen. Der Atem ist das schiere Leben. Das ist ihr Schlüssel zu einer guten Gesundheit. Zwillinge müssen das sagen und tun, was im Einklang mit ihrem Denken steht. Die Arme weisen in die Richtung, in die wir sehen und auf die Worte, mit denen wir etwas sagen. Bringen Sie Zwillingen also bei, das zu sagen, auf das zu verweisen und gemäß dem zu handeln, was sie denken, um sie so gesund zu erhalten.

Krebs
(21. Juni – 20. Juli)

Krebsgeborene geben sensible, launenhafte und familienorientierte Wesen ab. Für diese Individuen sind oft mehr ihre Gefühle der Motor ihres Handelns als ihr Kopf. Sie haben eine gewisse Hartnäckigkeit und neigen extrem dazu, alle zu beschützen, die sie als Teil ihrer Familie betrachten. Sie wollen nähren und genährt werden. Sie lieben gutes Essen, Häuslichkeit, Ahnen, Antiquitäten und die Geschichte ihrer Familie oder Nation. Sie sind Patrioten im Hinblick auf ihr Heimatland. Man muss den Kindern den Raum geben, an ihren Gefühle zu arbeiten. Sie sehen Problempunkte im umfassenderen Kontext und beschäftigen sich mit Situationen, indem sie die Reaktionen ihrer Familie, Vorfahren und Nation betrachten. Es fällt ihnen schwer, mit Kritik umzugehen, also ist es zwingend geboten, ihnen früh beizubringen, problematische Punkte zu bearbeiten, ohne sie zu persönlich zu nehmen oder es als bedrohlich zu erleben, wenn sie beurteilt werden.
Was man ihnen auch beibringt, man muss berücksichtigen, dass sie sehr sensibel sind. Persönlichkeiten dieser Art neigen sonst dazu, sich in ihr Schneckenhaus zurückzuziehen oder sich zu verschließen wie eine Auster, doch gleichzeitig fällt ihnen das Loslassen schwer. Problembelastete Themen und Kritik prägen sich ihnen auf lange Zeit ein, selbst dann noch, wenn der Lehrer oder die Lehrerin davon ausgeht, diese seien längst Vergangenheit. Am besten gibt man ihnen die Chance,

ihre eigenen Schwächen zu begutachten und arbeitet dann mit ihnen daran, einen realistischeren Blick zu entwickeln.
Krebse müssen lernen, Gefühle loszulassen und sich auch von alten Situationen wieder zu lösen. Helfen Sie ihnen, sich Vergangenes zwar zu Nutze zu machen, den Fokus aber auf die Gegenwart zu richten, während sie ihre Zukunft samt langfristigen Zielen im Auge behalten. Lehren Sie diese Kinder Flexibilität in allen Dingen. Vieles kann über häusliche Projekte geschehen, darunter Kochen – für Jungen wie für Mädchen. Wasser hat auf Persönlichkeiten dieser Art eine beruhigende Wirkung. Schwimmunterricht würde ihnen bestimmt Spaß machen. Damit sie leichter entspannen können, wäre eine Möglichkeit, ihnen einen Zimmerspringbrunnen ins Kinderzimmer zu stellen oder ihnen eine CD mit Wassermusik zu geben.
Gesundheitliche wunde Punkte für Krebse sind primär Magen und Verdauungsprozesse. Diese Kinder sollte man nie dazu bringen, etwas zu essen, wenn sie gerade innerlich aufgewühlt sind – es kann Übelkeit und Fettleibigkeit hervorrufen. Der Verdauungsprozess beinhaltet, dass Nahrung zugeführt und langsam in den Organismus aufgenommen wird, damit sie alle Teile des Körpers nähren kann. Der Schlüssel zu Gesundheit für Krebse besteht darin, Förderliches zu tun, indem sie die Liebe aufnehmen, die ihnen gegeben wird (was bedeutet, zunächst einmal sich selbst zu lieben). Dann können sie diese durch den Prozess der Untersuchung, der Filtrierung und des Loslassens an andere zurückgeben. Für Krebse hängt ihre Gesundheit unmittelbar damit zusammen, sich selbst und danach andere zu nähren – nicht umgekehrt.

Löwe

(21. Juli – 20. August)

Löwen sind Führer, und sie brauchen mehr Aufmerksamkeit als jedes andere Sternzeichen. Ganz ähnlich wie ein Feuer im Kamin geschürt, beaufsichtigt und ständig mit Sauerstoff und Holz versorgt werden muss, wollen Löwekinder für alles, was sie tun, gesehen werden und Beifall erhalten. Sie brauchen Ihr Lob – es ist wie das Holz, das das Feuer in Gang hält. Sie brauchen Ihre Ideen oder Anleitung. Sie sind wie die Luft, die das Feuer braucht, um zu wachsen.
Diese Kinder sind kreativ, gesellig, spaßliebend und genießen es, im Mittelpunkt zu stehen. Gibt man ihnen keine kreativen Herausforderungen und kein Lob, können sie versuchen, Ihre Aufmerksamkeit zu

erringen, indem sie negative Verhaltensweisen einsetzen. Sie sind eben Kinder, und können sich deshalb durchaus unverantwortlich verhalten. Übersieht man dies, statt es zu korrigieren, so wird es im Erwachsenenleben zu einem Muster der Selbstsabotage.
Finden Sie für diese Kinder kreative Herausforderungen. Eine gute Wahl sind Theatergruppen, Tanzen, Singen, Komödie und soziale Clubs, in denen sie sich künstlerisch betätigen können. Geraten diese Kinder durch negatives Verhalten auf Abwege, so können Sie dies schnell korrigieren, indem Sie sie mit weniger begabten oder behinderten Kindern arbeiten lassen. Löwepersönlichkeiten lieben Kinder und spielen gerne Alleinunterhalter. Geben Sie ihnen genügend Gelegenheit dazu. Theater, Marionettentheater, Zaubertricks oder andere Kinder bei Kindergeburtstagen zu unterhalten, kann Löwen eine Chance bieten, gesehen zu werden und ihre Führungsqualitäten auszuspielen, denn genau das ist ihr Herzenswunsch.
Gesundheitlich Vorsicht geboten ist für Löwen im Hinblick auf das Herz und den Rücken. Der Schlüssel liegt darin, ihnen Mut zu machen, ihrem Herzen zu folgen und sich zwischen einzelnen Erlebnissen auszuruhen. Man muss sie lehren, wie sie es schaffen, sich nicht zu sehr zu verausgaben und auszubrennen, sondern zu glimmen, wie es ein gutes Feuer tut, so dass wir alle es warm und gemütlich haben.

Jungfrau

(21. August – 20. September)

Jungfraukinder sind sehr ernsthafte Naturen. Das Lachen versteht sich für diese Charaktere nicht so ohne weiteres von selbst, und alles muss gerechtfertigt werden. Das Jungfraukind denkt praktisch, arbeitet hart und ist darauf ausgerichtet, anderen zu dienen. Diesen Kindern dabei zu helfen, Spaß zu haben, ist notwendig, damit sie ein erfülltes Leben haben können. Sie fühlen sich am besten, wenn sie dienen können. Ein ausgewogenes Leben beinhaltet jedoch auch, genügend Zeit zu haben zum Ausruhen und zum Genießen.
Ruhe ist im Denken des Jungfrau-dominierten Individuums nicht vorgesehen. Sein Verstand ist unablässig damit beschäftigt, zu analysieren, und allzu oft verfallen Jungfrau-Dominierte in Selbstkritik. Bringen Sie ihnen bei, dass wir alle gleich sind und dass zwar jeder einzelne Mensch ein anderes Bewusstsein hat, während wir auf dieser Erdebene sind, dass wir aber niemanden verurteilen sollten. Statt-

dessen sollten wir einfach andere als Seelen würdigen und wissen, dass jeder und jede von ihnen seinen eigenen göttlichen Plan hat... und alles in jedem Moment in vollkommener Harmonie ist.
Jungfrauen sind in der Lage, eine lange, beharrliche Reise auf sich zu nehmen und sich Veränderungen zu stellen, zuerst mit ihrem Verstand und dann durch praktische Einschätzung, wobei die Veränderungen langsam vonstatten gehen. Diesen Kindern muss man beibringen, ehrlich über ihre Gefühle zu sprechen, ohne andere zu kritisieren. Der Schlüssel liegt darin, ihnen zu vermitteln, dass das, worüber wir uns an anderen am meisten ärgern, unsere eigenen Ängste spiegelt. Mitunter hängt es mit einem Erlebnis aus einem früheren Leben zusammen, und mitunter mit etwas in der Gegenwart. Helfen Sie ihnen, tiefsitzende Gefühle durch Lachen zu lösen. Hypochondrie kann für Jungfrauen eine Herausforderung werden, wenn sie nicht lernen, ihren Geist entsprechend auf wichtige Themen auszurichten. Hilfreich kann es auch sein, Gedanken zu Papier zu bringen.
Gesundheitliche Probleme bei Jungfrauen haben öfters mit dem Dickdarm zu tun. Nicht selten wird an Ressentiments festgehalten, ohne dass man seinem Ärger Luft macht oder zugrundeliegenden Unmut laut äußert.

Waage

(21. September – 20. Oktober)

Große Ideen und grandiose Gespräche sind das Fundament für die Waage. Von diesen Kindern zu verlangen, sie sollten still sein, ist nicht einfach, vor allem wenn sie neben einem Zwillingskind sitzen. Die Waage ist mit ihren Gedanken stets bei Beziehungen und gesellschaftlichen Ereignissen. Waagen wollen wissen, wie sie am besten ihren Platz in der Gesellschaft finden und Beziehungen aufbauen. Schönheit ist ihnen sehr wichtig. Ihre Aufmerksamkeit zu fesseln, erfordert schöne Worte und Geschichten über Menschen. Die Waage will wissen, wie Menschen in Harmonie gesellig beisammen sein und kommunizieren können.
Waagen reden gerne, und sie neigen dazu, sportlicher Betätigung aus dem Weg zu gehen. Dem Rest von uns mögen sie faul erscheinen. Wie bekommt man Waagen zum Handeln? Man verspreche ihnen eine gute Geschichte über Menschen. Das ist auch der rechte Weg, ihnen Geschichte oder ein anderes Fach näher zu bringen. Denken Sie

sich Details aus, die mit Menschen zu tun haben und ihrer Beziehung zu Liebe, Krieg, Familie, Heimat und Tieren. Diese Kinder lieben Geselligkeit und sie mögen es, sich herauszuputzen. Mein Neffe ist eine Waage, und er würde mir immer helfen, wenn ich ihm dafür versprechen würde, mich zu ihm zu setzen, um über Dinge zu sprechen, die ihn interessieren.

Sie werden überrascht sein von der Tiefe der Gedanken bei einigen dieser Kinder. Sie denken in großen Kategorien. Als mein Neffe Matt erst vier Jahre alt war, diskutierte er mit mir über den Mut von Bienen. Soweit zum unglaublichen Geist der Waage.

Die größte Herausforderung für Waagen liegt darin, sich selbst treu zu bleiben und keine Ängste zuzulassen im Hinblick darauf, wie sie in die Gesellschaft hineinpassen. Sie wollen akzeptiert werden und zu den Schönen gehören. Dieses Verlangen ist so stark, dass sie unter den Bann des Gruppendrucks geraten können und in die Gefahr, Substanzabhängigkeiten diverser Art zu erliegen. Von daher ist zwingend notwendig, dass Sie als Eltern eines Waagekindes ein Umfeld schaffen, dass förderlich ist für die Akzeptanz und Wertschätzung der Individualität sowie der Ermutigung zu einer solchen.

Von dem Moment an, in dem Sie anfangen, mit Waagekindern zu arbeiten, müssen Sie ihnen helfen, basierend auf persönlich gestalteten Standards statt durch Wetteifern mit anderen ein Selbstwertgefühl aufzubauen. Erklären Sie, wie Sie selbst Ihre Integritätsstandards und Ihr Selbstwertgefühl entwickelt haben. Ermutigen Sie die Waagekinder, sich nach ihren tiefsten Gefühlen zu richten und dies durchzuhalten, und applaudieren Sie Ihnen dabei. Helfen Sie ihnen, berühmte Persönlichkeiten oder Heilige auszusuchen, denen sie nacheifern können.

Zu den gesundheitlichen Problempunkten der Waagen gehört die Gallenblase. Die Galle unterstützt die Fettverdauung. Fette werden mit den befriedigenden Aspekten des Lebens gleichgesetzt, aber auch mit Exzessen und dergleichen mehr. So ähnlich wie das schöne Aussehen von Schlagsahne über ihren fehlenden Nährstoffgehalt hinwegtäuscht, gilt es für die Waage zu realisieren, dass die sogenannten schönen Menschen und das »gute Leben«, das sie führen, nichts als Schlagsahne ist – verlockend, aber ohne jeden Nährwert. Die Waagepersönlichkeit muss die Illusion von Schönheit beseitigen, und in ihren Worten und Handlungen wahrhaftig werden. Das ist der Schlüssel der Waage zur Gesundheit.

Skorpion

(21. Oktober – 20. November)

Die Wasser des Skorpions sind tief. Der Skorpion ist zutiefst emotional und in Macht, Geheimnissen, Stille, Sexualität und Okkultem zu Hause. Alles, was dem Auge verborgen ist, was jenseits des Gesprächs oder des sozial Akzeptablen angesiedelt ist, ist für den Skorpion von beträchtlichem Interesse. Hier haben Sie es mit einem Kind zu tun, das die Geheimnisse des Universums und alles kennen will, was sich hinter verschlossenen Türen abspielt. Skorpionkinder sind außerordentlich leidenschaftlich, sie bohren still nach und haben insgeheim das Verlangen zu wissen, so dass sie auf jedem Gebiet ihres Lebens die Kontrolle erlangen können. Sie sind sehr medial veranlagt und lesen die Emotionen anderer wie ein offenes Buch. Eltern von Skorpionkindern müssen die Tiefe des Charakters ihrer Kinder erkennen und sie dazu hinlenken, ihre detektivischen Fähigkeiten dazu einzusetzen, etwas für die Menschheit zu verbessern, statt eigennützigen Entscheidungen zum Opfer zu fallen.

Diese Kinder sind Verwandlungskünstler. Sie verwandeln andere durch ihren ausgeprägten Zugang zu den dunkleren Seiten des Menschen. Wie Chirurgen bringen sie die intimsten Punkte ans Licht. Skorpionkinder haben die Fähigkeit, ihre Lehrer durch Offenbarungen und unverblümte Fragen zu schockieren und in Angst und Schrecken zu versetzen. Sich dieses Merkmals gewahr zu sein, kann Lehrern oder Eltern dabei helfen, eine Schockerfahrung zu vermeiden. Regen Sie die Kinder statt dessen an, durch Bücher oder Interviews mit Fachleuten der entsprechenden Gebiete ihre eigenen Fragen zu beantworten.

Bei der Arbeit mit Skorpionkindern müssen Eltern den Tiefgang ihres forschenden Geistes erkennen. Sie sollten ermutigt werden, Fragen zu stellen, aber man sollte sie auch lehren, dass das Gesetz der Nichteinmischung das oberste aller Gesetze ist. Sich lediglich um des Schockeffekts willen störend in den Bewusstseinszustand anderer einzumischen, hat karmische Konsequenzen (gleichbedeutend mit weiteren Tests). So finden sie nicht die Macht, auf die es ihnen ankommt. Wenn Sie diesen Kindern beibringen, dass ihnen selbst, und nicht der Kontrolle über andere, wahre Macht innewohnt, haben Sie sie einen Schritt näher dazu herangebracht, die Engel zu sein, die sie sind. Skorpionkinder muss man lehren, die Tiefe ihrer Gefühle zum Ausdruck zu bringen, ohne anderen die Schuld an ihrem Kummer zu geben. Sie

müssen von sehr frühem Alter an erkennen, dass alles in ihrem Universum die Folge ihrer Entscheidungen ist, entweder im Hier und Jetzt, oder aufgrund von Vereinbarungen, die sie vor ihrer Inkarnation getroffen haben.
Sie können Skorpionen dabei helfen, die Sicht und Motive anderer zu verstehen, indem Sie mit Ihnen im Geist Detektiv spielen, um deren jeweilige spirituelle Natur zu verstehen. Bringen Sie Skorpionkindern bei, sich bei jeder sozialen Interaktion auf die versteckten Hinweise zu konzentrieren: die Mission der betreffenden Person in ihrem Leben, oder die zentrale Lektion einer anderen, oder was diese Person in Wirklichkeit zu erreichen versucht. Das kann ihnen dabei helfen, Entscheidungen zu treffen, die ihr Verständnis von wahrer Macht fördern.
Gesundheitlich beachtenswert für die Skorpionpersönlichkeit ist alles, was mit den Fortpflanzungsorganen zusammenhängt. Das Geheimnis der Schöpfung ist am Sitz der Macht. Der Schlüssel zu einer guten Gesundheit liegt für diese Individuen darin, sich mit ihrer eigenen Unsterblichkeit und Schöpferkraft zu arrangieren, was zunächst einmal verlangt, bei jeder getroffenen Entscheidung die eigene Verantwortung anzuerkennen. Seien Sie darauf bedacht, ihnen beizubringen, dass alles, was sie tun – mit Gedanken, Worten und Handeln – auf ihrer Macht basiert, selbst die Wahl zu treffen. Das ist ihre Schöpfungskraft. Durch Entscheidung erschaffen wir alles in unserem Universum.
Bringen Sie Skorpionkindern immer bei, sich ihre Macht zu erhalten, sie nicht aus der Hand zu geben. Immer wenn wir sagen: »XY hat mich dazu gebracht (oder gezwungen), das zu tun«, oder »Ich musste das tun«, haben wir damit unsere eigene Macht aus der Hand gegeben. Skorpionindividuen müssen früh lernen, in all diesen Dingen ihre Wahl zu treffen, wodurch sie sich ihre Macht bewahren und gesund bleiben.

Schütze

(21. November – 20. Dezember)

Schützekinder sind kreativ und werden alles ergründen wollen. Sie neigen zu Furchtlosigkeit und gehen bis an den Rand des Abgrunds, um sich anzuschauen, was sich dort unten befindet. Sie langweilen sich schnell damit, bei einem Thema zu bleiben oder immer wieder das gleiche zu wiederholen. Sie sind schnell, und sie wollen die Heraus-

forderung durch neue Ideen, neue Horizonte und ein schnelllebiges Umfeld. Sie fühlen sich von Natur aus zum Lernen hingezogen und brauchen wenig Ermutigung, um Erfolge zu erzielen.
Bringen Sie Ihrem Schützekind bei, sich mit etwas lange genug zu befassen, bevor es ein anderes Projekt in Angriff nimmt. Spornen Sie Schützekinder von früh auf an, Tagebuch über ihr Leben zu führen, sei es durch Aufschreiben, auf Band, Video oder digital. Ein solches Tagebuch fördert ihr Vermögen, bei der Sache zu bleiben. Sagen sie ihnen, dass die Belohnung für den Abschluss von Projekten wichtiger ist als der Wert des Projekts.
Auch ihnen beizubringen, dass Zeit etwas Maßgebliches ist – sowohl für das Wachstum riesiger Bäume und das von Unternehmen – ist etwas ganz Grundlegendes. Simple Projekte, und sei es nur, ein einziges Pflänzchen aus einem Samenkorn heranzuziehen, kann der Schützepersönlichkeit helfen, Umsicht, Disziplin und Zeit schätzen zu lernen. Auch auf Reisen gibt es viel zu lehren und zu lernen für sie. Kindern wie diesen verleihen andere Länder, Bibliotheken, Buchhandlungen, Kinos und das Internet Flügel. Sie haben ihre Freude daran, den Horizont der Familie zu erweitern und sorgen vielleicht für so manche Überraschung, wenn es um die Gefährten geht, die sie zum Abendessen mitbringen.
Schützen wollen über den Bewusstseinszustand der Familie hinaus. Gibt man ihnen die Chance dazu, werden sie durch das, was sie erreichen, zur Provokation für das Denken ihrer Eltern. Diese Kinder wollen mehr über Gott und die Engel wissen als die meisten Kinder. Sie wollen verstehen, wie man Gottes Sphären durchreist als auch, wie man die Erde bereist. Schaffen Sie also fruchtbaren Boden für diese Kinder, damit sie alle Möglichkeiten Gottes erkunden können. Sie wollen vielleicht zu Vorträgen gehen, die zu besuchen Ihnen selbst nie in den Sinn käme. Gehen Sie mit ihnen zusammen hin, und Sie werden merken, dass diese Kinder auch Ihr eigenes Denken erweitern, während sie nach den Sternen greifen.
Was sie mit Schützekindern auch tun, engen Sie sie nicht ein. Das ganze Universum wartet in ihren Augen darauf, erkundet zu werden, und Sie werden sie verlieren, wenn Sie ihrem Lernen Grenzen auferlegen. Geben Sie ihnen das Handwerkszeug dafür, Praxisentscheidungen zu treffen, ohne ihre Reichweite durch Ihre eigenen Ängste einschränken zu lassen. Schützekinder sind ewige Optimisten,

wissen Sie dies also und helfen Sie ihnen mit praktischen Hilfen, die es ihnen erlauben, ihre Träume umzusetzen.
Ein gesundheitlicher Problempunkt bei Schützen sind die Oberschenkel. Reiseaktivitäten dieser Individuen stehen in der Regel unter einem glücklichen Stern, man muss ihnen jedoch beibringen, ihren Wissensdurst und Forscherdrang in einem ausgewogenen Verhältnis zu ihrem Bedürfnis nach Ruhe zu halten. Das wird sie davor bewahren, auszubrennen und sie gesund erhalten.

Steinbock

(21. Dezember – 20. Januar)

Steinböcke sind eine Mischung aus Weitblick und der Hartnäckigkeit, die erforderlich ist, um Anvisiertes zu erreichen. Diese Kinder sind praktisch veranlagt und ehrgeizig. Sie setzen sich große Ziele in den Kopf und unternehmen dann die praktischen Schritte, diese zu erreichen. Sie sind nicht gut darin, sich einfach nur zu entspannen und ihren Spaß zu haben. Sie wissen genau, was in einer schwierigen Situation zu tun ist. Sie können ihre Emotionen besser unter Kontrolle halten als jedes andere Sternzeichen und schaffen es von daher, in Krisensituationen einen kühlen Kopf zu bewahren. Steinbockkindern sollte man beibringen, ihre Gefühle auszudrücken, damit anderen deutlich ist, was sie gerade durchleben. Ihr Pokerface kann Eltern schon Rätsel aufgeben. In ihrem späteren Leben kann dies in geschäftlichen Verhandlungen großen Stils ihr Kapital sein, doch wird es in ihrer emotionalen Natur einen Leerraum entstehen lassen, wenn die Eltern diesen ausdruckslosen Blick persönlich nehmen und den Kindern die Förderung vorenthalten, die sie brauchen.
Steinbockkinder scheinen alles unter Kontrolle zu haben, aber sie wünschen sich wirklich Disziplin und praktische Grenzen, um sich geliebt zu fühlen. Man muss ihnen beibringen, andere zu nähren und zu begreifen, was ihnen selbst das Gefühl gibt, genährt und gefördert zu werden. Sicherheit, Vorsicht, Umsicht und eine konservative Grundeinstellung sind die Natur des Steinbocks. Steinböcke sind gut in Mathematik und in allem, was Genauigkeit verlangt. Deshalb ziehen sie es vor, die Details mit anderen zusammen zu handhaben, statt alles allein zu machen. Sie geben großartige Verwaltungskräfte ab.
Ein sehr wertvolles Geschenk, das man Steinbockkindern mit auf den Weg geben kann, würde darin bestehen, ihnen zu vermitteln, wie sie es

schaffen, an jedem Tag ihres Lebens ein Gleichgewicht zu bewahren. Erklären Sie ihnen, dass wir aus physischen, emotionalen, mentalen und spirituellen Anteilen bestehen, und dass jeder Anteil tagtäglich genährt werden will. Leiten Sie sie an, jeden Tag am Ende Revue passieren zu lassen, inwieweit sie an diesem Tag Nährendes für jeden einzelnen Teil ihrer selbst getan haben.

Außerdem müssen die Eltern die Stressanfälligkeit des Kindes erkennen. Bei Kindern dieser Art drückt sich Stress anders aus als bei den meisten. Sie schweigen und wirken so, als hätten sie alles unter Kontrolle, selbst wenn sie völlig gestresst sind. Bringen Sie ihnen bei, dass der Schlüssel dazu, mit solchen Situationen fertig zu werden, das Lachen ist. Sie können diesen Kindern schon in sehr frühen Jahren beibringen, auch andere gute Stressbewältigungstaktiken in ihren Alltag einzubauen.

Eine einfache Technik besteht darin, tief einzuatmen, ein paar Sekunden lang die Luft anzuhalten, diesen Vorgang dann noch zweimal zu wiederholen und abschließend an das Komischste zu denken, was ihnen gerade in den Sinn kommt, damit sie laut zu lachen beginnen. Als Kinder sahen wir uns immer an und ließen bei Schmollmund mit dem Zeigefinger unsere Unterlippe flattern, so dass sie »Blubb ... blubb ... blubb ... blubb« machte. Das sah dann so komisch aus, dass das Gegenüber durch seine tränenverschleierten Augen hindurch lachen musste. Eltern oder Lehrer müssen dazu bereit sein, auch einmal lächerlich auszusehen, wenn sie Steinböcken beibringen wollen, loszulassen und zu lachen.

Ein gesundheitlich wunder Punkt für Steinböcke sind die Knie. Hier besteht ein Zusammenhang damit, wie flexibel und beugsam sie sein können. Um niederzuknien, brauchen wir die Knie, und der Steinbock muss lernen, auf die Knie zu sinken, um Hilfe zu erbitten, statt alles auf die eigenen Schultern zu nehmen. Wir wissen, dass Steinböcke hart im Nehmen sind, doch wenn sie gesund bleiben wollen, müssen sie in Erinnerung behalten, dass wir alle von Zeit zu Zeit eine Schulter brauchen, an die wir uns anlehnen können.

Wassermann

(21. Januar – 20. Februar)

Wassermannindividuen tragen ständig ihr imaginäres eigenes Podium mit sich herum. Sie sind die Redner auf dem Planeten, die zum Wohl

des Ganzen das Wort ergreifen und uns mit Macht in eine fortschrittlichere Gesellschaft hineinbringen wollen. Das Wassermannzeichen steht für Revolution, Fortschritt, universelle Brüderlichkeit, Freundschaft und erfindungsreiches Genie.
Wassermannkinder sind immer bestrebt, zu verstehen, was Sie zu sagen haben, und es sollte schon Hand und Fuß haben, wenn sie wollen, dass diese Kinder sich damit zufrieden geben. Sie wollen Wissen und werden es sofort auf ihre Logik anwenden, die für sie fundamental ist. Diese Kinder denken und reden leidenschaftlich gern.
Wassermannkinder sehen Dinge nicht so, wie sie sind, sondern im Licht ihrer Nützlichkeit. Praktisch und sozial denkende Eltern kann das ärgern. So zum Beispiel kann es bei Kindern mit einer Wassermanndominanz gut passieren, dass sie Ihr bestes Handtuch nehmen, um den Hund abzutrocknen. Sie verkabeln vielleicht ihre Küchengeräte neu, so dass jeweils zwei gleichzeitig eingeschaltet werden, und verwenden dazu Teile ihres Föns. Ob Sie all das wohl gerne sehen? Nun, wenn Sie es als etwas betrachten, was in Ihrem Lebensalltag das nackte Chaos anrichtet, lautet die Antwort hierauf »nein«. Aber das ist nicht die optimale Reaktion auf Wassermannkinder. Sie haben das brennende Verlangen, herauszufinden, wie Dinge funktionieren und werden harte logische Überlegungen anstellen, um eine Antwort zu erhalten.
Leiten Sie diese Kinder mit ihrem Forscherdrang dazu an, ihre Projekte durchzuhalten, sagen Sie ihnen jedoch, dass sie erst um Erlaubnis fragen müssen, wenn es darum geht, die Artikel zu verwenden oder zu kaufen, die sie dafür benötigen. Diese Kinder können auch einen Prozess mit einer Idee anfangen und dann abgelenkt werden und sich mit etwas anderem befassen, bevor sie mit der Umsetzung der ersten Idee fertig sind, was eine prächtige Katastrophe sein kann, wenn sich das Experiment auf Ihrem Küchenherd abspielt! Bringen Sie den Wassermannkindern bei, eine Sache nach der anderen zu machen und jeweils bei einem einzigen Projekt zu bleiben, während sie sich andere Ideen, die ihnen dabei einfallen, zunächst einmal aufschreiben. Später können sie diese Ideen dann noch einmal sichten und überlegen, an welchen sie arbeiten wollen.
Die Wassermannkinder sollten nicht eingeengt werden. Sie brauchen Raum, um ihre Logik und Ideen im Hinblick auf die Welt zu erproben. Bringen Sie ihnen bei, wie sie dies gefahrlos und im Rahmen der spirituellen Gesetze tun können. Lehren Sie diese Kinder, dass der Zweck

nicht die Mittel heiligt. Die kleinen Wassermänner können sich so in eine Idee vergraben, dass sie alles um sich vergessen. Das sind wahrhaftig die zerstreuten Professoren. Ja, das ist Genie, doch als Eltern sollten Sie den lieben Kleinen Fähigkeiten beibringen, die in ihrem Lebensalltag nützlich sind, und ihnen dabei eine große Arena zu Verfügung stellen, in der sie mit dem Leben experimentieren können.
Gesundheitlich anfällig bei Wassermännern sind Waden und Knöchel. Stärke, Gleichgewicht und Beweglichkeit sind für diese Kinder der Schlüssel zu einer guten Gesundheit. Die Intensität ihrer Überzeugungen treibt sie voran, aber sie müssen im Gleichgewicht sein, damit sie in ihrem Leben nicht den festen Boden unter den Füßen verlieren. Und schließlich erfordert es auch Flexibilität, die Richtung zu ändern, wenn man zu einer neuen Auffassung gelangt.

Fische

(21. Februar – 20. März)

Das Fische-Individuum ist unglaublich sensibel. Bei den Fische-Indigos kommt hinzu, dass sie zudem außerordentlich hellsichtig sind. Sie verfügen über ein Bewusstsein früherer Leben, obwohl sie sie nicht unbedingt verstehen. Sie können Angst haben, die mit einem derartigen Impuls oder einer Vorahnung zusammenhängen. Sie brauchen Eltern, die sie durch die Untiefen der Illusion in Zusammenhang mit den niederen Welten hindurch geleiten, damit sie nicht dazu hingetrieben werden, sich vor ihren Gefühlen oder der ihnen durch ihre Hellsichtigkeit eingegebenen Intuitionen zu verstecken, etwa durch die Einnahme bestimmter Suchtstoffe.
Fischekinder haben nahe am Wasser gebaut. Sie werden Ihre Energie erfasst haben, noch ehe Sie den Mund aufgemacht haben. Sie tun sich nicht leicht damit, herkömmliche schulische Aufgabestellungen zu begreifen, da das Unterrichtsgeschehen Worte und Handlungen umfasst, und dabei die Wichtigkeit des Kinästhetischen übersehen wird. Fischekinder sind hochgradig kinästhetisch veranlagt und brauchen es für ihr erfolgreiches Heranreifen, dass Sie diese Eigenart verstehen.
Fischekinder müssen genährt werden, und man muss sie lehren, auf ihre Gefühle zu hören. Sie sollten ihre Träume verfolgen, und die Eltern sollten sie ermutigen, diese mit ihnen zu besprechen. Eltern müssen diese Kinder anspornen, über Erlebnisse in ihren Innenwelten zu sprechen,

und sie müssen würdigen, dass die Wissenschaft nicht über sämtliche Schlüssel zur wahren Natur der Seele verfügt.
Geben Sie ihnen Aufgabestellungen, die damit zusammenhängen, zu erkunden, wie Spiritualität und Wissenschaft zusammenhängen. Fischekinder schlafen, lesen, träumen, meditieren gern und wenden sich gern nach innen. Sie lieben Fantasy-Romane, sind hoffnungslose Romantiker und müssen wohl die Urheber des Standardsatzes »und sie lebten glücklich bis an das Ende ihrer Tage« gewesen sein. Sie sollten ihnen beibringen, dass dieser Satz sich auf die Seele bezieht, und nicht auf Erfahrungen in der physischen Welt. Auf diese Weise werden sie unnötige Anfälle von Perfektionismus und Enttäuschung umgehen können.
Sollten Sie nicht über eigenes Wissen im Hinblick auf das Reisen durch die inneren Welten zurückgreifen können und Kinder mit einer Fischedominanz haben, suchen Sie ihnen einen moralisch integeren Lehrer, der sich nach den spirituellen Gesetzen richtet, damit dieser sie lehrt. Diese Kinder müssen verstehen, dass sie nicht verrückt oder »des Teufels« sind. Sie erfahren jedoch auf unterschiedliche Weisen Erleuchtung, und man muss ihnen beibringen, was das bedeutet.
Sollte es in Ihrer Region niemanden geben, dem Sie Ihre Kinder in dieser Sache anvertrauen möchten, so setzen Sie sich doch mit ihnen jeden Abend zusammen oder wenigstens einmal in der Woche, um zu beten, zu meditieren oder einem Hörbuch bzw. einer Kassette/CD zu lauschen. Sobald jemand um einen spirituellen Lehrer bittet und sich verpflichtet, durchgängig jede Woche eine bestimmte Zeit darauf zu verwenden, zu lernen, wird der Lehrer in Erscheinung treten. Das heißt nicht, dass er oder sie immer in physischer Form erscheint, sondern oft stellt sich das Lernen in der Meditation, in der Trance oder im Traum ein. Lehren Sie Fischekinder, dass ihre Seele das Allerwichtigste ist und dass sie ihre Seele hören können, wenn sie sich im Einklang mit ihrem Herzen befinden.
Gesundheitliche Problempunkte für die Fische sind die Füße. Legen Sie ein Fundament, das auf spirituellen Gesetzen basiert und geben Sie ihnen dabei praktische Techniken an die Hand, die ihnen helfen, sicher in der physischen Welt zu leben.

DREIZEHN

Bedingungslose Eigenliebe

Indigo-Kinder sind oft Perfektionisten, und sie können sehr hart mit sich selbst zu Gericht gehen. Für jedes mutmaßliche Vergehen machen sie sich selbst »zur Schnecke«. Einer der Gründe dafür, warum sie auf regelrecht aggressive Weise in Verteidigungsstellung gehen, wenn man mit ihnen schimpft, ist, dass ihnen bereits schmerzlich bewusst ist, dass sie einen Fehler gemacht haben.

Obwohl Indigos einen gelegentlich zur Raserei bringen können, ist es wichtig, sich zu mäßigen, wenn man seinem Ärger ihnen gegenüber Luft macht. Beginnen Sie damit, ihnen zunächst einmal Komplimente dazu zu machen, was sie richtig gemacht haben, bevor Sie ihnen sagen, was sie falsch gemacht haben. Vergessen Sie nie, ihnen zu erklären, warum, und geben Sie ihnen für jede Bitte oder Forderung Gründe an. Helfen Sie Ihrem Kind dabei, zu verstehen, dass jeder Fehler macht. Wie heißt es so schön im *Kurs in Wundern:* »Fehler erfordern Korrektur, nicht Strafe.« So oft schämen sich Indigo-Kinder für ihre einzigartigen Qualitäten, und auch deshalb, weil man ihnen zu verstehen gegeben hat, dass sie »gestört« seien. Ihre Unbeholfenheit im Hinblick auf den sozialen Umgang mit anderen mag bewirken, dass Indigos im Umgang mit ihren Freunden Fehler machen.

Hier einige spirituelle Heilmethoden, die Sie Ihren Indigo-Kindern beibringen können, damit sie diese immer dann einsetzen können, wenn sie das Gefühl haben, ihnen sei ein Fehler unterlaufen:

Ungeschehenmachen.

Wenn wir einen Fehler machen, so können die Auswirkungen dieses Irrtums erhebliche Wellen schlagen. Mir ist es beispielsweise in der Mittelstufe einmal passiert, dass ich über ein Mädchen tratschte. Sehr bald sprach sich der Klatsch in der ganzen Schule herum, und das Mädchen war verständlicherweise sehr verletzt und wütend. Die Folge dieses Ereignisses war, dass ich lernte, Geheimnisse zu bewahren und Klatsch und Tratsch aus dem Weg zu gehen.

Wir Indigo-Kinder können also aus unseren Fehlern wertvolle Lektionen lernen, doch können wir diese Lektionen auch begreifen, ohne dabei leiden zu müssen. Eine hoch wirksame Methode für den Umgang mit Fehlern wird als »Ungeschehenmachen« bezeichnet. Diese Methode sorgt dafür, zu verhindern, dass sich der Welleneffekt von Fehlern weiter ausbreitet. Sie hilft dabei, die Energie rückwärts rollen zu lassen, so dass die Zeit sich öffnet und die Energie des ursprünglichen Fehlers rückgängig gemacht wird. Das Ungeschehenmachen kann deshalb funktionieren, weil die Zeit nicht linear, sondern simultan verläuft. Und das funktioniert so:

Das nächste Mal, wenn Ihre Kinder einen Fehler machen, bitten Sie sie, Folgendes zu sagen:

»Lieber Gott, mir ist klar, dass ich einen Fehler gemacht habe, und ich bitte darum, dass alle Folgen dieses Fehlers für alle Betroffenen in jeder zeitlichen Richtung rückgängig gemacht werden. Danke.«

Sagen Sie ihren Kindern, dass sie sich still hinsetzen und tief atmen sollten, während das Ungeschehenmachen stattfindet. Lassen Sie sie an allem teilhaben, was Sie eventuell hierbei gespürt oder gesehen haben, und bitten Sie sie, Ihnen gegenüber das Gleiche zu tun. Diese Methode wirkt Wunder! Mit größter Wahrscheinlichkeit werden die Menschen, die in eine Auseinandersetzung oder ein Missverständnis verwickelt waren, vergessen, warum sie sich über Ihre Indigos aufgeregt hatten. Alles wird wahrhaft »vergeben und vergessen« sein.

Karmischer Ausgleich.
Manchmal haben wir deshalb Probleme mit anderen, weil unsere Seele eine Vorgeschichte mit ihnen hat. So zum Beispiel haben Sie vielleicht den Verdacht, dass Sie Ihre Indigo-Kinder schon aus einem früheren Leben kennen, und damit haben Sie vermutlich Recht. Vertrauen Sie auf Ihre innere Führung, die Ihnen sagen wird, in welcher Beziehung Sie zuvor zu Ihren Indigo-Kindern gestanden haben (Mutter-Tochter, Vater-Sohn, Mann-Frau, Schwester-Bruder und so weiter). Viele Indigo-Kinder erinnern sich sehr detailliert an Einzelheiten aus ihrem früheren Leben, und sie sprechen ganz nüchtern über diese, indem sie etwa Dinge sagen wie: »Weißt du noch, wie ich die Mutter war und du das

Kind?« Vor allem trifft das auf Kinder unter fünf Jahren zu. Später gewinnt bei vielen Kindern der logische Verstand stärker die Oberhand, und ihr Gewahrsein im Hinblick auf esoterisches Wissen nimmt ab.

Ob Sie an frühere Leben glauben oder nicht, so stimmen Sie doch vielleicht zu, dass wir in bestimmte Beziehungen »Karma« hineintragen. So zum Beispiel könnte die Tatsache, dass Sie einer bestimmten Person gegenüber immer wieder in ein bestimmtes Muster verwickelt werden, ein Zeichen dafür sein, dass es in dieser Beziehung für Sie beide etwas zu lernen gibt. Sie und Ihre Indigo-Kinder können hier einen karmischen Ausgleich schaffen, ohne innerhalb der Beziehung lange, harte oder schmerzliche Lektionen durchstehen zu müssen, indem Sie zu ihren Engeln sagen:

»Ich bitte darum, dass alles Karma mit (Name der Person) in allen zeitlichen Richtungen ausgeglichen wird, auf dass nur die Lektionen und die Liebe übrig bleiben. Ich bin jetzt bereit, alles, was ich (Name der Person) nachtrage, loszulassen, und allen Schmerz gegen Frieden einzutauschen.«

Bleiben Sie still sitzen und achten Sie auf alle Empfindungen oder Eindrücke, die sich bei Ihnen einstellen mögen. Karmaausgleich ist ein hochgradig wirksames Geschehen, und den meisten Menschen fällt ein Schauer auf, der ihnen durch den Körper geht, wenn ihr zellulares Gedächtnis gespeicherte Energien freisetzt.

Engelsbriefe.
Ihre Kinder können einen Streit oder ein Missverständnis mit jemandem heilen, indem sie Kontakt mit den Schutzengeln des Gegenübers aufnehmen. Sofern Ihre Indigo-Kinder alt genug sind, um Briefe zu schreiben, können Sie sie bitten, einen Brief an die Schutzengel der anderen Person zu schreiben. Sie können den Brief auf Papier verfassen oder am Computer. Jeder kann Kontakt mit den Schutzengeln anderer aufnehmen – es reicht dazu, sich nur die Intention vor Augen stehen zu lassen, dass man dies tun will. Falls Ihre Indigos zum Schreiben noch zu klein sind oder nicht gerne schreiben, fordern Sie sie auf, entweder im Geist oder laut den Schutzengeln der anderen Person ihr Herz auszuschütten.
Am Ende der Mitteilung (ob schriftlich, verbal oder mental) sollten

Ihre Indigo-Kinder die Schutzengel um Hilfe dabei bitten, eine Lösung zu finden. So zum Beispiel können sie sagen:

»Liebe Engel, ich bitte euch um eure Hilfe. Bitte helft mir dabei, in dieser Situation Frieden zu schaffen. Bitte helft uns beiden, ineinander das Licht und die Liebe Gottes zu sehen, statt uns auf Angst und Dunkelheit auszurichten. Ich danke euch, Engel, für diese Heilung.«

Heilung von Traumata bei Indigo-Kindern

Erfährt ein Mensch Missbrauch oder ein anderes Trauma, so kann dies eine tiefreichende und lange anhaltende Wirkung zeigen. Gewissermaßen sind wir alle Menschen, die ein Trauma überlebt haben. Wer unter uns ist nicht schon auf irgendeine Weise verletzt worden? Und doch gibt es da diejenigen Menschen, die unvorstellbare Verletzungen erfahren haben, wie etwa Inzucht, Vergewaltigung, körperliche Misshandlung, rituelle Verstümmelung, oder die unvermittelt Opfer eines Verbrechens, Unfalls oder Verlusts wurden.
Die Folgen solcher Traumata zeigen sich oft in Verhaltens- und psychischen Symptomen, die unter dem Namen posttraumatische Belastungsstörung (Postraumatic Stress Disorder, PTSD) zusammengefasst werden. Symptome dieser Art können Niedergeschlagenheit, Schlaflosigkeit oder übermäßiges Schlafbedürfnis, fehlende Aufmerksamkeit, wiederkehrende Erinnerungen oder Alpträume, Unsicherheitsgefühle und Probleme mit dem Aufbau von Vertrauen zu anderen sein. Klingt das nicht ganz nach einem Indigo-Kind, das Sie kennen? Es könnte zutreffen, dass diejenigen, die Sie kennen, auf eine Weise traumatisiert worden sind, von der sie nichts wissen. So zum Beispiel hatten viele Mädchen, die ich als Therapeutin für Essstörungen behandelte, bei ihren ersten sexuellen Kontakten ein Trauma erlebt. Viele von ihnen wurden bei einem Rendezvous mit einem Jungen vergewaltigt, andere wurden dahingehend manipuliert, dass sie sich auf Sex einließen, bevor sie gefühlsmäßig soweit waren. Aber ich habe daneben auch den Eindruck, dass das Leben hier auf der Erde als solches bereits traumatisch ist. Punkt. Es kommt zu groben Interaktionen zwischen Menschen, und es ist auch etwas an dem, was ein Indigo-Kind zu mir sagte: »Kinder sind untereinander wirklich gemein.«
Bessel van der Kolk, führender Experte auf dem Gebiet posttraumatischer Störungen und Autor des Buches *Traumatic Stress: Grundlagen und*

Behandlungsansätze[24], hat sich aus allen Blickwinkeln mit den neuesten Erkenntnissen zu PTSD auseinander gesetzt. Er sagt, dass Traumaüberlebende das Gefühl hätten, von allem abgeschnitten zu sein; sie hätten keine klare Wahrnehmung der Gegenwart, es mangele ihnen an Phantasie, und sie seien unfähig, sich Geschichten auszudenken. Viele Traumaüberlebende würden isoliert, zynisch und unsozial.

Menschen mit posttraumatischen Störungen neigen dazu, emotional-reaktiv zu sein, statt analytisch vorzugehen. Sie reagieren fast ausschließlich darauf, was sie fühlen, statt eine normale Mischung von Emotionen und analytischem Denken aufzuweisen. Dazu kommen Schwierigkeiten damit, Probleme zu durchdenken.

Aufnahmen des Gehirns von Traumaüberlebenden zeigen, dass ihr Gehirn sich sehr anders verhält als das von Menschen, die keinem größeren Trauma ausgesetzt waren. So zum Beispiel tasten Menschen mit PTSD ständig den Horizont ab und prüfen jede Situation auf potenzielle Gefahren. Sie sind immer in Alarmbereitschaft. Das mag sie fahrig und defensiv wirken lassen. Traumaüberlebende bemerken jedoch keine Reize, die signalisieren, dass sie in Sicherheit sind, von daher kann es passieren, dass sie etwas übersehen, das es ihnen ermöglichen würde, zufrieden zu sein oder sich in Sicherheit zu fühlen. Ist ein Reiz nicht gefährlich, so wird er von der Person, die das Trauma überlebt hat, gar nicht erst wahrgenommen, da er für ihren Fokus nicht relevant ist. Die Mandelkernregion des Limbischen Systems (die mit der Reizwahrnehmung zusammenhängt) wird als Reaktion auf Stimuli, die keine Gefahr signalisieren, nicht aktiviert.

Man verglich CT-Aufnahmen des Gehirns von Versuchspersonen mit PTSD mit solchen, von Menschen ohne PTSD. Beide Individuen wurden einem Geräusch ausgesetzt, und die Menschen mit PTSD zeigten als Reaktion auf den Lärm keine Reaktion im Hinterhauptslappen ihres Gehirns, wo Emotionen registriert werden. Die Kontrollgruppe ohne PTSD zeigte in dieser Region hingegen Aktivitäten. Das verweist darauf, dass das Körperelemental bei Menschen mit PTSD-Symptomen abgeschwächt ist.

Sie können Ihren Indigo-Kindern helfen, Ihren Emotionalkörper zu neuem Leben zu erwecken, indem Sie sie bitten, im Laufe des Tages auf exemplarische Erlebnisse zu achten, die ein Glücksgefühl oder Liebe in

24) Dt. Ausgabe: Junfermann-Verlag, Paderborn 2000 (Anm. d. Übers.).

ihnen wachrufen. Belohnen Sie sie dafür, dass sie Ihnen jeden Tag eine solche Liste vorlegen. Oder spielen Sie mit ihnen ein Spiel, bei dem es darum geht, während einer Autofahrt auf kleine Details zu achten. Van der Kolk sagt, diese Lernmethode, die dazu beitrage, kleinen Einzelheiten Aufmerksamkeit zu schenken, sei ein sehr effektives Heilverfahren für Menschen mit posttraumatischen Belastungsstörungen.

Van der Kolk fand außerdem heraus, dass bei Traumaüberlebenden eine rapide Heilung einsetzt, wenn sie einen Prozess durchlaufen, der von ihm »Outward Bound« genannt wird. Dieses Erlebnis hilft diesen Menschen, wieder das Gefühl zu entwickeln, sie hätten die Verfügungsgewalt über ihren eigenen Körper. Er empfiehlt ferner für Traumaüberlebende jeglicher Art eine Desensibilisierung und Neuverarbeitung der Augenbewegungen (Eye Movement Desensitization and Reprocessing, EMDR) sowie Somatic Experiencing®. Ich konnte persönlich beobachten, wie beide Behandlungen Menschen halfen, Heilung im Hinblick auf die Nachwehen schmerzlicher Erinnerungen zu finden.

EMDR ist ein therapeutischer Prozess, bei dem der Therapeut oder die Therapeutin den Klienten/die Klientin eine Reihe von Augenbewegungen vollziehen lässt, die dazu beitragen, die emotionale Ladung der traumatischen Erinnerung zu reduzieren. Zahlreiche Studien haben ergeben, dass EMDR nicht nur die Symptome der posttraumatischen Belastungsstörung mindert, sondern Klienten auch hilft, ihr traumatisches Erleben zu reduzieren, so dass ihr alltägliches Funktionieren hierdurch nicht mehr eingeschränkt ist. (Sie finden EMDR-Therapeut(inn)en über die hinten in diesem Buch unter »Ressourcen«-Teil angegebenen Websites.)

Somatic Experiencing (SE) ist ein körperzentriertes System zur Traumabehandlung, mit dem Klienten behutsam geholfen wird, die erstarrten physischen und emotionalen Erinnerungen an ein Ereignis loszuwerden. Sehr häufig bleiben Körper und Geist am schlimmsten Punkt des Traumas »stecken« und machen die betreffende Person anfällig für Gefühle der Hilflosigkeit und Unbeweglichkeit, die durch Erinnerungen an den ursprünglichen Vorfall wieder ausgelöst werden. Durch das Auftauen der eingefrorenen Reaktionen kommt die Person zu einer größeren Flexibilität in ihrem Verhalten und in ihren Emotionen (Eine Liste von SE-Therapiestellen findet sich auf den in diesem Buch unter »Ressourcen« angeführten Websites).

Engelaffirmationen

Indigo-Kinder empfinden sich als alte Seelen, und dem werden Sie wahrscheinlich zustimmen. Man hat den Eindruck, da seien Siebenjährige, die einem wie jemand, der bereits siebenunddreißig ist, vorkommen und dergleichen mehr. Doch kann die äußerliche Reife der Indigos über ihre inneren Unsicherheiten hinwegtäuschen. Viele Indigos hegen tiefsitzende Ängste davor, verlassen zu werden, wenn sie »nicht brav« sind. Traurigerweise haben viele von ihnen das Gefühl, Liebe nicht zu verdienen und werden sie abweisen, wenn man sie ihnen anbietet. Wenn Menschen sich emotional selbst »zur Schnecke machen«, kann dies zu Süchten führen, mit denen innerliche Unzulänglichkeitsgefühle übertüncht werden.

Die meisten Indigos haben einen Hunger nach positiven Gefühlen, selbst wenn sie nach außen wie noch so harte Scheiß-egal-Typen wirken. Eines konnte ich immer wieder feststellen: Je schwieriger es ist, jemanden zu lieben, desto mehr Liebe braucht diese Person.

Indigo-Kinder wissen, dass Liebe das einzige ist, was im Leben tatsächlich wichtig ist. Pam Van Styke, Sonderschullehrerin in Arizona, erzählte mir hierzu ein Beispiel, das sie beobachtet hatte:

Jasons Mama war zum Lehrer und Rektor ihres Sohnes bestellt worden. Der neunjährige Jason rutschte unruhig auf dem Hosenboden herum, während er draußen vor dem Büro des Rektors sitzen und warten musste. Er begann mit zahlreichen Dingen im Vorzimmer zu spielen, die er eigentlich nicht hätte anfassen dürfen. Ich brachte ihn daraufhin zu einem Stuhl, von dem aus er seine Mutter im Büro des Rektors sehen konnte.

Ärgerlich stand Jason nach ein paar Sekunden auf und sagte: »Ich brauche das nicht zu tun. Ich weiß, was wichtig ist. Ich habe meine Mom lieb, und meine Mom hat mich lieb!« Ich bekam spontan eine Gänsehaut. Später erzählte ich diese Geschichte Jasons Mutter. Als ich fertig war, traten ihr die Tränen in die Augen, und sie sagte: »Hat er das tatsächlich gesagt? So etwas sagt er mir sonst nie.« Jason plapperte diese Worte also nicht lediglich wie ein Papagei nach. Offenbar verstand er tatsächlich, dass es nur auf die Liebe ankommt.

Affirmationen können das Selbstwertgefühl von Indigo-Kindern heben. Hier einige Affirmationen, die Sie und Ihre Kinder miteinander rezitieren können:

Ich bin ein heiliges Kind Gottes.

Da Gott reine Liebe ist, bin auch ich reine Liebe.

Ich habe Engel um mich, die mich lieben,
weil ich einfach so bin, wie ich bin.

Ich kann meine Engel jederzeit zu Hilfe rufen,
und dazu sind sie da.

Gott und die Engel lieben mich bedingungslos.

Ich habe der Welt viel zu geben.

Meine Engel können meine verborgenen Talente sehen.

Ich habe die Macht, auf der Welt Wichtiges zu verändern.

Mein Geist ist klar und kann sich perfekt konzentrieren.

Ich habe ein fotografisches Gedächtnis,
das mich nie im Stich lässt.

Ich vertraue auf meine Intuition.

Ich spreche mit Liebe und Mitgefühl aus, was für mich wahr ist.

Ich arbeite jetzt an dem, wozu ich lebe,
und ich fühle mich sehr erfüllt.

Wer ich bin, spielt für diese Welt eine große Rolle.
Viele Menschen brauchen und lieben mich.

Nachwort

Eine Botschaft an die Indigo-Kinder

Ihr habt eine schwierige Aufgabe auf einem schwierigen Planeten für euch gewählt, aber zum Glück könnt ihr eine Menge Hilfe in Anspruch nehmen. Viele von uns Erwachsenen glauben an euch und an das, wofür ihr steht. Wir zählen darauf, dass ihr dem treu bleibt, wozu ihr in dieses Leben gekommen seid, und euch nicht davon ablenken lasst. Jeder Erwachsene braucht eure kollektive Hilfe – ob ihr euch dessen bewusst seid oder nicht!

Ihr Indigo-Kinder seid vielleicht »kleine Lichtarbeiter(innen)«, und doch ist euer Daseinszweck einer der großartigsten, den wir auf diesem Planeten je erlebt haben. Eure Rolle ist grundlegend wichtig, selbst wenn ihr noch nicht sicher wisst, was ihr tun sollt. Indem ihr euren Geist und Körper durch Meditation, körperliches Training, Zwiesprache mit der Natur und gesundes Essen immer gut stimmt wie ein Instrument, werdet ihr deutlich verstehen können, was die göttliche Stimme sagt, die euch auf eurem Weg leiten wird.

Bitte macht euch keine Sorgen wegen angeblicher Schwächen, die ihr zu haben meint. Würden spirituelle Lehrer solange abwarten, bis ihre gesamten irdischen Probleme gelöst wären, bevor sie sich daran machen, sich mit ihrem Daseinszweck zu befassen, so würde keiner dieser spirituellen Lehrer derzeit auf der Erde wirken! Bei uns allen gibt es bestimmte kritische Punkte, Probleme und ärgerliche Dinge, mit denen wir umgehen müssen. Der Trick dabei ist der, sich an seine Prioritäten zu halten und nicht zuzulassen, dass die Dramen des Lebens diese Pläne durchkreuzen.

Unser niederes Ich – das Ego – will nicht, dass wir an unserem Daseinszweck arbeiten. Das Ego will, dass wir glauben, wir seien minderwertig. Es will, dass wir weiter festsitzen und Angst haben. Also wird das Ego von dir verlangen, im Namen der Bescheidenheit dein göttliches Licht zu verstecken, und dann bringt es dich dazu, dich mit bedeutungslosen (oder weniger bedeutungsvollen) Aufgaben zu befassen, statt an dem zu arbeiten, was deinem Daseinszweck entspricht.

Bitte wisst, dass ihr, gleich, wie alt ihr seid, dafür geeignet und vorbereitet seid, dem Planeten zu helfen! Alles, was ihr dazu beisteuern könnt – ob es darum geht, einer Person, die in Schwierigkeiten steckt, Energie zu schicken, einen Leserbrief zu verfassen, Firmen zu boykottieren, deren Produkte umweltmäßig nicht vertretbar sind, oder euer Taschengeld für die Sache zu spenden, die euch am meisten am Herzen liegt – alles das wird sehr geschätzt.

Bitte vergesst nicht, wie viel Unterstützung ihr in der geistigen Welt habt, Indigo-Kinder! Euer Helferteam wartet – jetzt, in diesem Moment – darauf, von euch angefordert zu werden. Denkt nur einfach den Gedanken, und dann macht es sich in eurem Auftrag sofort an die Arbeit. Ihr braucht euch die Hilfe Gottes oder der Engel nicht erst zu »verdienen«. Sie blicken weiter als zu eurer oberflächlichen Persönlichkeit und euren oberflächlichen Fehlern, und sie sehen den euch von Gott gegebenen Glanz in eurem Innern. Die Engel sind hier, um Gottes Friedensplan in Szene zu setzen, Person für Person. Alles, was sie tun können, damit ihr friedvoller werdet, ist ein Beitrag, der dem ganzen Planeten dient.

Bitte tut euer Bestes, Druck zu widerstehen, der eurem Körper schaden oder die Beschäftigung mit dem Zweck eures Daseins hinauszögert. Holt eine zweite oder dritte Meinung ein, wenn jemand versucht, euch das Etikett »ADS« oder »ADHS« anzuheften. Erkundet alle nur denkbaren Alternativen zu Ritalin, und bemüht euch nach besten Kräften, die Finger von allen Drogen und Medikamenten zu lassen, seien es verschriebene oder sonstige.

Denkt daran: Wir brauchen euch! Wenn ihr die Beschäftigung mit eurem Daseinszweck hinausschiebt, wird die ganze Welt länger darauf warten müssen, in den Genuss von Frieden und Gesundheit zu kommen. Wenn das Leben frustrierend wird und es den Anschein hat, dass andere euch nicht verstehen, sprecht bitte mit Gott oder euren Engeln. Versucht, eure Frustration zu Papier zu bringen und steckt den Zettel in die Gefriertruhe oder das Tiefkühlfach – es ist eine hervorragende Methode dafür, sich hiervon zu lösen und es in die Hand Gottes zu geben. Und viele, die die »Einfrier-Methode« verwenden, merken, dass ihre Probleme sich tatsächlich lösen und rasant verschwinden – und das auf die wundersamsten Weisen.

Das folgende Gedicht brachte mich zum Weinen, als ich es das erste Mal hörte, weil es mich an euch erinnerte, ihr kostbaren Indigo-Kinder. Ich hoffe, ihr nehmt euch seine Worte zu Herzen:

Meine geliebten Kinder

Brecht euch nicht länger das Herz.
Jedes Mal, wenn ihr euch selbst verurteilt,
Brecht ihr euer eigenes Herz.
Ihr hört auf, euch die Liebe zuzuführen,
Die die Quelle eurer Lebenskraft ist.
Die Zeit ist reif.
Eure Zeit
Zu leben,
Zu feiern und
Die Güte zu sehen, die ihr seid.
Ihr, meine Kinder, seid göttlich.
Ihr seid rein, und
Ihr seid auf erhabene Weise frei.
Ihr seid Gott in Verkleidung, und
Ihr seid immer vollkommen geborgen.
Kämpft nicht gegen die Dunkelheit,
Schaltet nur einfach das Licht ein.
Lasst los,
Und atmet in die Güte, die ihr seid.

Swami Kripalvanandaji

Literaturnachweis

Abikoff, H. et al. (1996), »The effects of auditory stimulation on the arithmetic performance of children with ADHD and nondisabled children«. Journal of Learning Disabilities, Mai 1996; 29 (3), S. 238-246.

Ackermann, C.M. (1997), »Identifying Gifted Adolescents using Personality Characteristics: Dabrowski's Overexcitabilities«. Roeper Review – A Journal on Gifted Education, Bd. 19, Nr. 4, Juni 1997.

Amen, Daniel G., M.D. (2001), Healing ADD. New York: G.P. Putnam & Sons.

Avanti, Michele, schriftliches Interview. Nähere Informationen auf ihrer Website unter www.Astrologyandmore.com oder telefonisch: 001 (775) 673-6568.

Bem, Daryl J., und Honorton, Charles (1994), »Does psi exist? Replicable evidence for an anomalous process of information transfer«. Psychological Bulletin, Bd. 115, S. 4-18.

Bhagavan H.N., Coleman, M. und Coursin, D.B. (1975), »The effect of pyridoxine hydrochloride on blood serotonin and pyridoxal phosphate contents in hyperactive children«. Pediatrics März 1975; 55 (3), S. 437-441.

Bittman, B.B. et al. (2001), »Composite effects of group drumming music therapy on modulation of neuroendocrine-immune parameters in normal subjects«. Alternative Therapy Health Med. Jan 2001; 7 (1), S. 38-47.

Block, Mary Ann, No More Ritalin: Treating ADHD Without Drugs. New York: Kensington Publishing Corp. 1996.

Boris, M, und Mandel, F.S. (1994), »Foods and additives are common causes of the attention deficit disorder in children, Ann Allergy Mai 1994; 72 (5), S. 462-468.

Buchbauer, G. et al., »Aromatherapy: evidence for sedative effects of the essential oil of lavender after inhalation«. (Deutschland) [C] Nov-Dez 1991; 46 (11-12), S. 1067-1072.

Buchbauer, G. et al., »Effects of valerian root oil, borneol, isoborneol, bornyl acetate and isobornyl acetate on the motility of laboratory animals (mice) after inhalation«. Pharmazie (Deutschland) Aug 1992; 47 (8), S. 620-622.

Butt, M.L. & Kisilevsky, B.S. (2000), »Music modulates behavior of premature infants following heel lance«, Canadian Journal Nurs Res., März 2000; 31 (4), S. 17-39.
Carlton, R.M. et al. (2000), »Rational dosages and learning disabilities«, Alternative Therapies, Bd. 6, Nr. 3, Mai 2000, S. 85-91.
Carter, C.M.et al. (1993), »Effects of a few food diet in attention deficit disorder«, Archives D Children, Nov 1993; 69 (5), S. 564-568.
Coleman M. et al. (1979), »A preliminary study of the effect of pyrodoxine administration in a subgroup of hyperkinetic children: a double-blind crossover comparison with methylphenidate«, Biol Psychiatry Okt 1979; 14 (5), S. 741-751.
Cramond, B. (1995), »The Coincidence of Attention Deficit Hyperactivity Disorder and Creativity«, The University of Georgia, März 1995, für das National Research Center on the Gifted and Talented.
Dagan, Y. et al. (1997), »Sleep quality in children with attention deficit disorder: an actigraphic study«, Psychiatry Clin Neurosci, Dez 1997; 51 (6), S. 383-386.
Delaveau, P. et al. (1989), »Neuro-depressive properties of essential oil of lavender«, C R Seances Soc Biol Fil (Frankreich) 1989, 183 (4), S. 342-348.
Desor, J.A. et al (1987), »Longitudinal Changes in Sweet Preferences in Humans«, Physiology and Behavior, Bd. 39, S. 639-641.
Desor, J.A. et al (1973), »Taste in Acceptance of Sugars by Human Infants«, Journal of Comparative and Physiological Psychology, Bd. 84, S. 496-501.
Dey, S. et al (1992), »Exercise Training: Significance of Regional Alterations in Serotonin Metabolism of Rat Brain in Relation to Antidepressant Effect of Exercise«, Physiology and Behavior, Bd. 52, Nr. 6, S. 1095-1099.
Dimeo, F. et al. (2001), »Benefits from areobic exercise in patients with major depression: a pilot study«, British Journal of Sports Medicine, April 2001, 35 (2), S. 114-117.
Dossey, Larry (1993), Healing Words: The Power of Prayer and the Practice of Medicine, New York: Harper Collins.
Dreyfuss, Ira (2001), »Survey: Americans Don't Exercise Enough«, Associated Press, Washington, 1. April 2001.
Dyer, J. B. und Crouch, J.G. (1988), »Effects of Running and Other

Activities on Moods«, Perceptual and Motor Skills, Bd. 67, S. 43-50.
Felthous, Alan R. (1980), »Aggression against cats, dogs, and people«, Children Psychiatry and Human Development (1980), 10; S. 169-177.
Freed, Jeffrey und Parsons, Laurie (2001), Zappelphilipp und Störenfrieda lernen anders. Wie Eltern ihren hyperaktiven Kindern helfen können, die Schule zu meistern; Beltz Verlag.
Goyette, G.H., Connors, C.K., Petti, T.A., Curtis, L.E. (1978), »Effects of artificial colors on hyperkinetic children: a double-blind challenge study«, Psychopharmacol Bull April 1978; 14 (2), S. 39-40.
Guillemain J., Rousseau A., Delaveau P. (1989), »Neurodepressive effects of the essential oil of Lavandula angustifolia Mill«, Ann Pharm Fr (Frankreich), 1989; 47 (6), S. 337-343.
Healy, Jane, M.D. (1991), Endangered Minds: Why Our Children Don't Think, New York: Touchstone.
Hirasawam, Y.M., Kawano, K. & Furukawa, A. (1996), »An experiment of extrasensory information transfer with electroencephalogram measurement. Journal of International Society of Life Information Science, Bd. 14, S. 43-48.
Kellert, Stephen R. und Felthous, Alan R. (1983), »Childhood Cruelty Toward Animals Among Criminals and Noncriminals«, Archives of General Psychiatry, Nov. 1983.
Konofal, E., Lecendreux, M., Bouvard, M.P. & Mouren-Simeoni, M.C. & Mouren-Simeoni, M.C. (2001), »High levels of nocturnal activity in children with attention-deficit hyperactivity disorder: a video analysis«, Psychiatry Clin Neurosci April 2001, 55 (2), S. 97-103.
Kozielec, T., Starobrat-Hermelin, B., und Kotkowiak, L. (1994), »Deficiency of certain trace elements in children with hyperactivity« Psychiatr Pol Mai-Juni 1994; 28 (3), S. 345-53.
Kozielec, T., Starobrat-Hermelin, B. (1997), »Assessment of magnesium levels in children with attention deficit hyperactivity disorder (ADHD)«, Magnes Res, Juni 1997; 10 (2), S. 143-148.
Lad, Vasant (1984), »Ayurveda: The Science of Self-Healing«. Wilmot, WI, USA, Lotus Press.
Lou, Hans, et al., »Focal Cerebral Dysfunction in Developmental Learning Disabilities«, The Lancet, 6. Januar 1990.
MacDonald, W.L. (1995), »The effects of religiosity and structural

strain on reported paranormal experiences«, Journal for the Scientific Study of Religion, Band 34, S. 366-376.
McCann, I.L., und Holmes, D.S. (1984), »Influence of Aerobic Exercise on Depression«, Journal of Personality and Social Psychology, Bd. 46, Nr. 5, S. 1142-1147.
Mitchell,E.A. et al. (1987), »Clinical characteristics and serum essential fatty acid levels in hyperactive children«, Clinical Pediatrics, 26 (1987), S. 406-411.
Morningstar, Amadea (1990), The Ayurvedic Cookbook: A Personalized Guide to Good Nutrition and Health, Twin Lakes, WI, USA, Lotus Press.
Norton, Amy, »Exercise Beats Drugs for Some with Depression«, Reuters Health News, 27. März 2001.
Pinchasov, B.B. et al. (2000), »Mood and energy regulation in seasonal and non-seasonal depression, before and after midday treatment with physical exercise or bright light«, Psychiatry Res. 2000, 24. April 1994 (1), S. 29-42.
Potteiger, J.A., Schroeder, J.M. und Goff, K.L. (2000), »Influence of music on ratings of perceived exertion during 20 minutes of moderate intensity exercise«, Percept Motor Skills Dez. 2000, 91 (3 Pt 1), S. 848-854.
Quider, R.F. (1984), »The effect of relaxation/suggestion and music on forced-choice ESP scoring«, Journal of the American Society for Psychical Research, Bd. 78, S. 241-262.
Radin, Dean I. (1996), »Silent shockwaves: Evidence for presentiment of emotional features«, European Journal of Parapsychology, Bd. 12.
Reid, Daniel (1997), Das chinesische Gesundheitsbuch. Econ Verlag, Düsseldorf 1997
Robotham, Julie, »In 2001, It's Readin', Writin', and Ritalin«, The Sydney Morning Herald, 19. März 2001, S. A-1.
Robson, W.L., et al. (1997), »Enuresis in children with attention-deficit hyperactivity disorder«, South Med J Mai 1997, 90 (5), S. 503-505.
Rose, T.L. (1978), »The functional relationship between artificial food colors and hyperactivity«, Journal of Appl Behav Anal, Winter 1978, 11 (4), S. 439-446.
Rowe, K.S. (1988), »Synthetic food colourings and ›hyperactivity‹: a

double-blind crossover study«, Australia Paediatric Journal, April 1988, Bd. 24 (2), S. 143-147.
Rowe, K.S. & Rowe, K.J. (1994), »Synthetic food coloring and behavior: a dose response effect in a double-blind, placebo-controlled, repeated-measures study«, Journal of Pediatrics, November 1994, Bd. 135, S. 691-698.
Schoenthaler, S.J. & Bier, I.D. (2000), »The effect of vitamin-mineral supplementation on juvenile delinquency among American schoolchildren: a randomized, double-blind placebo-controlled trial«, Journal of Alternative and Complementary Medicine, Bd. 6, Nr. 1, Februar 2000, S. 7-17.
Schoenthaler, S.J. et al. (1986), »The Testing of Various Hypotheses as Explanations for the Gains in National Standardized Academic Test Scores in the 1978-1983 New York City Nutrition Policy Modification Project«, International Journal of Biosocial Research, Bd. 8 (2), S. 196-203.
Schoenthaler, S.J. (1985), »Institutional Nutritional Policies and Criminal Behavior«, Nutrition Today 20 (3), 1985, S. 25-39.
(1983), »Diet and Crime: An Empirical Examination of the Value of Nutrition in the Control and Treatment of Incarcerated Juvenile Offenders«, International Journal of Biosocial Research 4(1), 1983, S. 25-39.
(1983), »Types of Offenses Which Can Be Reduced in an Institutional Setting Using Nutritional Intervention: A Preliminary Empirical Evaluation«, International Journal of Biosocial Research, 4(2), 1983, S. 74-84.
(1983), »The Los Angeles Probation Department Diet Behavior Program: An Empirical Evaluation of Six Institutions«, International Journal of Biosocial Research, 5 (2), 1983, S. 88.
(1983), »The Northern California Diet-Behavior Program: An Empirical Examination of 3,000 Incarcerated Juveniles in Stanislaus Country Juvenile Hall«, International Journal of Biosocial Research, 5 (2), 1983, S. 99-106.
Starobrat-Hermelin, B., und Kozielec, T. (1997), »The effects of magnesium physiological supplementation on hyperactivity in children with attention deficit disorder (ADHD): Positive response to magnesium oral loading test«, Magnes Res Jun 1997; 10 (2), S. 149-156.
Stevens, Laura J. (2000), 12 Effective Ways to Help Your

ADD/ADHD Children, New York, Penguin Putnam, Inc.
Swanson J. & Kinsbourne, M. (1980), »Food Dyes Impair Performance of Hyperactive Children on a Laboratory Learing Test«, Science Magazin, 28 März, 1980, Bd. 207, S. 1485-1487.
Tappe, Nancy (1982), Understanding Your Life Through Color, Carlsbad, Ca, USA, Starling Productions. Dieses Buch ist nicht weit verbreitet. Zu beziehen ist es telefonisch über den Awakening-Buchladen in Kalifornien, Tel. 001 (949) 457-0797, oder den Mind, Body, Soul Buchladen in Indiana, S. 889-3612.
USA Today (15. März 2001,S. 8D), »Poll: Kids Worry About School Violence«, Washington Times, 23. Juni 1998, »Animal Cruelty May Be a Warning«.
Virtue, D.L., Constant Craving: What Your Food Cravings Mean and How to Overcome Them, Carlsbad, CA, USA, Hay House 1995.
Weeks, David, Eccentrics: The Scientific Investigation (Stirling University Press, 1988).
Zale, Gabrielle, schriftlich vorliegendes Interview. Weitere Informationen siehe ihre Website: www.littlelights.com

Zusätzliche Ressourcen

Astrologie von Michele Avanti: Weitere Informationen unter Ihrer Website: **www.Astrologyandmore.com**, EarthSave International: Führt eine globale Bewegung von Menschen jeglichen Hintergrunds an, die konkrete Schritte unternehmen, um gesunde und lebenserhaltende Ernährungsentscheidungen zu treffen. EarthSave liefert Informationen, Unterstützung und praktische Programme für diejenigen, die gelernt haben, dass die Nahrung, für die sie sich entscheiden, sich auf die Umwelt und menschliche Gesundheit auswirkt. Bei vielen Ortsgruppen gibt es aktive soziale Angebote und Single-Clubs. Website: earthsave.org, Telefon: 001 (831) 423-0293, Fax: 001 (831) 423-1313.

Eye Movement, Desensitization and Reprocessing (EMDR): Liefert Informationen über EMDR-Trauma-Therapie und eine Liste mit in EMDR geschulten Therapeuten. Websites: **www.emdria.com**[25]
Foundation for Human Enrichment: Eine Informationsquelle zum Auffinden von Somatischer Erfahrung (Somatic Experiencing, SE) und einer Auflistung von SE-Praktizierenden. Website: **www.fhe.com**[26]
Gaiam: Eine Internet-Shopping-Website, über die man gesunde Nahrungsmittel und erdfreundliche Produkte online erstehen kann. Gaiam ist an die Kette Whole Foods Market angeschlossen. Hier die Website: **www.gaiam.com**[27]

Green Market Place: »Umweltfreundliche Nahrungsmittel und Erzeugnisse«. Diese Website ermöglicht es Ihnen, nicht toxische, organische und recycelte Haushaltsprodukte zu kaufen, darunter auch Putzmittel, Papiererzeugnisse und Toilettenartikel. Website: **greenmarketplace.com**, Telefon: 001 (888) 59-EARTH.

Kinder und biologisch-organische Ernährung: Hierzu gibt es eine großartige Website für Kinder jeden Alters, auf der das ABC der biologischen-organischen Landwirtschaft und Ernährung erklärt wird. Website: **www.kids.organics.org/Organic/organic.htm**

Paranormale Fähigkeiten bei Kindern: Website: **www.psykids.net**[28]

Waldorf-Schulen: Stützen sich auf den ganzheitlichen Ansatz des österreichischen Philosophen Rudolph Steiner in Sachen Schule. Bildungseinrichtungen dieser Art fördern das emotionale, physische, spirituelle und intellektuelle Wachstum ihrer Schüler. ADD/ADHD ist unter Waldorf-Schülerinnen und -Schülern scheinbar nicht existent. Nähere Infos: Bund der Freien Waldorfschulen, Heidehofstr. 32, D-70184 Stuttgart, Tel. +49 (711) 21 04 20 oder **www.waldorfschule.de** bzw. **www.waldorfschule.at**[29]

25) Deutschsprachige Infos z. B. über: www.emdr-institut.de oder www.mh-hannover.de/kliniken/psychosomatik/EMDR_Projekt.htm (Anm. d. Übers.)
26) Deutschsprachige Infos zum Beispiel über www.polarity.ch/WeitAusb.HTM oder www.cranio.org/se_fly.htm (Anm. d. Übers.).
27) Eine interessante deutschsprachige Website findet sich u. a. unter: http://www.bioclub.at/post01.htm (Anm. d. Übers.). Siehe auch die Websites von Firmen wie etwa Demeter und Bioland.
28) Eine deutschsprachige Website, die als hier u. a. als Anlaufstelle dienen könnte, wäre www.indigokinder.de (hier eine dort angegebene Tel.-Nr. des Indigo Kinder Lichtrings: Tel. +49 (2163) 575315, oder das Informationsnetzwerk für Indigo-Kinder, http://f24.parsimony.net/forum57748/. Bei Yahoo existiert ein Diskussionsforum für die Eltern von Indigo-Kindern, erreichbar unter http://groups.yahoo.com/group/Indigo-Kinder. Informativ ist auch die Website: www.koha-verlag.de/indigo.htm mit einem Kommentar von Drunvalo Melchizedek zum Thema »Neue Kinder«. Es entwickeln sich derzeit rasant immer neue Websites und Anlaufstellen im deutschsprachigen Raum, so dass es lohnt, immer wieder den Begriff »Indigo-Kinder« in eine Suchmaschine einzugeben und sich über den aktuellen Stand zu informieren (Anm. d. Übers.).
29) Hier werden für die deutschsprachige Ausgabe abweichend vom Original deutschsprachige Kontaktadressen angegeben (Anm. d. Übers.).

Über die Autorin

Doreen Virtue ist eine spirituell orientierte Psychologin mit Doktortitel in Psychologie und hat zum Thema bereits Beiträge in »Die Indigo-Kinder« veröffentlicht. Als Mutter von vier Indigo-Kindern (Stieftöchter inbegriffen) verfügt sie persönlich und von Berufs wegen über umfassende Erfahrungen mit »kleinen Lichtarbeiterinnen und Lichtarbeitern«, wie sie sie nennt. Doreen Virtue hat zahlreiche spirituelle Lebenshilfebücher, -cassetten und Orakelkarten veröffentlicht, darunter »Das Heilgeheimnis der Engel. Himmlische Botschaften für Krankheit und Not«*.

Die Autorin ist häufiger Gast bei Talkshows; sie trat schon bei *Oprah*, beim CNN, bei *Good Morning America, The View with Barbara Walters* und anderen Sendungen auf. Ihre Arbeit wurde bereits in Zeitschriften und Zeitungen wie *Glamour*, *Redbook*, *Woman's Day*, *Cosmopolitan*, *Fitness* vorgestellt.
Sie hält auf der ganzen Welt Workshops zu Themen, die sich auf ihre Bücher und Kassetten beziehen. Nähere Informationen zu ihren Seminaren und anderen Büchern unter ihrer Website:
www.AngelTherapy.com

* Dt. Ausgabe: Heyne, München 2001 (Anm. d. Übers.)

Michaela Merten

Das Sternenmädchen

Illustrationen: Michaela Bischof
36 Seiten, gebunden, € 12,80
ISBN 3-929512-16-5

Dies ist ein bezauberndes Bilderbuch für Kinder von 0-8 Jahren, mit wunderschönen Illustrationen, die die Phantasie der Kinder auf zarte Weise berühren soll.
Das Sternenmädchen Anna lebt einsam auf einem kleinen Planeten am Rande der Galaxie. Ihr innigster Wunsch ist es, einmal auf der Milchstraße zu tanzen. Aber sie findet, dass ihr eigenes Kleid dafür nicht schön genug ist. Glücklicherweise kommt ihr Tante Venus zu Hilfe und näht ihr ein wunderschönes Traumkleid. Da lernt Anna überraschend den frechen Kometen Fridolin kennen. Er begleitet sie au dem Weg zur Milchstraße und Annas langersehnter Traum geht endlich in Erfüllung. Am meisten aber freut sich Anna darüber, einen Freund gefunden zu haben. Gemeinsam fliegen sie zu weiteren Sternenspielplätzen…

Autorin ist die beliebte Schauspielerin Michaela Merten.
Sie hatte eine eigene TV Serie in Sat 1 mit dem Titel »Katrin ist die Beste«, die jede Woche 6 bis7 Millionen Zuschauer vor den Bildschirm lockte.
Sie hat selbst eine Tochter und sagt:
»Mein Ziel ist es, poetische und phantasievolle Kinderbücher zu veröffentlichen, die die Freude am Vorlesen wieder wecken.«

Lee Carroll / Jan Tober

Die Indigo Kinder

Paperback, € 17,40
ISBN 3-929512-61-0

Dies ist das allererste Buch zum Phänomen »Indigo-Kinder«, woher sie kommen, warum sie »Indigo«-Kinder heißen u.s.w. In diesem Werk bringen Lee Carroll und Jan Tober einige hochgradig kompetente Fachleute aus Medizin, Pädagogik und Psychologie zusammen. Es geht um einen Kurswechsel beim Umgang mit diesen Kindern und deren Erziehung.
Neuer Umschlag!

Lee Carroll / Jan Tober

Indigo Kinder erzählen

Paperback, € 17,40
ISBN 3-929512-87-4

Indigo Kinder erzählen ist eine Sammlung von Artikeln und persönlichen Erkenntnissen zum Phänomen »Indigo-Kind«. Es berichtet darüber, wie diese Kinder Denken, wie sie Handeln und was sie in unser Leben bringen. Dieses unterhaltsame Buch soll inspirieren, informieren und zu tiefgehenden Gesprächen anregen.

Paul Dong / Thomas E. Raffill

Indigo-Schulen

Chinas Trainingsmethoden für medial begabte Kinder

China fördert seit vielen Jahren parapsychologische Fähigkeiten bei Kindern. Von diesen Kindern verfügen viele über mediale Begabung. Bei entsprechender Schulung lernen sie z.B. mit den Händen zu heilen oder in die Zukunft zu sehen. Manche haben andere übersinnliche Fähigkeiten mit denen sie, fahrende Autos anhalten können oder einfach durch Wände gehen.

Paperback, € 17,40
ISBN 3-929512-62-9

Glenda Green

Unendliche Liebe

Jesus spricht…

Glenda Green ist eine in den USA landesweit bekannte Malerin. Ihre Werke waren unter anderem im »Museum of the City of New York« ausgestellt. Eines Tages malte sie ein Portrait von Jesus und dabei erschien er ihr. Dies veränderte ihr Leben von Grund auf. Jesus sprach zu ihr und sie schrieb mit. Sie stellte Fragen, enthüllte die »großen Geheimnisse« über unseren Ursprung, die Erschaffung des Universums und wie wir ein glückliches und erfolgreiches Leben führen können.

ca. 420 Seiten, gebunden,
€ 23,50
ISBN 3-929512-19-X

Drunvalo Melchizedek
Die Blume des Lebens

In diesen beiden Bänden findet sich Drunvalos gesammeltes Wissen über die Geschichte unseres Universums. Ein Meisterwerk über die heilige Geometrie und die Entwicklung der Menschheit von Atlantis bis in unsere nächste Zukunft.

Die Blume des Lebens Band 1,
ISBN 3-929512-57-2
Die Blume des Lebens Band 2,
ISBN 3-929512-63-7
gebunden, je 250 Seiten,
jeweils € 24,60

Drunvalo Melchizedek

MER-KA-BA

Drunvalos berühmte MER-KA-BA-Meditation. Von ihm selbst gesprochen (mit deutscher Übersetzung). Nur geeignet für Personen, die diese Meditation bereits kennen oder in 'Die Blume des Lebens Band 2' die genaue Anleitung gelesen haben.

CD, Spielzeit 60 min,
€ 19,50

Masaru Emoto

Wasserkristalle

In diesem Buch zeigt Masaro Emoto, eine ganz besondere Seite des Wassers. Er untersucht das Wasser auf seine biophysikalischen Eigenschaften. Emoto belegt, dass Wasser lebt und die Fähigkeit hat, Gefühle und Informationen aufzunehmen. So ist das Wasser nicht nur das Nahrungsmittel Nummer eins, sondern auch Informationsträger Nummer eins. Dies erklärt auch die Heilkräfte der heiligen Quellen wie z. B. der von Lourdes. Emoto erreicht mit diesem Buch die Herzen der Menschen, wo sich seine Botschaft »Wasser – der Informationsträger und Lebensvermittler« auf eine wunderbare Art und Weise verbreiten kann.

128 Seiten gebunden
€ 17,40
ISBN 3-929512-20-3

Bärbel Mohr

Nutze die täglichen Wunder – Was das Unbewusste alles mehr weiß und kann als der Verstand

Dieses Buch ist eine inspirierende Quelle von wichtigen Informationen für das tägliche Leben und Bärbel beschreibt wie sie ihren Verstand zur Ruhe bringt, wenn er ihrer Intuition zu viel reinplappert.

128 Seiten, gebunden,
€ 10,20
ISBN 3-929512-77-7

Muata Ashby

Das Yoga der alten Ägypter

Ein originelles, mit zahlreichen Illustrationen versehenes Buch das sich mit ägyptischen Mysterientempeln, tantrischem Yoga, Yogaphilosophie sowie psychospirituellen und physischen Übungen auseinander setzt. Eine Einführung in die Psychologie der geistigen Transformation und Freiheit.

Dr. phil. Reginald Muata Ashby hat in religiösen Fragestellungen promoviert. Er hat sich als unabhängiger Forscher mit ägyptischem, indischem und chinesischem Yoga befasst und praktiziert seit Jahren unter Anleitung spiritueller Meister selbst Yoga.

272 Seiten, gebunden
€ 24,60
ISBN 3-929512-84-X

Tom Kenyon / Virginia Essene

Die Hathor Zivilisation

Paperback, € 17,40
ISBN 3-929512-66-1

Die Hathoren sind Meister der Liebe und des Klangs der aufgestiegenen intergalaktischen Zivilisation. Sie lebten im alten Ägypten und Tibet. Jetzt kommen sie als unsere älteren Brüder und Schwestern, um uns in der gegenwärtigen Evolution beizuwohnen.

Musik von Tom Kenyon

jede CD € 19,50

ISBN 3-929512-23-8

ISBN 3-929512-79-3

ISBN 3-929512-80-7

ISBN 3-929512-81-5

Heilige Gesänge wurden seit Jeher als Tore zu himmlischen Sphären empfunden. Sie wurden wie kostbare Schätze von Generation zu Generation weitergegeben. Der weltbekannte Klangheiler Tom Kenyon gibt mit seiner fast vier Oktaven umfassenden Stimme dieses Welterbe eindrucksvoll wieder. Die Gesänge dieser Sammlung haben eine zutiefst beruhigende und entspannende Wirkung und eignen sich daher besonders gut zum Stressabbau.

Lee Carroll

KRYON

Die Reise nach Hause

gebunden, 272 Seiten € 19,50

ISBN 3-929512-71-8

In dieser faszinierenden Parabel wird die Geschichte von Michael Thomas erzählt, einem scheinbar gewöhnlichen Mann, der in Minnesota geboren wurde und nun in Los Angeles arbeitet. Er stellt das Abbild des normalen – und unzufriedenen – Amerikaners dar. Nach einem Überfall, der ihn in Todesgefahr bringt, wird Michael von einem weisen Engel besucht und gefragt, was er sich in Wahrheit vom Leben wünscht. Michael antwortet, daß er eigentlich … NACH HAUSE gehen möchte! Um sein endgültiges Ziel zu erreichen, muß Michael zunächst eine Reihe von Abenteuern und Prüfungen in einem erstaunlichen Land von Engelwesen, weisen Lehrern und finsteren Kreaturen bestehen. Michaels Suche ist so ergreifend, humorvoll und erstaunlich, wie er es sich nie hätte träumen lassen.

Kryon - Lee Carroll

Kryons Erzählungen

Geschichten von Menschen, wie sie in bestimmten Situationen agieren und reagieren. Erweckende, inspirierende und bewegende Abenteuer.

176 Seiten, gebunden

€ 17,40

ISBN 3-929512-76-9

Bob Frissell

Aus der Zukunft in die Gegenwart

Bob Frisell, Rebirther und Suchender beschäftigt sich in diesem Buch damit, wie aus Menschen, die sich als Opfer der Verhältnisse sehen, spirituelle Meister werden. Er zeigt, dass die Einheit allen Seins die verborgene Bedeutung aller Weltreligionen ist. Frisell spricht davon, dass besondere Kinder, »Indigos« genannt, bereits auf der Erde anwesend sind, um uns auf höhere Bewusstseinsebenen zu führen und dass wir womöglich bereits den Übergang auf die vierte Dimension hinter uns haben.

Paperback, 144 Seiten, € 12,70
ISBN 3-929512-82-3

Peter Greb

GODO

Mit dem Herzen gehen

Paperback, € 12,70
ISBN 3-929512-72-6

Die Auswirkungen der Gangart auf Körper, Geist und Seele sind bedeutender als wir ahnen. Dr. med. Peter Greb beschäftigt sich seit 25 Jahren mit dem menschlichen Gangverhalten. GODO ist keine neue Theorie, keine neue Methode, sondern die Erinnerung an die Tatsache, dass wir genetisch angelegte Ballengänger sind. Die ersten Schritte des Kleinkindes erfolgen spontan über die Vorderfüßchen. Dieses Buch wird dem Leser helfen, starre Bewegungsmuster loszulassen, die viele Krankheiten wie Venenleiden, Asthma, Rückenschmerzen und vorzeitige Alterungsprozesse verursachen.

272 Seiten, gebunden,
€ 19,50
ISBN 3-929512-83-1

Gregg Braden

Zwischen Himmel und Erde –

Der Weg des Mitgefühls

Das Buch handelt von der Wissenschaft des Mitgefühls. Die Zutaten sind eine Mischung aus modernen wissenschaftlichen Erkenntnissen, alten, vorwiegend essenischen Texten und Gregg Bradens eigene visonäre Erfahrungen. Es geht um den Einfluss der Gefühle auf unsere DNS. Bewegende persönliche Erfahrungen veranschaulichen die leicht nachvollziehbaren einzelnen Schritte.

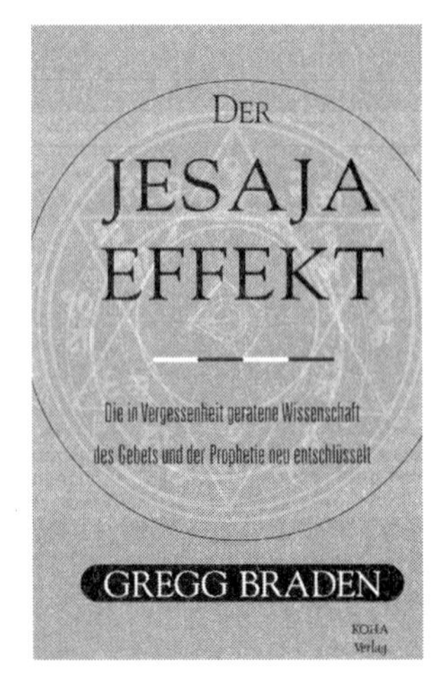

Paperback, 256 Seiten,
€ 19,50
ISBN 3-929512-73-4

Gregg Braden

Der Jesaja Effekt

Die in Vergessenheit geratene Wissenschaft des Gebets und der Prophetie neu entschlüsselt

Uralte Vergangenheit hat einen Schimmer von Wissen drüber zurückgelassen, in welcher Beziehung wir zu der Welt und den anderen Menschen stehen. Es geht in diesem Buch um machtvolle Werkzeuge, die uns erlauben den Zustand unserer Körper und unserer Welt zu heilen.

Jasmuheen

Lichtnahrung

Paperback, 190 Seiten
€ 17,40,
ISBN 3-929512-26-2
5. Auflage

Die Australierin Jasmuheen ernährt sich seit 1993 von Prana. In diesem Buch beschreibt sie Einzelheiten ihres persönlichen Weges. 6. Auflage.

Auch in englisch: »Living On Light«
ISBN 3-929512-35-1

Jasmuheen

In Resonanz

380 Seiten, gebunden,
€ 23,50
ISBN 3-929512-28-9

Jasmuheen studierte 22 Jahre die metaphysischen Resonanzgesetze und vermittelt uns leicht verständlich Themen wie Erhöhung der Schwingungsfrequenz, Channeln, Meditation, Fähigkeiten wie Telepathie, Hellsichtigkeit und vieles mehr.

Auch in englisch: »In Resonance«,
ISBN 3-929512-36-X